Translation Studies & Philosophy of Translation

번역학과 번역철학

Translation Studies & Philosophy of Translation

번역학과 번역철학

윤성우 · 이 향 공저

HUEBOOKs

머리말

동시통역사와 철학전공자가 번역을 함께 연구한다고 했을 때 많은 이들이 의아해했다. 번역이나 통역을 실무현장에서 부딪혀 체득한 실무자의 번역 이해는, 번역행위를 형이상학적, 윤리적, 인식론적 문제 틀로 접근하는 철학전공자의 그것과 달라도 너무 다를 수밖에 없기 때문이다.

우연한 기회에 함께 번역하게 된 프랑스의 철학자 리쾨르의 『번역론-번역에 관한 철학적 성찰』이 모든 것의 출발점이었다. 겨우 120페이지짜리의 책을 붙들고 힘겹게 싸웠던 2년의 세월은 번역에 대한 서로의 인식 차를 확인하는 매우 어려운 '격돌'의 과정이었다. 그러나 그 과정을 통하여 우리는 번역이란 문제 틀이 풍부한 실무경험만으로, 혹은 철학적 성찰만으로 답해질 수 없는 복합적 성격의 물음임을 깨닫게 되었다. 리쾨르의 책을 번역하고 나서, 우리는 국내 번역 담론에 존재한 적이 없었던 어떤 이야기가 우리의 번역을 통하여 시작되었음을, 많은 독자의 따뜻한 격려 덕분에 깨닫게 되었다. 우리는 그 이후 총 아홉 편의 공동논문(영어논문 세 편과 프랑스어 논문 두 편 포함)과 두 편의 공역서를 함께 만들어 내었다.

이 책은 지난 몇 년 동안 다양한 지면을 통해 발표한 글들을 새로 다듬어 묶은 것이다. 이 책과 처음 마주하게 될 독자들은, 우선 이 책의 제목에 들어 있는 '번역철학'이라는 말에서 고개를 갸우뚱하게 될 것이다. 번역학도 아니고, 철학도 아닌, 번역철학이란 것은 대체 무엇일까? 우리는 지난 몇 년 동안 붙잡고 있었던 어떤 물음, 국내에 존재하는 어떤 분과학문의 이름으로도 담아내기 어려웠던 그 물음에 '번역철학'이라는 이름을 붙이기로 하였다. 번역철학이라는 것을 어떻게 규정할 수 있을까?

우리는 신학자, 문학자, 외교관, 철학자 등을 중심으로 오래전부터 개진되어 온, 번역에 대한 성찰들을 통틀어 '번역철학'이라 이름을 붙일 수도 있을 것이다. 이들의 번역 성찰이 전부 '철학적'인 것은 아니지만, 번역에 대한 모종의 '사유'를 담고 있다는 점에서 분명 언어나 실무를 중심으로 한 여타 번역 담론들과는 확연히 구분되기 때문이다.

어쩌면 철학의 하위 분과로서의 종교철학이나 예술철학, 정치철학처럼 '번역철학'이 나름의 체계와 완결성을 갖춘 또 다른 철학 분과라고 생각할 수도 있을 것이다. 혹은 지난 10여 년 동안 눈부신 성장을 거둔 번역학이라는 학문의 하위분야로서의 번역철학을 생각해 볼 수도 있다. 물론 경험과학으로서의 번역학에 익숙한 독자들은 여기서 논의되는 번역철학이 낯설게 느껴질 것이다.

그러나 번역에 대한 사변적 논의를 통칭하는 의미의 번역철학이건, 철학의 하위분과이건, 혹은 번역학의 하위분과이건, 번역철학은 궁극적으로는 번역 실무와 번역 담론에 자기 성찰, 자기반성의 기회를 제공할 것이다. 역으로 번역의 실무현장에 대한 관찰과 기술은 번역철학이 결하고 있는 구체성을 훌륭히 보완해 줄 것이다. 따라서 우리는 새로이 만들어질 이 공간을 성급히 한정하거나 규정하지 않고, 지금 막 생겨나려는 이 공간이 어떻게 변화해 가는지를 좀 더 지켜보아야 한다고 믿는다.

오늘날 번역은 그 어느 때보다도 많은 이야깃거리가 된다. 관광명소의 안내판에 무슨 오역이 있더라는 얘기에서부터, 혹은 우리 문학 작품이 해외에 어떻게 번역되어 베스트셀러가 되었더라는 얘기까지, 더 나아가 번역을 어떻게 가르치고 어떻게 평가해야 하는가? 등의 더 전문적 담론까지, 그야말로 번역 담론의 홍수가 아닌가 싶다.

그런데 우리는 번역에 대한 이러한 실무적, 구체적, 현상적 담론들과 함께, 더욱 근원적인 물음들에 대한 성찰도 함께 진행되어야 한다고 믿는다. 예를 들어 번역의 출발점이자 가능근거로서 언어의 다양성을 어떻게 볼 것인가, 번역은 한 언어의 의미를 번역하는 것인가 아니면 그 형태나 형식을 번역하는 것인가 등의 문제뿐 아니라 언어, 의미, 번역, 해석, 등가, 문화, 번역주체, 번역대상, 번역목적 등의 개념과 문제를 다루되, 특정의 시기나 특정의 번역철학자에 치우치지 않고 이들을 관통하는 공시적 접근을 체계화하고, 주제화할 필요가 있다고 생각한다.

이 책은 그러한 질문에 대한 답으로서의 번역철학으로 가기 위한 첫걸음 정도로 보면 될 것 같다.

늘 논문이라는 형식을 통해 말하는 것에 익숙해진 연구자들은 간혹 반향 없는 모놀로그에서 갑갑함을 느낀다. 특히 특정 학문에 대한, 새로운 문제를 던지고자 하는 의도를 가진 저자들에게 '저자와 심사자 외에는 아무도 읽지 않는다.'는 우스갯소리가 있을 정도인 논문의 형식을 빌려 이야기한다는 것은 여러 가지 면에서 한계가 있다.

지난 몇 년간 우리가 다양한 지면을 빌어 이야기해 온 것을 '다르게' 말해 보기로 한 것도 그 이유이다. 여기서 '다르게' 말한다 함은 단순히 논문이라는 형식을 책의 형식으로 바꾸었다는 의미만은 아니다. 형식이 바뀌는 과정에서 내용도 어쩔 수 없이 많이 바뀌었다. 논문형식에 필요했던 부연 설명들은 과감히 도려내었고, 편안한 흐름을 위해 추가적인 논증을 주저 없이 추가였다. 한마디로 우리는 지난 7년간의 작업을 새로운 말로 번역하였다. 글을 다듬는 과정에서 우리의 생각도 더 날카롭게 벼려졌고 마치 번역을 하다 모호한 부분을 원저자에게 확인하듯, 여러 차례 우리는 몇 년 전의 우리 자신에게 질문을 던지고 채근해야 했다.

이 책이 번역철학이라는 새로운 담론의 공간을 일구는데 작은 주춧돌의 역할을 하기를 기대해 본다.

2013년 12월

저자 윤성우 · 이 향

일러두기

이 책은 두 저자가 개별적으로 발표한 논문은 물론이고 여러 편의 공동 논문에 토대를 두고 있다. 이 저서의 출발이 되었던 개별 논문 형태의 연구들이 가지는 장점도 있고, 이런 리모델링 과정에서 사라지게 된 서지사항이나 학술적 정보들을 독자들에게 알리는 것이 마땅하다 싶어 본 저서의 각장의 출생증명을 덧붙이고자 한다. 대부분의 논문들은 국내 학술지에 발표되었던 글들이며, 12장, 13장, 14장의 내용은 모두 해외 학술지에 영어로 실렸던 내용을 국문으로 다시 다듬은 것이다. 출처는 아래와 같다.

제1장 '번역' 개념에 대한 철학적 성찰은 「번역(飜譯, translation/traduction)에서의 trans-/tra-개념 - 벤야민에서 베르만으로」(기호학연구. 27호, 2010)에서,

제2장 번역의 필연성과 번역욕망은 「인간 조건으로서의 번역의 필연성과 번역윤리」(대동철학, 58호, 2012)에서,

제3장 번역과 해석, 번역학과 해석학은 「번역(학)과 해석(학)-철학적 접근 가능성에 대한 한 연구」(프랑스학연구, 37집, 2006)에서,

제4장 언어, 번역 그리고 정체성은 「언어, 번역 그리고 정체성－베르만(Berman), 베누티(Venuti) 그리고 들뢰즈(Deleuze)의 번역론을 중심으로」(통번역연구. 13권 2호, 2010)에서,

제5장 번역윤리에 대한 성찰은 「베르만(Berman) vs 핌(Pym) : 번역윤리를 바라보는 서로 다른 관점」(프랑스학연구, 41집, 2007)에서,

제6장 앤드류 체스터먼(Andrew Chesterman)은 「번역학은 설명의 과학인가?-체스터먼(Chesterman)에 대한 비판적 논의를 중심으로」(통역과번역, 11권2호, 2009)에서,

제7장 장 르네 라드미랄(Jean-René Ladmiral)은 「번역인식론적 접근: 프랑스 번역철학자 라드미랄을 중심으로」(번역학연구, 12권 4, 2011)에서,

제8장 조르쥬 무냉(George Mounin)은 「조르쥬 무냉(George Mounin) 번역론의 몇 가지 철학적 전제들에 관한 소고」(번역학연구, 10권1호, 2009)에서,

제9장 발터 벤야민(Walter Benjamin)은 「발터 벤야민(W.Benjamin)의 번역론에 관한 소고」(번역학연구, 8권1호)에서,

제10장 조지 스타이너(George Steiner)는 「조지 스타이너(G. Steiner)의 번역론과 해석학에 관한 소고」(통역과번역, 10권2호,2008)에서,

제11장 폴 리쾨르(Paul Ricoeur)는 「리쾨르의 번역론」(해석학연구, 21집, 2008)에서.

제12장 앙트완 베르만(Antoine Berman)은 Antoine Berman' Philosophical Reflections on Language and Translation : the Possibility of Translating without Platonism(*Filozofia*, 66(4), 2011)에서,

제13장 베르만과 리쾨르는 Ricoeur and Berman: an Encounter between Hermeneutics and Translation Studies(*Philosophy Today*, 56(1), 2012)에서,

제14장 베르만과 하이데거는 Hermeneutic Turn in Antoine Berman's Philosophy of Translation : The Influence of Heidegger and Ricoeur(*Filozofia*, 68(3), 2013)에서 그 내용을 빌려 온 것이다.

목 차

제1부 번역철학: 개념적 성찰과 문제제기

제2부 번역철학의 주요 저자들

제1부

번역철학:
개념적 성찰과 문제제기

제1장

'번역' 개념에 대한 철학적 성찰

1. '번역'을 번역하다

낯선 언어로 쓰여진 텍스트를 우리말로 옮기다 보면, 번역의 과정이라는 것이 결국 주어진 텍스트를 고유한 방식으로 이해하는 기나긴 해석의 과정임을 깨닫게 된다. 하이데거의 현존재(Dasein) 개념을 예로 들어보자. 서양철학의 전통에서 존재(Sein) 개념이 차지하던 의미론적 장을 확장한 하이데거의 Dasein 개념은 프랑스어로는 l'être-là(거기 있는 존재), 영어로는 Being-there, 우리말로는 현존재(現存在)[1]로 번역되었다. 세 언어의 번역을 비교해 보면, 프랑스어나 영어 번역어는 공간 개념에 방점을 둔 반면, 우리말 번역인 '현존

1) Heidegger, M.,『존재와 시간』, 이기상 옮김, 까치, 1998, p.65.

재’는 시간 개념에 더 방점을 두고 있음을 알 수 있다. 여기서 이 철학적 개념이 어떤 언어로 제일 잘 옮겨졌는지를 따지는 것은 별 의미가 없다. 중요한 것은, 심지어 하이데거의 원전에 친숙한 한국인 독자라 하더라도 이제 ‘현존재’라는 우리말 번역어로부터 결코 자유로울 수 없다는 것이다. 이런 관점에서 보면, 국내에서 철학을 연구한다는 것은 ‘번역된’ 철학을 연구하는 것이며, 더 넓게는 우리의 학문하기의 상당부분이 ‘번역된’ 학문의 연구이고, 따라서 우리의 근대 자체가 ‘번역된’ 근대라고 해도 과장이 아닐 것이다.

우리의 학문하기 전체를 관통하고 있는 이 ‘번역’이라는 것은 대체 무엇인가?

『라우트리지 번역학 백과사전』[2)]은 번역학의 핵심 개념들을 최초로 체계적으로 정리한 자료로 많은 번역학 연구자들이 참조하는 책이다. 그런데 이 사전을 펼쳐 보면 번역학 전공자들이 좀처럼 주목하지 않는 특이한 점이 있다. 번역학 연구와 관련된 중요한 표제어를 담아 천여 쪽에 이르는 방대한 분량으로 정리한 이 사전에 정작 ‘번역’이라는 말에 대한 정의가 누락되어 있다는 사실이다. 어찌 보면, 성경 번역, 번역교육, 자가 번역(self-translation) 식으로 거의 모든 표제어에 ‘번역’이라는 단어가 포함되어 있기 때문에, 번역 자체를 별도로 정의하는 것이 불필요하다고 판단했을 수도 있다. 이처럼 ‘번역’ 자체의 정의를 누락시키는 것은 기타 번역학 연구 입문서들에서도 확인되는 관행이다. 물론 너무나 자명하기에, 그 이해가 당연히 전제되기에 누락시킨 것일 수도 있다. 그러나 다른 인문사회과학의 경우, 철학사전에 ‘철학’, 정치학 사전에 ‘정치’개념의 정

2) Baker, M. (ed.), 『라우트리지 번역학 백과사전』, 한국번역학회 옮김, 2009.

의가 누락되는 것은 상상하기 어렵다. 어쨌건 현재의 번역담론에서 '번역' 개념에 대한 메타적, 형이상학적 성찰은 큰 관심사가 되지 못하고 있음은 분명해 보인다.

우리가 번역을 철학적으로 접근하고자 할 때, 번역 개념이 어떻게 정의되는지의 문제, 다시 말해 번역 개념에 대한 메타적 성찰만큼 중요하고 흥미로운 것은 없다. 번역에 대한 성찰을 통해 인간과 그 삶의 다양한 측면에 대한 성찰에 이를 수 있기 때문이다. 니체는 "한 시대가 얼마만큼의 역사의식을 가지고 있는지는 그 시대가 번역을 어떻게 다루며 과거 시대와 과거의 서적들을 어떤 방식으로 흡수하려 하는지를 통해 판단할 수 있다"[3]고 말한 적이 있다. '시대정신'이나 '역사의식' 같은 거창한 표현들을 굳이 쓰지 않더라도, 한 언어의 자기규정, 한 문화의 자기이해에 번역이 미치는 영향은 지대하다. 그럼에도 불구하고 번역이라는 개념 자체에 대한 진지하고 체계적인 성찰이 개진되지 못했던 것은 안타까운 일이다. 따라서 본 장에서는 번역이라는 단어의 어원에서 출발하여 이 개념의 의미를 철학적으로 분석해 봄으로써, 번역 행위가 가지는 고유함을 부분적으로나마 밝혀내 보고, 이를 통하여 번역의 정의를 시도해 보고자 한다.

---

3) Berman, A., 『낯선 것으로부터 오는 시련: 독일 낭만주의 문화와 번역』, 윤성우·이향 옮김, 2009, p.93에서 재인용. Nietzsche, F. W., *Le gai savoir,* trans. by Patrick Wotling, Gallimard, 1967, p.99.

2. 번역, 모국어의 지평을 넘어서다.

영어로 translation, 프랑스어로 traduction, 독일어로 Übersetzung 인 번역이라는 단어에는 사전적으로는 '넘어선다'는 의미의 trans, tra, über 가 공히 들어있다. 공통적 어근인 trans 의 어원을 찾아보면, '…을 넘어서', 또는 '…을 관통하여, 가로질러'라고 설명되어 있다. 한편 어미인 -lation/-duction는 '…을 이동시키다, 지고 가다, 옮기다'로 풀이된다.[4] 어원적으로 보면 번역은 단연코 정지(停止) 및 부동(不動)이 아닌, 운동(運動)과 생성(生成)의 행위로 보인다.

그렇다면 번역이라 불리는 작업 속에서 우리는 과연 무엇을 넘어서고 무엇을 가로지르는 것일까? 번역 행위에 담겨 있는 넘어섬의 행위와 관련하여 우리는 프랑스의 번역철학자 앙트완 베르만(Antoine Berman)을 인용해 볼 수 있겠다. 베르만은 번역의 본질을 "관계 맺음 이외 아무것도 아님"[5]이라고 말한다. 그 관계 맺음을 무엇으로 규정하든 관계 맺음의 첫 번째 요소는 자신의 모국어, 자신의 문화를 넘어서고 그 바깥으로 나가는 것, 다른 말로 하면 자신의 모국어와 문화를 가로질러 이동하는 것이다. 여기서 잠시 베르만이 자신의 주저에서 인용한 발터 벤야민과 앙드레 지드와의 대담의 일부를 인용해 보자.

> 나는 모국어로부터 거리를 유지함으로써 비로소 외국어를 습득하는데 필요한 추동력을 얻게 되었다. 외국어를 학습하는데 있어서 가

4) Rey, A. (dir.), *Dictionnaire historique de la langue française,* Le Robert, 1998.

5) Berman, 2009, p.18.

장 중요한 것은 무엇을 배우느냐가 아니라, 보다 핵심적인 것은 자신의 모국어를 포기하는 데 있다. 그래야만 비로소 모국어를 깊숙이 이해할 수 있다. […] 우리는 어떤 것을 떠나고 나서야 비로소 그것에 이름을 붙일 수 있다.[6)]

이 짧은 인용문에는 번역 행위와 관련하여 매우 의미심장한 두 가지 모티프가 담겨 있다. 첫째, 번역 운동은 일차적으로 모국어를 포기하고 떠나는 운동이며, 둘째, 번역은 모국어를 넘어서지만, 결국은 모국어로 회귀하는, 모국어에 대한 보다 심오한 이해와 규정(規定)으로 회귀하는 운동이라는 것이다. 여기서 모국어를 포기하거나 떠난다는 것을 문자 그대로 이해해서는 안 될 것이다. 이는 모국어를 절대 훼손시켜서는 안되는 신성한 것으로 여기는 자민족중심적 번역방식을 넘어서야 한다는 의미로 읽어야 할 것이다. 모국어가 주는 편안함 속에 머무르고자 한다면, 진정한 '탈중심'은 불가능할 것이며 결과적으로 진정한 '관계 맺음'으로서의 번역 역시 불가능할 것이기 때문이다. 프랑스의 철학자 폴 리쾨르(Paul Ricoeur)는 번역 작업의 이러한 측면을 프로이트의 '회상 작업'과 '애도(哀悼) 작업' 이라는 두 개념으로 설명한 바 있다[7)]. 원치 않는 불쾌한 경험을 떠올려 회상함으로써 기억에서 해방되는 것처럼, 다른 언어가 주는 낯섦에 저항하고 이를 억압하려는 움직임을 넘어서야만 우리는 번역에 이를 수 있는 것이다. 리쾨르에 따르면, 시대별로 헤게모니를 장악했던 혹은 장악하고자 했던 언어들이 존재하는데, 서양 고대 및 중세의 라틴어, 고전주의 시대의 프랑스어, 오늘날의 영어

---

6) Berman, 2009, p.70.

7) Ricoeur, P.,『번역론: 번역에 관한 철학적 성찰』, 윤성우·이향 공역, 철학과현실사, 2006a, p.75.

가 여기에 해당된다. 이러한 언어들은 낯선 것이 주는 시련을 거부하며 문화적 헤게모니를 장악하려는 일종의 자기중심적 '저항'을 보인다. 그런데 이렇듯 모국어를 신성시하고, 모국어가 이국의 언어 없이 자족할 수 있다는 자만심, 다시 말해 모국어자족주의의 저항을 잘 관리하는 것이야말로 바로 번역자에게 주어진 과제라는 것이다. 이렇듯, 저항에 대한 조절, 대응, 관리가 바로 회상 작업의 요체이다.

애도의 작업의 경우를 들어보자. 프로이트에게서 애도의 작업이란 사랑하던 대상이 죽었을 때, 그에 대한 깊은 상실감을 극복하고 그 대상을 떠나 보내주는 작업으로, 이러한 단계를 거쳐야만 사람은 새로운 대상에 대한 애정의 투사가 가능하다. 마찬가지로 번역의 과정에서도 모국어는 새로운 언어를 위해 '상실'되어야 하는 대상일 수도 있다고 보는 것이다. 더 나아가 번역작업에서 모국어, 수용언어, 도착언어를 통해 외국어를 완벽하게 번역하겠다는 이상(理想)을 우리는 단념하고 애도해야 한다는 것이다. 완벽한 번역에의 이상이야말로, 특정 지역성에 근거할 수밖에 없는 모국어를 보편어의 반열로 끌어올리려는 야망에 뿌리를 두고 있다는 점에서 우리가 놓아버려야 하는 이상인 것이다. 리쾨르의 주장을 잠시 들어보자.

> 완벽한 번역에의 꿈을 통해 얻은 것이 없었던 것은 아니었다. 왜냐하면 한편으로는 원문의 언어인 외국어의 감춰진 얼굴을 드러내고 싶다는 의욕에 발동이 걸리게 되었고, 다른 한편으로는 지역의 틀을 벗어나서 번역 언어인 모국어를 관찰함으로써, 수많은 언어 중의 하나로서의 번역 언어의 면모를 고찰하게 하고 결국에는 모국어를 일종의 외국어로 바라볼 수 있게 하였기 때문이다.[8)]

번역이 낯선 것과의 진정한 만남이며 그 만남을 위해 자신의 것을 넘어서야 한다는 벤야민의 첫 번째 모티브를 염두에 두고 볼 때, 위의 글은 몇 가지 중요한 논점들을 추가적으로 제시하는 것처럼 보인다. 첫째, 번역의 유용성이나 필요성과는 다른 차원에서 번역에의 욕망, 번역의 충동이라는 것이 존재하며, 둘째, 번역자는 번역의 과정에서 자신의 모국어를 완전하고 특별한 언어가 아닌 여러 자연언어들 중의 하나로 간주할 수 있어야 한다는 것이다.

인간 주체의 의식이 외부 대상 지향적(指向的)이듯, 하나의 언어 역시 번역의 과정을 통해 다른 언어를 향한다. 언어가 가지는 이러한 지향성을 낯선 것에 대한 관심이라 하든, 혹은 낯선 것에의 욕망이라 하든, 이국언어와의 비교를 통해 최소한 모국어와는 다른 언어, 다른 문화의 존재를 확인할 수 있으며, 더 나아가 모국어가 주지 못하는 풍요로움을 낯선 언어로부터 얻을 수 있음을 인정하는 것이 중요하다. 이국의 언어가 노정하는 낯섦이 모국어의 경계를 넘어서고자 하는 욕망을 부르는 것인지, 혹은 모국어를 벗어나고 보니 낯선 것과의 풍요로운 만남이 가능해지는 것인지는 또 다른 차원의 문제인 것이다. 번역작업의 고생스럽고 어려운 터널을 통과하면서 모국어와의 거리두기가 가능해지며, 번역자는 비로소 자신의 모국어가 번역과정에서 만날 수 있는 여러 언어들 중의 하나일 수밖에 없다는 점을 깨닫게 된다. 리쾨르는 이를 '언어의 (자기)반성적 능력'[9]이라고 부르는데 이러한 능력이야말로 우리가 번역을 통해 얻게 되는 탈(脫)모국어적 사유, 모국어를 상대화하는 사유를 통해 얻

8) Ricoeur, 2006a, p.86.
9) Ricoeur, 2006a, p.97.

어지는 것이다.

그런데 번역에는 분명 모국어를 떠나는 원심적(遠心的) 운동만 존재하는 것은 아니다. 모국어로 돌아오는 구심적(求心的) 운동도 존재한다. 이것 역시 번역이라는 운동이 가지는 또 다른 측면이다. 낯선 것과의 만남을 거쳐 결국 자신으로 되돌아오는 운동이 바로 번역의 운동인 것이다. 여기서 중요한 것은 그 회귀의 지점에서 드러나게 되는 모국어는 출발점의 모국어와 같을 수 없다는 것이다. 만약 그것이 같다면 번역의 운동적 가치는 사라지는 것이다. 모국어가 출발점이자 회귀점이라 하더라도 그 회귀점은 움직이지 않는 고정된 점이 아니라 유동(流動)하는 점일 것이다. 베르만에 따르면 네덜란드 시인 후프트(Hooft)는 사랑했던 여인의 묘비에 새길 비문을 첫줄은 네덜란드어로, 다음은 라틴어로, 그 다음은 프랑스어, 이탈리아어, 다시 라틴어, 이탈리아어, 마지막으로 다시금 네덜란드어로 썼다고 한다.[10)]여기서 중요한 것은 시인 후프트가 결국 자신의 모국어인 네덜란드어로 회귀하게 되었다는 사실만이 아니라, "자신의 글을 수많은 다른 언어로 번역하는 과정을 거쳐야만"[11)] 자신의 모국어로 그 슬픔을 가장 잘 표현하는 체험을 했다는 점이다.

이상에서 우리는 번역 개념에 포함된 '넘어섬'의 개념을 낯선 언어와의 진정한 관계 차원에서 살펴보았다. 사실 번역의 경험이 조금이라도 있는 사람이라면 누구나, 번역작업이 얼마나 모국어의 표현과 이해의 한계에까지 치밀고 올라가는 작업인지를 잘 알고 있을 것이다. 번역은 그 시작부터 끝까지, 한 언어의 경계에서 벌어지는

10) Berman, 2009, p.13.
11) Berman, 2009, p.14.

시련이자 그 경계와 극한으로의 이행임에 틀림없다.

3. 번역, 원전을 넘어서다

앞서 우리는 번역이라는 것이 낯선 것과의 관계맺음을 통해 부단히 움직이는 일종의 탈중심 운동임을 확인하였다. 그렇다면 이러한 운동의 과정에서 과연 무엇이 옮겨지는가? 낯선 단어가, 문장이, 텍스트가 모국어로 옮겨졌다고 할 때, 그것은 무엇을 옮겼다는 것일까? 단순히 의미가 옮겨진 것일까?

번역을 통해 옮겨진 것은 단순한 의미가 아닌 하나의 세계이다. 따라서 번역을 통하여 체험의 장(場)의 확장되고, 의미지평은 확대되며, 새로운 사유 방식이 도입되고, 새로운 시니피앙의 규칙이 생성된다. 이 점을 가장 예리하게 포착한 저자로 우리는 발터 벤야민을 언급할 수 있다. 벤야민 스스로 번역한 보들레르 작품의 번역에 서문으로 쓰인 「번역가의 과제」[12]라는 짧은 에세이는 번역에 대한 당대의 고정관념을 뿌리부터 뒤흔드는 전복적 주장들을 담고있는 파격적인 텍스트로 인정받고 있다. 벤야민은 이 글에서 번역이 원문을 이해하지 못하는 사람들을 위한, 즉 일반 독자들을 위한 것이라는 통념, 번역은 그저 낯선 언어로 된 작품의 의미를 재현하거나 포착하는 작업이라는 통념에 강하게 이의를 제기한다. 여기서 우리는 벤야민의 독특한 번역 성찰을 따라가면서, 동시에 벤야민의 문

12) 국내에는 3개의 번역본이 존재한다. 『발터 벤야민의 문예이론』, 반성완 편역, 민음사, 1983; 「번역가의 과제」, 황현산·김영옥 옮김, 『번역비평』, 창간호(2007년 가을), 고려대학교출판부, 2007; 『언어일반과 인간 언어에 대하여/번역자의 과제 외』, 최성만 옮김, 도서출판 길, 2008.

제제기를 충분한 고증과 자료를 통해 답변한 프랑스 번역(철)학자 앙트완 베르만의 성찰도 함께 검토해 보고자 한다.

벤야민은 기본적으로 번역이 원문을 이해하지 못하는 독자를 위한 것이라는 통념에 이의를 제기한다. 만일 번역이 단지 원문을 모르는 사람들을 위한 것이라면 예술 영역에서 원문과 번역이 간의 서열은 명백해 보이며, 심지어 동일한 것을 반복하는 것이 번역의 유일한 이유인 것처럼 보인다[13)]는 것이 벤야민의 지적이다. 한마디로 번역이 원문을 동일하게 반복하는 것이라면, 번역이 종료된 후에는 번역이 원문을 대체하고 원문은 폐기되어야 맞다. 그런데 실제로 그런가? 물론 경우에 따라 모국어 공간에서 그 원전이 그 해당 모국어에서 해왔던 역할과 기능을 번역이 수행할 수 있을지도 모른다. 그렇다면 원문은 사라져도 좋은가? 원전과 번역이 맺는 독특한 관계에 대해 베르만은 르낭(Renan)을 다음과 같이 인용하며 물음을 던진다.

> 르낭은 "번역되지 않은 작품은 절반만 출판된 책이다"라고 말하였다. 번역만이 채울 수 있는 이 심오한 결핍은 무엇인가? 작품의 어떤 감춰진 얼굴이, 텍스트의 어떤 이면이 번역을 통해 드러나야만 하는 것일까?[14)]

시간적 질서만으로 보자면, 분명 번역은 원전보다 나중에 존재한다. 그런데 베르만이 언급한 반대 방향으로의 영향, 다시 말해 원문이 번역됨으로써, 번역문이 다시 원문에게 미치는 영향은 도대체

13) Benjamin, 1983, p.319.
14) Berman, 2009, p.360.

어떤 것일까? 잠시 벤야민의 이야기를 들어보자.

> 번역은 하나의 형식이다. 번역을 하나의 형식으로서 파악하기 위해서 우리는 원문에까지 소급하지 않으면 안 되는데, 왜냐하면 원문은 번역을 지배하는 법칙, 즉 원문의 번역가능성을 내포하고 있기 때문이다. 하나의 작품이 번역될 수 있느냐 없느냐 하는 문제는 이중적 의미를 지니고 있다. 우선 문제가 되는 것은, 모든 독자들 사이에서 그 작품에 적합한 번역가를 찾을 수 있을 것인가 하는 점이고, 다음으로 문제가 되는 것은-이것이 보다 본질적인 문제이다- 그 작품이 그 작품의 본질의 측면에서 번역을 수용하는가의 여부와, 결과적으로 그 작품이 번역을 요구하고 있는가 하는 점이다. 첫 번째 문제는 원칙상 우연적으로 해결될 수 있는 성질의 것이지만, 두 번째 문제는 필연적으로 해결되지 않으면 안 되는 성질의 것이다. 단지 피상적으로 생각하는 사람만이, 후자의 문제가 갖는 독립적 성격을 부인하면서, 이 양자의 문제가 동일한 의미를 지니는 것이라고 설명할 것이다.[15)]

여기서 벤야민 주장의 핵심은 원작이 내재적인 요구로서 그리고 그 필연적 형식으로서 번역을 요청한다는 것이다. 원작의 가치는 번역됨으로써, 번역을 통하여, 오히려 번역에 의거하여 증대된다는 것이다. 베르만의 논리에 따르자면 번역을 요청하고 요구하는 원작만이 진정 가치 있는 원작이 된다.

그런데 만일 정말 특정한 원전이 번역을 요구한다면, 그리고 그 요구에 따라 번역이 이루어진다면, 이렇게 탄생한 번역은 그 원전에 어떤 변화를 일으키는가? 다시 말해, 한 작품이 다양한 외국어로 번역되고 나면 원전에 어떤 영향을 미치게 되는가?

---

15) Benjamin, 1983, p.319. 필자가 다소 번역을 수정하였다.

벤야민은 "원작의 영원한 삶과 언어의 끝없는 재생에 점화하는 것"과 "새로이 언어의 성스러운 성장을 시험해보는 것"16)이 번역의 역할이라고 규정하면서도 번역과 원전과의 관계에 대한 구체적 설명을 제공하지는 않는다. 다행스럽게도 벤야민이 제기한 물음에 대한 부분적 해답을 우리는 벤야민의 번역철학을 계승한 베르만에게서 찾아낼 수 있다. 베르만은 "번역이 원 텍스트의 숨겨진 구조를 드러내고", "원전을 다른 각도에서 돌려보게 만듦으로써, 원전의 이면(裏面)을 밝혀"17)준다고 설명한다.

번역이라는 것이 원전의 동일한 반복에 불과하다면 번역이 원전을 넘어서는 것은 원칙적으로 불가능하다. 원전을 동일하게 반복하는 것이 번역이라면 번역은 불경스런 모방에 지나지 않는다. 그러나 번역은 원전을 '차이 나게' 반복한다. 독서와 독서자의 방향과 관점 그리고 목적에 따라 원전이 달리 읽히듯, 번역가는 원전을 매번 다르게 읽는다. 따라서 가다머(H. Gadamer)가 "모든 번역은 그 자체가 이미 해석이며, 번역자가 자신의 언어를 통해 도달한 해석의 완성"라고18) 말했을 때, 해석의 '완성'은 최종적이거나 확정적인 것이 아니다. 번역은 숙명적으로 새로운 읽기의 가능성을 열어둘 수밖에 없는 것이다.19) 번역이 만들어내는 이러한 차이가 바로, 원전이 번역으로부터 얻어내는 것이다. 베르만은 원작이 "스스로 번역됨으로

---

16) Benjamin, 1983, p.325.
17) Berman, 2009, p.23.
18) Gadamer, H.-G., 『진리와 방법』, 제2권, 임홍배 옮김, 문학동네, 2012, p.302. 우리는 다음의 불어판을 참조하였다. Gadamer, H.-G., *Verité et méthode*, trans. by Pierre Fruhcon, Jean Grondin et GIbert Merlio, Seuil, 1996, p.406; *Wahrheit und Methode*, ed. by J. C. B. Mohr, Paul Siebeck, 1990(19601), pp.387-388.
19) Ricoeur, 2006a, p.82.

써 자신을 넘어서서 어떤 곳에 놓이게"[20] 된다고 말한 바 있다. 다시 말해 하나의 작품은, 번역되는 경험을 통해, 그 작품이 쓰인 (본래의) 언어와 맺는 관계를 넘어서서 자신으로부터의 소외[21]를 성취해 낸다는 것이다. 이런 의미에서 번역은 원전을 자신의 외부에, 자신의 바깥에 서 볼 수 있게 만든다. 이것이야말로 번역을 통해 원문이 얻게 되는 것이며, 바로 이러한 이유로 번역은 원 작품보다 우월할 수도 있는 것이다.

괴테는 네르발의 『파우스트』 번역을 두고서, 그리고 쉴러의 『발렌슈타인』의 영역본을 두고서, 독일어 원문이 '재생'된 것 같다고 평했다고 한다.[22] 번역이 원전을 넘어설 수 있다는 벤야민의 대담한 서술의 원조는 어쩌면 괴테였을지도 모른다. 원전이 번역을 통하여 다시 생생하게 되거나 젊어지는 이유, 다시 말해 원전보다 더 생생한 번역이 나오는 이유를 베르만은 다음과 같이 설명한다.

첫째, 번역이 원문이 가진 형식(운문성 및 산문성)의 재생까지 염두에 두며, 원문을 진정한 방식으로 닮으려고 노력하기 때문이다. 이때 닮으려는 모방의 방식은 "원문의 저자가 자신의 모국어와 맺고 있는 내밀한 관계 속으로, 말하자면 저자가 자신의 사적 언어를 공동의 공적 언어로 집중하여 변모시키는 영역 속으로 침투"[23]함으로써만 이루어지는 모방의 방식이라는 것이다.

둘째, 이때 번역은 원전을 "보다 본원적인 시간, 그 작품이 처음

---

20) Berman, 2009, p.219

21) Berman, 2009, p.256.

22) Berman, 2009, p.133.

23) Berman, 2009, p.215. 베르만은 번역을 침투(pénétration)로 규정하고, 비평을 접근(approche)에 비유한다.

탄생의 때와도 같이 새것으로 보이는 시간 속에 위치"[24]시키기 때문이다. 이런 작업을 통하여 번역은 원문이 "본래 다다르고자 했던 지향"[25]을 통찰하게 된다. 이때 이 낯선 작품의 지향하는 바를 두고 번역자는 원작자와 겨루어 볼 수도 있고, 다른 (언어를 사용하는) 번역자와 다른 입장에 놓일 수도 있을 것이다. 이것이 바로 번역의 고유한 공간일 수 있으며, 번역 작업만이 원전과 가지는 고유한 체험일 수 있는 것이다.

셋째, 번역은 원작이 본래 쓰였던 태생적 언어의 한계나 유한성, 경험적 부식토로부터 원작을 떼어 놓는 탈착근(脫着根) 운동[26]을 수행하기 때문이다. 다시 말해 원작을 스스로의 유한성을 넘어선 어느 곳에 옮겨 놓는 작업이 바로 번역인 것이다. 이때 번역은 원작을 한계짓는 암묵적인 이해망과 지시관계망[27] 또는 경험적 층위[28]로부터 자유로워진다. 다르게 말해 원작의 유한성에서 오는 무게로부터 작품을 분리해내어 원작이 스스로 지향하는 바로서의 작품의 이데아, 원문의 근원으로서 이데아 또는 작품 자신의 진리[29]를 포착하게 하는 일을 번역이 수행한다는 것이다. 바로 여기에서 번역이 원작을 넘어설 수 있는 원칙적 가능성의 기회가 포착된다. 물론 원작이 가지는 순수하고도 완결적인 특성이 번역의 과정에서 은폐되거나 폭력이 가해질 수도 있다.[30] 하지만 번역의 그런 폭력가능성 자체가 원작의

---

24) Berman, 2009, p.134.
25) Berman, 2009, p.224.
26) Berman, 2009, p.201.
27) Berman, 2009, p.201.
28) Berman, 2009, p.217.
29) Berman, 2009, p.217.
30) Berman, 2009, p.347.

근원 및 이데아 발견가능성을 폐쇄하지는 못할 것이다.

우리는 베르만을 인용하는 것으로 결론을 대신하고자 한다.

> 번역이 원작을 그 경험적 발생지로부터 분리시켜 가져오는 것은 그것을 또 다른 언어의 경험성 속에 다시 심기 위해서인 것이다. 물론 하나의 작품이 자신의 모국어로부터 떨어져 나와 새로운 언어 속에서 구현되면서 일종의 섬광이 발생하고 지상의 모든 언어들로부터 멀리 떨어져 나와 지극히 순수하게 정신을 투영하는 언어를 통하여 그 작품의 순수한 결정체를 엿보게 되는 것은 사실이다.[31)]

번역이 원문의 번역임에는 틀림없다. 이때 '원문의'에서 '의'는 소유격이다. 그렇다고 원문이 주인이고 번역이 종(從)인 것은 아니다. 또한 번역이 원문의 동일한 것을 반복하는 대체나 대리의 관계도 아니다. 오히려 모국어는 번역을 통하여 낯선 것과 관계 맺음으로 인해 스스로 차이를 만들어가고, 원문은 번역됨으로써 스스로 의식하지 못했던 지향점을 번역 안에서 확인할 수 있게 되는 것이다. 원문의 언어에서건, 번역어인 모국어에서이건, 자기 아닌 다른 것, 낯선 것과의 관계를 통하지 않고서는 그 자신을 정의하거나 그 자신의 정체성을 찾기란 어려운 것임을 번역의 작업이 보여준다.

31) Berman, 2009, p.252.

제2장

번역의 필연성과 번역욕망

1. 인간 활동으로서의 번역

우리는 인간의 모든 활동을 인간학적으로 성찰할 수 있다. '인간학적'이라 함은 어떤 행위를 보편적인 인간 활동이나 작업으로 간주하고 그러한 범주 내에서 해당 활동에 대해 성찰하고 반성하는 것을 말한다. 예를 들어 직업으로서의 일, 인간의 소비행위, 여가생활, 스포츠 활동 등에 대한 인간학적 성찰은 가능하고 또 필요한 것이다. 그런데 특수한 인간 활동 중의 하나인 번역에 대해서는, 종종 언어적 및 언어학적 차원, 실무적 차원의 논의가 있었을 뿐, 인간 활동으로서의 번역이 가지는 본질적, 철학적 차원에 대한 논의와 반성은 충분했다고 보기 어렵다. 따라서 본 장에서는 번역이라는 행위를 보편적 인간 활동 중 하나로 보고 인간 행위로서의 번역이 가지는 특성과 의미에 대해 인간학적 차원에서 고찰해 보고자 한다.

2. 인간 조건이 번역을 요청한다.

일반적으로 인간 조건(Human Condition)이라는 말은 부정적 함의와 긍정적 함의를 동시에 내포하고 있다. 우선 부정적 측면에서 보자면, 인간 조건은 인간의 삶을 조건 짓는 모든 것들을 칭하는 것으로, 이것을 감안하지 않고는 현실의 인간 삶을 영위하거나 미래의 삶을 기획하는 것 자체가 불가능하다고 할 수 있다. 반대로 긍정적 측면이란, 인간의 삶을 제한하는 것으로서의 인간 조건을 넘어서서, 그 조건에 대한 인정과 긍정을 통하여 더 생산적인 삶을 영위하는 게 가능해지는 측면을 말한다. 보다 구체적으로 설명해 보자.

흔히 철학에서는 인간 조건을 행위와 사유, 두 가지 차원에서 설명한다. 즉 인간 행위에 필요한 인간 조건이 있고 인간의 사유에 필요한 인간 조건이 있다. 우선 인간 행위를 위한 근본 조건은 우리의 몸 또는 신체라고 할 수 있다. 병원에서 입원한 채로, 혹은 자신의 몸을 스스로 제어하거나 통제하지 못하는 상태인 채로, 인간은 자신이 원하는 모든 행위를 수행할 수 없기 때문이다. 반면 자신의 의사나 의도를 충분히 수행하는 신체를 통하여 인간은 세계 신기록에 도전할 수도 있고, 멋진 피아노곡을 연주할 수도 있으며, 지역사회를 위해 봉사할 수도 있다. 한편 인간 사유의 근본 조건은 개념(concept)이나 관념, 더 나아가 언어라고 할 수 있다. 개념이나 언어 없이 어떤 것에 대해 사유한다고 말한다는 것은 불가능하기 때문이다. 막연한 직관이나 느낌, 인상, 감정 등은 개념 이전의 단계, 또는 개념이 잉태되는 단계로 볼 수 있다. 이들은 적절한 조건이 주어진다면 개념화의 길을 걷겠지만, 그 자체로는 개념의 형태를 띠지 않는 것이 대부분이다. 우리는 개념이나 언어를 통해, 혹은 그것에 기반하여 위대한 작품을 남기기도 한다.

이제 우리가 새로운 인간의 조건으로 규정하고자 하는 번역에 관하여 생각해 보자. 오늘날과 같은 지구촌 시대에 모국어가 아닌 낯선 언어들을 접하지 않고 살아간다는 것은 극히 예외적인 경우를 제외하고는 불가능해졌다. 다시 말해, 전(全)지구적 차원에서 볼 때 번역은 인간이 공동체적 삶을 영위하기 위한 하나의 조건이 되었다고 간주할 수 있다. 여기서 우리는 아우구스티누스(Augustinus)의 극단적인, 그러나 유머 넘치는 설명을 인용해 보고자 한다.

> 만약 서로의 언어에 대해 알지 못하는 두 명의 인간이 만나서 어떠한 강압적인 이유로 인해 계속 함께 있어야 한다면, 비록 이들이 인간이긴 해도, 서로 다른 종의 우둔한 동물들이 서로 함께 지내는 편이 이들이 함께 지내는 것보다 더 쉬울 것이다. 단순히 언어 차이 때문에 인간들이 서로에게 자신의 생각을 전달하지 못한다면, 그들의 공통적인 인간 본성의 모든 유사성도 그들을 동료로 묶어주는 데에 아무런 도움이 되지 못할 것이다. 마찬가지 이유로 인간은 외국인과 함께 있는 것보다 자신의 개와 함께 있는 것이 더 활기 있을 것이다[32]

위의 글에 드러난 아우구스티누스의 성찰을 단순히 언어다양성

32) Augustine, *City of God,* trans. John O'Meara, Penguin, 1984, p.861. Cronin, M.,『번역과 정체성』, 김용규·황혜령 옮김, 동인, 2010, p.11에서 재인용.

의 부정적 측면을 강조하려는 것으로만 이해해서는 안된다. 중요한 것은 언어의 다양성이 인간 사이에 반목과 갈등을 야기할 수도 있음을 아우구스티누스가 예리하게 인식하고 있었다는 점이다. 사실 아우구스티누스가 살았을 당시에는 로마제국의 언어인 라틴어를 통해 언어다양성이라는 장애를 극복하려는 정치적 시도가 지극히 당연한 것으로 받아들여졌을 것이다. 서로 다른 언어를 사용하는데서 오는 불편함을, 패권적 언어의 강제를 통하여 간단히 해결될 수 있는 문제처럼 여겼을 수도 있다. 문제는 과연 그러한 시도가 오늘날에도 통할 것인가이다. 영어이건, 혹은 다른 언어이건, 유일한 하나의 언어를 선택함으로써 언어의 다양성에서 야기되는 문제들을 해결할 수 있을 것인가? 영어 안에서조차 내부적 다양성이 존재하는 마당에, 그것이 과연 가능할까?

링구아 프랑카(lingua franca)로서의 영어가 아무리 대세라 해도, 우리는 오늘날 하나의 언어로 통일된 세상을 감히 상상하기 어렵다. 다양한 언어의 존재는 부정할 수 없는 현실로 우리 눈앞에 주어져 있고, 한 언어의 사용 주체로서의 우리 개개인은 타 언어권과 소통기 위해서는 낯선 언어를 만나야 한다. 그리고 이렇게 다양한 언어들의 매개를 위해 존재하는 것이 바로 번역이다. 15세기 이전의 아우구스티누스에게 있어서 번역은 하나의 통일된 언어를 사용하는 것만큼 효율적인 대안으로 간주되지 못했으나, 오늘날은 그 누구도 번역의 필연성을 부인하지는 못한다. 누군가의 번역을 통해 우리에게 전해졌을 수없이 많은 문서, 책, 드라마, 뉴스, 광고 문구, 상호 등을 떠올려보자. 소통이나 광고의 효과를 고려하여 굳이 우리말로 번역하지 않고 차용해서 쓰는 신조어들도 마찬가지이다. 번역되지 않은 채 우리 안에 들어와 있는 것들조차도, 번역의 대상에서 제외된 것이 아닌, 고도의 번역 전략의 결과물인 것이다.

그런데 다양한 언어가 존재하기 때문에 번역이 필요하다는 일반적 설명을 넘어서서, 우리는 인간의 다원성이나 복수성(plurality) 차원에서도 번역의 필연성을 설명할 수 있다. 이미 오래전에 한나 아렌트는 인간 실존의 조건들을 노동(labour), 작업(work), 행위(action) 등 세 가지로 설명한 바 있다.[33] 노동은 생명으로서 살아남기 위해 해야 할 모든 노력과 수고를 가리킨다. 작업은 생성소멸의 자연적 필연성을 극복케 하는 영속적인 자신의 세계를 만들기 시작하는 것을 말한다. 행위는 이 세계를 공유할 수 있는 타인들이 필요함을 인식하고, 언어의 사용을 통해 모든 사람에게 의미 있는 공동세계에 참여하는 활동을 가리킨다. 우리는 이 중 '행위' 개념이 전제하는 인간의 다원성에 주목해보고자 한다.

> 행위는 사물이나 물질의 매개 없이 인간 사이에 직접적으로 수행되는 유일한 활동이다. 행위의 근본조건은 다원성으로서 인간조건, 즉 보편적 인간(Man)이 아닌 복수의 인간들(men)이 지구상에 살며 세계에 거주한다는 사실에 상응한다. 인간조건의 모든 측면들이 다소 정치에 관련되어 있지만 특별히 다원성은 모든 정치적 삶의 '필요조건'일 뿐만 아니라 '가능조건'이라는 점에서 절대적 조건이다. 그래서 우리가 알기에 가장 정치적인 로마인의 언어에는 '살다'와 '사람들 사이에 존재한다', 또는 '죽다'와 '더 이상 사람들 사이에 존재하지 않는다'는 동의어로 사용된다.[34]

---

33) Arendt, H.,『인간의 조건』, 이진우·태정호 옮김, 한길사, 1996.
34) Arendt, 1996, p.56.

여기서 말하는 인간의 다원성이 언어다양성보다 먼저인지 혹은 나중인지를 밝히는 것은 무의미할 것이다. 아렌트 역시 인간 다원성으로부터 파생되는 언어의 다양성에 대해 명시적으로 설명하지는 않는다. 그러나 모든 자연언어들을 통약할 수 있는 원초적 언어나 근원적 언어에 대한 소망이 신화적인 것일 뿐이라면, 그리고 타인과 함께 지구 공동체의 운명과 진로에 관계되는 아렌트적 의미에서의 행위를 할 수 있으려면, 번역은 인간이 필연적으로 수행해야만 하는 일종의 과제[35)]가 될 수밖에 없다. 눈앞에 존재하는 서로의 언어를 번역하고 통역하는 것이야말로 인간이 행위를 수행하기 위한 전제조건인 것이다.

3. 번역욕망이 번역을 요청한다.

사실 앞서 아우구스티누스가 우려했던 것은 언어의 다양성 자체라기보다는 그로 인해 유발되는 사람들 사이의 분열과 갈등이었다고 볼 수 있다. 적어도 사람과 개는, 서로 다른 언어를 쓰는 인간들처럼 반목하지 않으니 말이다. 아우구스티누스의 우려가 단순한 기우가 아님은 분명하다. 심지어 같은 언어를 쓰는 인간들 사이에도 반목은 늘 있어왔기 때문이다. 시기심으로 동생을 살해한 카인을 떠올려 보자. 이 구약성서의 한 대목이 우리에게 말하고자 하는 것은 형제간의 우애, 인간 사이의 연대가 타고나거나 주어지는 것이 아니며, 오히려 인간에게 주어진 하나의 윤리적 과제라는 사실이다. 형제는 자연스럽게 사랑하게 되는 대상이 아니라 '사랑해야만 하

35) Ricoeur, 2006a, p.112.

는' 대상이라는 것이다. 이와 관련된 프로이트의 이론이나 임상 실험의 결과까지 여기서 언급할 필요는 없을 것이다. 단지 형제간의 대립과 적대가 인간에게 주어진 자연의 일부이고 형제애를 발휘하는 것이 윤리이고 과제라면, 언어들 간의 나누어짐과 다양성은 어쩔 수 없는 자연의 일부이고, 이에 대응하는 윤리적 노력이 바로 과제로서의 번역이 아닐까.

이처럼 번역이 그 유용성이나 필요성을 넘어 하나의 과제로서 우리에게 주어진다면, 다시 말해 언어 간의 차이 자체가 번역을 요구한다면, 번역에 대한 욕망이나 충동을 불러일으키는 것은 언어 간의 차이의 내용이나 의미이다. 사실 20세기 인문학의 맥락에서 욕망이나 충동 개념은 프로이트를 떠나서는 생각할 수 없겠으나, 프랑스 번역(철)학자 앙트완 베르만에 따르면 번역충동이라는 개념을 처음 사용한 것은 독일의 시인 노발리스(Novalis)였다. 노발리스는 A.W 슐레겔(Schelegel)에게 보내는 편지에서 번역충동(Übersetzungstrieb)이라는 말을 처음으로 사용하였으며 베르만은 이를 아래와 같이 설명한다.

> 우리는 [번역의 충동이라는] 이 놀라운 표현을 독일의 언어사, 문학사, 사상사 속에서 이 단어가 펼쳐 냈던 의미들에 근거해서 읽어내야 할뿐만 아니라, 불가피하게 프로이트와 그 이후에 프로이트에 대한 라캉식 읽기를 통해 이 단어에 부여되었던 의미에 기반해서도 이 단어를 독해해내야만 할 것이다. 번역자를 번역자이게끔 하는 것이 바로 이 번역-에의-충동(plusion-de-traduction)이다. 번역충동이 번역자를 번역에로 '추동'시키며, 번역충동이 번역자를 번역의 공간속으로 '추동'시키는 것이다. 이런 충동은 자발적으로 생겨날 수도 있으며, 때로는 제3자에 의해 깨우쳐 질수도 있다. 이 충동이란 도대체

무엇인가? 그것의 특성은 무엇인가? 아직 우리는 번역 주체에 대한 '이론'을 확보하지 못하였기에, 이 질문의 답을 아직 모른다. 우리가 알고 있는 것은 단지 번역충동이 모든 번역물들의 운명이라는 것뿐이다.[36]

욕망이나 충동의 본질은 결핍과 충족 사이의 끊임없는 왕복이다. 이를 언어 간의 차이에 적용하여 본다면, 어떤 언어는 상대적으로 결핍의 상태에 있고 또 다른 언어는 상대적으로 충족의 상태에 있다고 볼 수 있다. 다시 말해 어떤 언어에는 어떤 것들이 좀 더 담겨 있고, 또 다른 어떤 언어에는 어떤 것들이 좀 덜 담겨 있을 수 있는 것이다. 그리고 번역이라는 것은 어찌 보면 결핍 상태의 언어와 과잉 상태의 언어 사이의 왕복이라고 볼 수 있다. 번역학자 조지 스타이너(George Steiner)는 보편 언어에 반대하며, 개별 언어가 개별의 세계를 가지고 있다고 말한 바 있다. 다시 말해, "한 언어가 사라진다면 동시에 하나의 가능한 세계가 사라지는 것"이며, "신화, 시, 형이상학적 구축물, 법 등의 이름으로 우리에게 알려진 것을 발견하게 하는 무한한 잠재성, 현실의 재구성하는 무한한 잠재성, 꿈을 표현할 수 있는 무한한 잠재성"[37]을 잃게 될지 모른다는 것이다. 언어가 가지는 이러한 존재론적 특성에 대한 인간 주체의 대응이 바로

36) Berman, A., *Pour une critique des traductions: John Donne*, Gallimard, 1995, p.74. 이 책의 영역판 *Toward a Tranlation Criticism: John Donne*, trans. by Françoise Massardier-Kenney, The Kent State University Press, 2009, p.58에서는 베르만의 원문에 등장하는 Übersetzungstrieb의 불역에 해당하는 'pulsion de traduction' 또는 'impulsion à la traduction'을 'translation drive', 'impulse to translate'로 영역하고 있다.

37) Steiner, G., *Après Babel: une poétique du dire et de la traduction*, trans. by Lucienne Lotringer & Pierre-Emmanuel Dauzat, Albin Michel, 1998, p.19. 영어 원전은 *After Babel : aspects of language & translation*, Oxford University Press, 1998(1975).

번역의 욕망일 것이다. 다시 말해 인간은 개별 언어가 고유하게 가지고 있는 잠재성의 세계를 언어와 그 번역을 통해 빨아들이려는 일종의 욕망을 가지게 되는 것이다.

물론 이런 형이상학적, 존재론적 차원에서의 번역욕망 외에 보다 단순한 성격의 번역충동도 존재한다. 예를 들어 특정 텍스트의 번역이 불만스러울 경우에 우리는 재번역의 충동을 느끼게 된다. 아마도 기존 번역물에 대한 비평이나 비판의 가장 유의미한 방식은 자기만의 새로운 번역을 제안하는 것일 것이다. 어쨌든 이러한 재번역의 욕망 역시 근원적으로는 번역욕망에 의존하는 것으로 봐야 할 것이다. 여기서 중요한 것은 번역의 욕망이 언어 간의 차이를 적극적으로 향유하고자 하는 운동이자 힘이라는 것이다. 이렇듯 언어 간의 차이를 누리는 즐거움은 도대체 어디서 연유하는 것일까? 아래에 인용한 베르만과 리쾨르의 설명은 이 질문에 대해 부분적으로나마 답하고 있는 듯이 보인다.

> 번역에의 충동은 슐라이어마허가 '한 언어의 내재적인 평온(das heimiche Wohlbefinden der Sprache)'이라 부르는 것을 항시 거부하는 데서 출발한다. 번역에의 충동이 생기는 이유는 다른 언어가 자신의 언어보다 존재론적으로 우월하다고 상정하기 때문이다. 어떤 번역가건 번역이라는 경험의 초기 단계에서는 이국작품의 언어적 풍요로움과 비교했을 때 자신의 모국어가 초라하고 빈약하다는 생각이 들지 않는가? [.......] 여기서 명백한 것은 번역의 형이상학적 지향, 즉 진정한 메시아적 빠롤(즉 여러 빠롤들이 아닌 유일한 원초적 빠롤)을 향한 도약 속에서 경험적 언어 및 모국어의 유한성을 넘어서고자 하는 지향은, 모국어보다 우월하고 '유연'하고 더 '유희적'이고 더 '순수한' 외국어들이 모국어와 부딪치게 함으로써 모국어를 변환시

키고자 하는 순수한 번역충동과 연결된다는 점이다.[38)]

> 훔볼트에서 낭만주의자 노발리스, 슐레겔 형제, 슐라이어마허(플라톤의 번역자임을 잊어서는 안 될 것임), 횔덜린(소포클레스의 번역자) 및 그의 계승자인 발터 벤야민에 이르기까지 괴테 이후의 독일 사상가들이 번역을 한 이유는 바로 이 번역에의 욕망 때문이다. 그리고 이들 모두의 이전에는 성경의 번역자인 루터가 있었다. 성(聖) 히에로니무스의 라틴어 성경이 지배하던 세상에서 성경을 게르만화시키고자 하는 그의 욕망이 있었던 것이다. 이렇게 번역의 열정에 사로잡힌 사람들은 번역욕망으로부터 무엇을 기대하였을까? 이들이 기대했던 것은 누군가가 말한 것처럼 모국어의 지평을 확장하는 것, 혹은 모두가 도야, 즉 성장과 교육이라고 부른 것, 혹은 감히 말한다면 모국어를 발견하거나 미개척 상태로 남겨진 모국어의 자원을 발견하는 것이었을 것이다. 뒤이어 횔덜린은 이국적인 것을 배우는 것도 중요하지만, 자신의 것을 아는 것도 중요하다고 말하였다.[39)]

번역의 불가능성에 관한 이론적 논쟁들과 무관하게 번역이 오래전부터 존재해 왔다는 사실은 인간이 자신의 모국어는 물론이고 다른 외국어를 배우고 사용할 줄 아는 능력이 있음을 증명한다. 번역과정에서 우리는 자신의 모국어가 단지 여러 언어들 중의 하나일 수밖에 없다는 점을 여러 차원에서 확인하게 된다. 제1장의 논의에서 우리는 리쾨르가 이를 언어의 (자기)반성적 능력[40)]이라 불렀음을 밝힌 바 있다. 이는 낯선 것과의 만남을 통해 자신의 것을 돌아본다는 의미이기도하고, 낯선 것과 자신의 것 사이에 존재하는 우열관계나 장단점을 알아차리게 됨을 함의하기도 한다. 물론 여기서

---

38) Berman, 2009, pp.26-27.
39) Ricoeur, 2006a, pp.114-115.
40) Ricoeur, 2006a, p.97.

의 우열관계란 언어 간에 존재하는 일반적 사회적 및 정치적 위계 관계를 의미한다기보다는 한 언어가 특정 분야, 예를 들어 문학이나 예술, 철학 기타 등등에서, 다른 언어 보다 더 풍부하거나 더 많은 의미를 담지할 수 있다는 의미이다. 번역과정에서 느끼는 모국어에 대한 갑갑함은 실제 번역 체험을 통해 무수한 번역가들이 확인한 바이다.

결국 번역의 욕망은 이중적 구조를 갖는다고 말해야 할 것 같다. 번역의 충동은 일차적으로는 타자에 대한, 낯선 것에 대한 열망과 열정이며 이차적으로는 자신의 모국어를 더 확장시키고 변화시키고자 하는 욕구인 것이다. 모국어의 안온한 지평에 만족한다면 번역욕망은 생기지 않을 것이다. 또한 새로이 변형된 자신의 모습으로 돌아오지 않는다면 그것은 진정한 번역의 욕망이라 부를 수 없는 것이다. 이런 점에서 리쾨르가 인용하고 있는 "이국적인 것을 배우는 것도 중요하지만, 자신의 것을 아는 것도 중요하다"는 횔덜린의 문구는 예사로이 보아 넘길 수 없다. 사실 외국어를 할 줄 안다는 것과 번역을 할 줄 아는 것 사이에 분명한 차이가 있음을 우리는 직관적으로 알고 있다. 번역능력은 외국어 능력을 전제하지만, 외국어 능력이 번역능력과 반드시 일치하지는 않는 경우를 종종 목격하기 때문이다. 그 차이는 아마도 새로이 변형된 모국어로 회귀하는 능력의 차이로 설명할 수 있을 것이다. 낯선 것과 타자에 대한 열정이 번역욕망의 출발점임에는 틀림없다. 다만 그 여정이 자신의 것, 자국의 것, 모국의 언어로 회귀하지 못한다면, 그것은 다른 하나를 취하기 위해 자신의 것을 망각하거나 포기하는 일에 다름 아니며 이는 단순한 이동이나 이주(移住)에 불과하다. 자신에의 회귀야말로 번역의 욕망이 안고 있는 근본적 변증법이자, 긴장과 역동의 구조인 것이다.

4. 번역욕망과 번역윤리

우리를 타자에게로 이끄는 것이 욕망이라면, 자신이 타자와 맺는 관계 전반과 그 관계의 본질에 대한 성찰이 바로 윤리이다. 욕망이 윤리와 함께 해야 하는 이유가 바로 여기에 있다. 다양한 언어 간의 차이로 인해 번역이라는 과제가 우리에게 주어졌고, 이 차이를 진정으로 향유하려는 욕구에서 번역의 욕망이 등장하였다. 그렇다면 이 낯선 것을, 다른 것을, 어떤 방식으로 향유할 것인가? 더 정확히 말하자면, 모국어가 아닌 이국의 언어를 어떻게 대접할 것인가? 이러한 물음들을 다루는 것을 우리는 번역윤리의 영역으로 규정하고자 한다.

사실 타자에 대한 관심이야말로 오늘날 철학을 비롯한 다양한 인문학의 화두 중 하나이며, 이러한 화두를 풀어내는 방식은 학문마다 다를 것이다. 철학, 특히, 윤리학이 타자라는 존재를 어떻게 대접할 것인가의 문제를 고민한다면, 인류학은 타문화를 하나의 가능한 삶의 방식으로서 어떻게 분석하고, 이해할 것인가에 초점을 맞춘다. 그렇다면 번역학은 개별언어로서의 타 언어를 어떻게 존중하며 번역할 것인가라는 문제를 제기해야 할 것이다.

번역에 대한 철학적 성찰을 수행했던 슐라이어마허, 벤야민, 베르만, 리쾨르, 메쇼닉(Meschonnic) 등 대부분의 번역철학자들은 나름의 방식대로 번역윤리에 대한 자신의 입장을 개진하였다. 여기서 중요한 것은 학문분야를 막론하고, 윤리적 성찰은 기본적으로 자신의 자아, 자기 문화, 자기 언어에 대한 모종의 반성과 성찰을 전제하지 않고는 불가능하다는 사실이다. 그 반성이 명시적이냐 묵시적이냐, 의식적이냐 무의식적이냐의 차이는 있을 수 있지만, 그 반성의 과정에서 우리는 자기중심적인 윤리에 머무르는 동안은 발견하지 못했을 인간의, 혹은 인간관계의 본질을 만나게 된다. 예를 들어 인류학은 자기 문화의 범주나 개념으로 이해되지 않는 타문화의 이해나 분석을 위해 새로운 범주를 만들고 생산하는 과정에서, 문화 전반이나 적어도 문화들 간의 관계에 대한 본질적 통찰을 하지 않을 수 없게 되는 것이다.

번역의 과정에서 우리는 언어들 간의 차이에 빈번히 노출되고 그 와중에 자기 언어와 다른 언어 사이의 관계는 물론이고, 언어 일반과 번역활동 자체의 본질에 대한 모종의 직관이나 통찰을 얻게 된다. 번역자가 낯선 언어를 어떻게 대접할 것인가의 문제는 번역자가 무엇을 언어의 본질로, 그리고 무엇을 번역작업의 본질로 보느냐에 따라 달라질 수밖에 없다. 여기서 우리는 두 가지의 상이한 번역윤리를 만나게 된다.

첫 번째는 언어를 의사소통이나 의미전달의 매체 또는 수단으로 보는 것이다. 이렇듯 언어를 기능적 차원에서 본다면, 번역은 언어의 의미에 집중한다. 이때 의미는 출발언어로부터 떼어내어서 수용언어 안에 담아 낼 수 있는 어떤 것으로 전제된다. 적합한 번역자가 존재하지 않는 상황이거나 그런 번역자가 나타나기를 기다려야만 하는 상황에서도 출발언어의 의미가 사라지거나 없어지는 것이 아닌 만큼, 의미는 번역자나 그 수용언어와 무관하게 객관적이고 보편적으로 존재한다는 믿음에 이르게 된다. 이때 도착언어의 지평을 확장시키려는 번역(자)의 욕망이 발동될 수도 있다. 여기서의 확장은 의미의 종류와 영역에 따라 다르겠으나, 정보 또는 지식의 확장일 수도 있고, 관념이나 표상의 확장일 수도 있으며 어떤 경우에는 세계관적 요소의 확장일 수도 있겠다. 이 경우 도착언어와 출발언어의 만남, 접촉으로서의 번역은 그 자체로 물질적이거나 질료적이라기보다는 관념적이거나 이념적으로 이루어진다. 극단적인 경우, 출발언어는 도착언어에 의해 의미추출대상으로 전락하여 온전한 하나의 언어로 대접받지 못할 수도 있다. 의미에 치중하는 번역은 도착언어에 우위와 우선권을 주는 번역태도이며, 이는 출발언어가 가진 것들 중에 의미를 제외한 다른 모든 언어적 특성과 개별성을 사장(死藏)시키는 번역일 것이다. 이와 관련하여 우리는 베르만의 경고를 떠올려 볼 필요가 있다.

> 의미는 번역하는 언어[도착언어] 속에서 포착된다. 이를 위해서는 의미에 담겨 있는 것들 중 번역하는 언어 속으로 전달되지 않는 모든 것들을 제거시켜야 한다. **의미의 포착은 늘 어떤 한 언어의 우위를 확정한다**. 41)

이런 번역적 태도가 얼마나 윤리적인지에 대한 논의는 잠시 미루자. 그것은 결국 윤리를 무엇으로 규정하느냐에 달려 있을 것이다.

두 번째는 언어를 이루는 또 다른 한 부분인 시니피앙42)에 집중

41) Berman, A.,『번역과 문자: 먼 것의 거처』, 윤성우·이향 옮김, 철학과 현실사, 2011, p.46. 강조는 저자.

42) 시니피앙(signifiant)으로 명명했지만, 이것은 소쉬르의 그것만을 가리키는 것은 아니다. 현대기호학과 언어학의 중요 성과중의 하나가 언어는

하는 것이다. 이런 번역은 출발언어에서 의미만을 추출하고 나머지는 버리는 번역방식과는 달리, 출발언어에서 의미라는 것이 실현되는 고유한 방식과 형태에 관심을 두고 그 의미를 살리되, 도착언어 안에서 그 의미의 언어적 실현 방식과 형태를 재현하거나 창안하는 방식의 번역을 말하는 것이다. 특히 이런 방식의 번역태도는 소위 작품, 즉, 문학텍스트 번역에서 많이 시도되고 그런 종류의 텍스트 번역에 적합한 번역이라 여겨지는 동시에, 번역불가능성의 문제를 가장 많이 불러일으키는 번역태도이기도 하다. 더구나 도착언어와 출발언어 사이의 거리가 시대적, 문화적으로 먼 경우 번역불가능성의 문제는 더욱 강도 높게 제기될 수 있다.

이로써 우리는 차이를 대하는 서로 다른 방식에 의거한 두 가지 번역 방식을 개략적으로 살펴보았다. 의미중심적 번역 태도는 언어들 간의 위계가 없다고 상정하는 중립적 태도로 보일 수도 있으나, 늘 도착언어의 의미영역의 확장에 집중하되, 원천언어의 고유한 언어적 특징을 순치하고 그것이 도착언어에 주는 영향력을 최소화하려는 번역태도로서 '자기언어중심적' 번역 윤리라고 불러도 좋을 것이다. 반면 시니피앙중심적 번역태도는 도착언어의 의미적 지평 확장은 물론이고 출발언어의 고유의 형태적 특성에 대한 배려와 관심을 도착언어 안에서 실현하고자 하는 태도로서 '타언어 환대적' 번역이라고 불러도 좋을 것이다. 지구상에 존재하는 개별 자연언어들의 복수성과 다원성을 인정하고 세계가 계속해서 그 언어들을 통

시니피에와 시니피앙으로 분리되거나 나뉘어져서 파악되거나 이해될 수 없음을 보여준 것이다. 언어는 그 두 부분의 통일체로 파악해야 한다는 것이다. 따라서 여기서 시니피앙은 언어를 구성하는 단위(음소, 형태소, 의미소, 문장, 텍스트 등등)가 어떠하던 간에, 그 언어를 구성하는 질료적 및 물리적 형태의 모든 특징을 가리킨다.

해 표현되고 보존되고 발전되어 나아가기를 기원하는 번역태도야말로 리쾨르가 말한 언어적 환대[43]를 구현하는 번역윤리일 것이다.

21세기에 접어들어 우리는 낯선 것, 이국적인 것, 타자적인 것과의 접촉이 시차 없이 실시간으로 이루어지는 세계에 살고 있다. 이국적인 것, 타자적인 것과의 일상적 접촉은 이제 우리 삶의 중요한 부분이 되었다. 따라서 자신의 것과 타자의 것 사이에 존재하는 관계에 대한 성찰은 이 시대의 요청이자 과제라 해도 과언이 아닐 것이다.

그리고 그러한 낯선 것, 타자적인 것 중의 하나로 타자의 언어, 낯선 언어가 있다. 고향이 주는 안온함에서 벗어나 낯선 이국땅에 들어섰을 때, 우리를 가장 당혹스럽게 하는 것은 귓가에 들려오는 낯선 말들이다. 이런 상황에 처했을 때 우리는 대체로, 상대방을 이해하려는 목적에서건 또는 나를 상대방에게 이해시키려는 목적에서건, 상대방의 언어를 부단히 번역하려고 애쓴다. 그리고 이러한 번역의 과제는 피할 수 있는 것도 선택적인 것도 아닌 우리에게 '주어진' 것이다. 더 구체적으로 말한다면 우리의 현존재는 늘 그런 (번역의) 상황에 던져지거나 처하게 된다.

오래 전에 철학자 칸트는 "내 모든 표상에 '나는 생각한다'가 동반한다"는 주장을 통해 의식 일반(Bewußtsein überhaupt)을 확립하려 한 바 있다. 번역이 인간의 조건과 과제로서 주어진 것이 오늘의 상황이라면, "내 모든 표상에 '나는 번역한다'가 동반한다"라는 또 하나의 주장을 추가해도 무리는 아닐 것이다.

---

43) Ricoeur, 2006a, p.89.

제3장

번역과 해석, 번역학과 해석학

1. 번역학과 해석학: 그 교집합에 관하여

20세기 이후 현대 철학의 핵심적 담론으로 우리는 비트겐슈타인의 언어에 대한 탐구, 오스틴(Austin) 같은 일상 언어학파, 후설과 하이데거의 현상학, 불트만(Bultman) 같은 신학자들의 연구, 엘리아데(Eliade)를 위시로 한 종교(사)학 연구, 프로이트의 정신분석학을 꼽을 수 있을 것이다. 그리고 이상에서 언급한 담론들을 관통하는 주제가 있다면 그것은 바로 언어, 그리고 언어활동(language)에 대한 관심일 것이다. 예를 들어 프로이트의 경우, 정신분석에서 중점적으로 다루는 것은 분명 욕망이지만, 정신분석의 직접적 분석 대상은 욕망이라기보다는 욕망의 언어이다. 정신분석가의 해석 대상이 되는 것은 꿈 자체가 아니라 오히려 꿈의 이야기라는 하나의 텍스트인 것이다. 이때 정신분석가의 역할은 의미가 아리송한 꿈 이야기라는 텍스트를 욕망의 원초적 표현으로 파악하고 그 이중적 의미를 번역하는 것이 된다.

이렇듯 언어 기호 내에서 벌어지는 의미 간의 이동과 변화, 굴절을 담아내는 것을 주요 관심사로 여기는 것은 정신분석학만이 아니다. 상징(象徵, symbol) 및 신화의 의미를 읽어내는 종교현상학과 철학적 인간학, 해석학도 마찬가지이다. 그리고 번역 행위에 대한 체계적, 이론적 성찰을 목표로 하는 번역학(Translation Studies)에서도 이 문제는 예외 없이 중요한 것이 된다. 기호 없이는 의미가 있을 수 없으며, 언어 간 소통의 광범위한 실행, 특히 번역 활동은 언어학에 의한 끊임없는 검토 아래에 유지되어야 한다고 말하는 로만 야콥슨 같은 언어학자는 언어 기호와 의미 사이의 연관성을 번역과 관련지어 다음과 같이 분류한 바 있다.

> 이제 우리는 언어 기호 해석에 있어 세 가지 방법을 구별할 수 있는데, 즉 동일한 언어 안에서 다른 기호로 번역될 수 있는 것과, 다른 언어로 번역될 수 있는 것과, 그리고 비언어적 상징체계로 번역될 수 있는 것 등이다.
>
> 1) 언어내적 번역 la traduction intralinguale, 혹은 바꾸어 말하기 reformulation, rewording; 이것은 같은 언어 안에서 다른 언어 기호로 해석하는 것이다.
> 2) 언어 간 번역 la traduction interlinguale, 혹은 본연의 번역 traduction propre; 이것은 어떤 언어로 언어 기호를 해석하는 것이다.
> 3) 기호간 번역 la traduction intersémiotique, 혹은 기호변경 trans-

mutation; 이것은 비언어적 기호 체계로 해석하는 것이다.[44]

오늘날까지도 번역학 내부에서 빈번히 인용되는 야콥슨의 구분은 번역이라는 것이 단순히 서로 다른 외국어 사이에서만 이루어지는 것이 아니라 언어내적 차원, 혹은 서로 다른 기호 간에도 이루어지는 것으로 외연을 확장해서 정의하고 있다. 그러나 사실 위의 인용문에서 더욱 의미심장한 것은 야콥슨이 '번역' 과 '해석'을 대체 가능한 동의어로 사용하고 있다는 점이다. 야콥슨은 어찌 보면 번역(학)과 해석(학)의 공외연성(共外延性, coextensivité)을 직관적으로 파악하고 있었던 것처럼 보인다. 그러나 야콥슨이 '본연의' 번역을 언어들 사이의 번역에 한정하고 번역학과 해석학 간의 공통적 지평을 발견하자마자 함구해 버린 것은 다소 아쉬운 일이다. 실제로 번역학은 연구의 범위를 서로 다른 언어 간의 번역에 한정하고, 한 언어 내부에서 일어나는 해석을 번역학의 연구 영역으로 간주하지 않는 경향이 있다. 해석학 역시 서로 다른 언어들 사이의 번역에 큰 관심을 두지 않았던 것이 사실이다. 따라서 본 장에서는 번역학과 해석학이 분명 하나로 통합될 수 있는 학문이 아님을 인정하면서도, 두 학문이 공유할 수 있는 물음이나 영역이 존재한다는 가정 하에, 번역과 관련하여 제기된 몇 가지 핵심적 테제에 대한 해석학적 성찰들을 소개하고자 한다.

---

44) Jakobson, 『일반언어학이론』, 권재일 옮김, 민음사, 1989, p.84-86.

2. 번역은 해석이다

번역학에서 흔히 번역의 대상으로 간주하는 것은 원문텍스트에 담겨 있는 의미이다. 원문 텍스트의 의미가 저자의 의도, 즉 저자가 말하고자 하는 바(vouloir-dire)와 동일하게 읽힐 경우 해석의 문제는 발생하지 않는다. 그러나 만일 어떤 텍스트가 저자의 의도와 다르게 읽힌다면, 이는 단순히 원문의 문법이나 통사의 차원에서 발생 가능한 다의성의 의미라기보다는 해석자나 독자가 텍스트를 어떻게 해석하는가의 문제, 다시 말해 다양한 해석 가능성들 간의 갈등의 문제이다. 물론 하나의 텍스트에 대한 여러 갈래의 해석이 가능할 때, 저자에게 직접 의도가 무엇이었는지를 확인하는 방법도 있다. 그러나 시간적, 공간적으로 멀리 떨어져 있는 텍스트의 경우, 우리가 할 수 있는 일은 여러 가지의 가능한 해석 중 하나를 선택하는 것이다. 대화(또는 통역)중에 생길 수 있는 오해를 원(原) 화자에게 실시간으로 확인할 수 있는 구어의 상황이 아닌, 글로 쓰인 텍스트를 대상으로 삼는 번역 행위는 따라서 기본적으로 해석을 동반할 수밖에 없다.

입말이 글말(문자)로 고정화될 때 어떤 일이 생기는가? 말이 문자화되는 순간 말의 의미는 일회성으로부터 구출된다. 다시 말해 의미가 그 생산자인 저자의 의도로부터 분리되며, 이렇게 글로 굳어진 텍스트는 사람에 따라 다르게 읽힐 수 있다. 이것이 바로 리쾨르가 텍스트의 의미론적 자율성(l'autonomie sémantique du texte)[45]이

45) Ricoeur, P., Eloge de la lecture et de l'écriture, *Etudes théologiques et religieux*, 3, 1989, p.396.

라 명명한 것이다. 누군가가 말한 것이 글로 옮겨지는 순간, 그 글은 원 발화자의 의도로부터 독립되어 자율성을 가지게 되는 것이다. 이런 관점에서 보자면, 번역은 하나의 해석일 수밖에 없다. 원 저자의 의도를 직접 확인할 수 있는 드문 경우를 제외하고, 번역자는 대부분의 경우 원 텍스트에 담겨 있는 의미적 모호함을 나름의 방식으로 해석해 낼 수밖에 없다. 번역자가 생산해 내는 번역물은 번역자가 원 텍스트에 대해 내리는 해석의 최종적 결과물이며, 이렇게 탄생된 번역은 원칙적으로 저자의 해석으로부터 의미론적 자율성을 가지게 된다.

번역이 이미 해석이라는 것, 다시 말해 번역은 반드시 해석의 과정을 통과할 수밖에 없고, 해석의 최종적 형태나 결과물일 수밖에 없다는 것은 해석학에서 해석을 정의하는 방식을 통해서도 확인할 수 있다. 해석학(解釋學, hermeneutics)의 어원인 그리스어 동사 hemëneia(해석하다)와 명사 hermēneuin(해석)가 헤르메스(hermes) 신(神)과 연관이 있다는 점은 주지의 사실이다. 인간 이해를 초월하는 어떤 것을 인간이 이해할 수 있도록 헤르메스가 모종의 비밀스런 언어를 시인들과 신탁의 사제들에게 맡긴다는 것이다. 『해석학이란 무엇인가』의 저자 리처드 팔머(Richard E. Palmer)는 이렇듯 모종의 언어 메시지를 해석하는 것을 아래의 세 가지 방향으로 풀이한다.[46)]

첫째는 '말하다(to say)'의 의미이다. 이것은 입으로 의미 있는 소리를 내는 것, 표현하는 것, 선포하는 것(to express, to proclaim)이라

---

46) Palmer, R. H., 『해석학이란 무엇인가』, 이한우 옮김, 문예출판사, 1988, pp.37-62.

는 뜻을 담고 있다. 특히 신학에서 성직자가 하나님의 말씀을 전달하며, 신으로부터의 전해 받은 운명에 관한 그 무엇을 말하거나 표현하거나 진술하거나 선포하는 모든 것을 해석이라고 볼 수 있다. 물론 음악에서 성악가의 곡해석이나 지휘자의 교향곡 해석도 표현하는 것이며, 표현(즉 연주)되는 방식의 차이가 새로운 해석을 만들어 낸다. 성서의 바울 서신, 시편, 욥기 등을 소리 내어 읽도록 권하는 이유도 같은 맥락이다. 이런 점에서 이미 다른 표현은 다른 해석이다. 우리가 흔히 아 다르고, 어 다르다고 말하는데 해석학적으로 볼 때 이것은 결코 과장이 아니다. 어떻게 표현하느냐의 문제에 이미 해석의 활동이 개입하기 때문이다.

둘째는 '설명하다(to explain)'의 의미이다. 이것은 무엇을 말한다는 초보적인 차원을 넘어서, 무언가에 대해 무엇이라고 말하는 차원, 다시 말해 설명으로서의 해석의 단계이다. 아리스토텔레스는 설명으로서의 해석을 '참과 거짓을 판별할 수 있는 언표행위 또는 진술 행위 그 자체'로 정의한다. 이는 사물에 대한 이해를 진술로 옮기는 것이어서 정서를 동요케 하거나, 설득을 목표로 하는 것과는 다르다. 오히려 주어와 술어를 논리적으로 연결하는 합리적인 지성의 작용에 가깝다.

세 번째는 '번역하다(to translate)'의 의미이다. 이것은 단순히 하나의 언어를 다른 언어로 옮기는 것을 넘어서서, 이렇게 함으로써 사태와 상황을 이해하게 한다는 의미이다. 번역은 하나의 세계를 다른 세계와 연결시켜주고 매개해 주는 탁월한 하나의 해석이며 낯선 두 세계 사이를 연결 짓는 일이자 세계들 간의 만남이다. 따라서 낯설고 어색하며 불명료하고 시공간적으로 떨어진 것을, 친숙하고 명료한 것으로, 우리의 시공간과 가까운 것으로 이해 가능하게 하는 것이 번역이라면, 번역은 곧 해석이다.

결국 번역자는 서로 상이한 언어 세계들 사이의 간극을 메우는 과제를 부여받는다. 하지만 언어의 문제가 세계의 문제이고, 언어의 경계가 그려지는 지점에 세계의 경계가 그려진다면, 이런 물음들은 더 이상 번역의 문제, 혹은 번역학의 문제만은 아닐 것이다.

3. 번역의 불확정성과 순수 언어

원문과 번역문 사이의 같음이나 동일성을 어떻게 측정할 것인가의 문제는, 실무적 차원에서도 오래전부터 제기되어 왔던 문제이다. 이 문제는 무엇이 좋은 번역인가의 문제, 번역을 무엇을 기준으로 평가할 것인가의 문제로 구체화되면서 직역 대(對) 의역이라는 대립적 번역방식에 대한 찬반 논쟁으로 이어지기도 했다. 어떤 번역이 원문을 잘 전달하고 있는지 여부를 우리는 과연 어떤 방식으로 측정할 수 있을까? 우리가 상상할 수 있는 가장 간단한 방식은 원문도 번역문도 아닌 하나의 불변항으로서의 제3의 텍스트가 존재하여, 이 텍스트와의 비교를 통하여 원문과 번역문의 닮음을 측정하는 것이다.

그런데 이미 미국의 논리철학자인 콰인(Quine)은 이와 같은 제3의 텍스트가 부재하는 현실, 그 결과 모든 번역문이 원천적으로는 불확정(indeterminacy)적이라는 사실을 설명한 바 있다. 콰인은 이 설명을 위해 외부인이 처음 방문하는 원주민 지역에서, 토끼 사냥에 나선 원주민들이 'Gavagai' 라고 외치는 상황을 예로 든다. 원주민의 언어를 모르는 외부인은 원주민들이 외친 'Gavagai'라는 말이, '저기 토끼가 있다!'라는 의미인지, 혹은 '어서 저 토끼를 잡아!'라는 의미인지, 아니면 '이러다 토끼를 놓치겠다'라는 의미인지를 확정할 수 없다는 것이다.[47] 콰인은 이를 토대로, 외부인이 이 언어를 자신의 언어로 옮기려 할 경우에 탄생하는 어떤 번역도 기본적으로는 불확정적이라고 주장한다. 다시 말해 두 언어 사이에 객관적으로 존재하는 제3의 의미 동일성이란 없기 때문에 번역은 원초적으로 불확정적이라는 것이다.

제3의 객관적인 의미 동일성이 없다는 주장을 넘어서, 다양한 자연 언어들이 존재함은 언어들 간의 근본적인 이질성을 반영하는 것이라서, 서로 다른 언어들을 번역하는 것이 선험적으로 불가능하다고 보는 입장도 분명 존재한다.[48] 하지만 이런 입장은 번역이 오래전부터 실제로 있어 왔다는 언어학적·문화사적 사실을 부인하는 것이다. 더욱이 위와 같은 콰인의 주장을 끝까지 밀고 나가다 보면, 인간이 낯선 외국어를 습득하는 과정도, 더 나아가 자신의 모국어를 체득하는 과정도 설명할 수 없다. 외국어에서건 모국어에서건 의미를 원초적으로 확정지을 수 있는 기호는 없기 때문이다.

한편 이와는 정반대의 관점에서, 번역이 역사적으로 실존해 왔다는 사실을 토대로, 인류 탄생 초기, 아담이 사용했다고 믿어지는 원초적 언어를 찾으려 한다거나, 혹은 완전한 인공언어를 만들어 내려는 시도도 있었다. 원초적 언어를 찾으려는 입장은, 바벨 이전에 원초적 언어가 있었다고 믿고 그것을 찾는 노력들을 지지하는 입장

---

47) 이명현, 「Quine의 원초적 번역의 불확정성론: 그 비판적 검토」, 『철학연구』, 9, 1977.
48) 이 점에 관해서는 Ricoeur, 2006a, p.99를 참조할 것.

으로, 기본적으로 바벨 이후의 언어적 다양성을 인류의 불행이나 재앙으로 간주하려 한다. 그러나 바벨의 사건이 번역이라는 행복한 도전을 낳게 하는 긍정적 사건인지 혹은 인류에게 내려진 재앙인지는 함부로 단정하기 어렵다.

완전한 인공언어에의 꿈은 기본적으로 다양한 자연 언어들 사이에 공통분모 같은 것이 존재한다는 믿음을 바탕으로 한다. 다양한 언어의 기저에 공통적으로 존재하는 이 보편소(普遍素)를 바탕으로 보편 언어 또는 완벽 언어를 만들자는 것이다.[49] 초기 비트겐슈타인이나 논리적 원자론(logical atomism)을 지지했던 러셀 같은 이들에게서도 이와 유사한 입장이 보인다.[50] 이들은 기본적으로 언어적 분류와 분절 방식이 세계의 모습이나 형상과 구조적으로 동형을 이루어야 한다고 믿는다. 하지만 원초적 사고를 표현하는 단어나 어휘를 과연 어떻게 선정할 것이며, 또한 존재하는 자연 언어들을 어떻게 목록화하고 분류할 수 있는가? 그리고 완전한 언어로부터 어떻게 그토록 다양한 자연 언어들이 파생하는가 등등 여러 가지 의문이 제기된다.[51] 결론적으로 원초적 언어 개념도 완전한 언어 개념도 번역 활동에서 제기되는 복합적 문제점들을 손쉽게 해결하려

---

49) Ricoeur, 2006a, pp.139-138.

50) 이런 논리 실증주의 입장에서 언어는 본질적으로 실재세계(reality)를 반영한다. 더 정확히 말하자면 언어의 구조는 세계의 구조와 1:1 대응관계에 있다. 언어와 세계 사이에 공통점이 없다면 과연 언어를 가지고 세계를 설명하는 일이 가능하겠는가? 따라서 세계(=사태의 총체)→복잡한 사태→보다 단순한 사태→단순 사태→대상으로 환원되는 구조를 갖듯이, 언어→복합 명제→덜 복잡한 명제→단순(또는 요소) 명제→이름으로 환원되는 구조를 갖는다는 것이다. 비트겐슈타인은 "이름은 대상을 지시한다. 대상은 그 지시체이다"라고 말함으로써 세계와 언어의 근본적 대응관계를 확정지은 바 있다.

51) Ricoeur, 2006a, pp.108-109.

는 욕심에서 비롯된 것이라고 볼 수 있다.

그런데, 원문과 번역문 사이에 제3의 특별한 언어를 상정하기보다는 번역어 자체가 특수한 언어적 성격을 획득해야한다고 주장한 발터 벤야민 같은 저자도 있다. 오늘날의 번역학에서는 통상적으로 원전에서 저자가 말하고자 하는 바를 의미론적 차원에서 등가를 이루는 수용 언어의 메시지로 치환하여 전달하는 것이 번역가의 과제라고 주장한다. 그런데 벤야민은 반대로, 원문의 말하고자 하는 바가 아닌, 원문이 말해진 방식, 다시 말해 일정한 말에 있어서 그 의도하는 방식과 결합하고 있는 형태 나 (원문) 언어 그 자체의 원초적 요소, 즉 말과 상징 및 토운이 합쳐지는 점을 번역가가 반드시 고려해야 한다고 설명한다.[52] 따라서 번역의 본래성은 '외국어를 모국어 속에서 재현(在現)하는데 있다'[53]는 것이다. 번역학 이론서에서 수없이 인용되면서도 거의 이해되지 못하고 있다는 평가[54]를 받고 있는 이 짧은 논문에서 벤야민은 번역의 목적이 원전을 번역가의 모국어로 풀어냄으로써 원전 자체를 대체[55]하는 데에 있지 않다고 주장한다. 벤야민에게 있어서 번역활동은 번역가의 모국어를 통해 원전을 이해하는 수단이 아니다. 번역가에게 주어진 과제는 개별 언어만 가지고는 접근할 수 없으나 개별 언어들 간의 상호작용을 통해 총체성이 결정화되는 시점에서 달성되는 순수 언어[56]

52) 『발터 벤야민의 문예이론』, 반성완 편역, 민음사, 1983, p.332.

53) Benjamin, W., *Gesammelte Schriften*, Bd. VI, 1991, 1. 160. (최성만, 「언어, 번역, 미메시스: 벤야민의 언어 철학과 유사성론 고찰」, 『문예미학』, 2, 1996, p.300에서 재인용)

54) Ladmiral, J.-R., *Traduire: théorèmes pour la traduction*, Gallimard, 1994, Préface XIV.

55) 최성만, 1996, p.300.

56) Benjamin, 1983, p.324.

(reine Sprache)를 찾아내어서 부각시키는 것이다. 벤야민에 따르면 이 순수한 언어를 통해 진정한 번역은 원전을 더 밝게 비추어주는 투명한[57] 작업이 된다.

4. 등가의 해석학적 성격

번역 이론이 언어학의 세례를 받기 이전에는 단어 대(對) 단어로 번역이 이루어져야 한다는 소위 직역주의와, 의미 대(對) 의미 번역이 중심이 되어야 한다는 의역주의간의 소모적 논쟁이 번역 담론의 주류를 이루었다. 충실성과 자유의 대립도 위와 같은 논쟁의 연장선상에 있다고 볼 수 있다. 번역학이 이러한 직역과 의역 논쟁에서 어느 정도 벗어날 수 있었던 것은 등가(equivalence) 개념의 등장 덕택이다. 몇몇 번역학 개론서들[58]에 따르면, 등가의 문제가 본격적으로 번역 담론에서 중요 화두로 등장하는 것은 번역학이 본격적으로 성립되기 이전인 1960년대 전후이다. 나이다(Eugene A. Nida)와 콜러(Werner Koller) 등에 의해 개진된 등가 논의는 일단 접어두고, 여기서는 등가가 가진 철학적 성격에 대한 생각해 보고자 한다.

야콥슨은 이미 영어의 cheese는 러시아어의 sýr와 결코 동일한 것이 될 수 없으므로 단어 차원에서의 등가는 불가능하다고 설명한 바 있다.[59] 한편 파리 스쿨의 해석이론(Théorie Interprétative de la

---

57) Benjamin, 1983, p.330.

58) Munday, J., 『번역학 입문: 이론과 적용』, 정연일·남원준 옮김, 한국외국어대 출판부, 2006; 김효중, 『새로운 번역을 위한 패러다임』, 푸른사상, 2004.

59) Jakobson, 1989, pp.84-85.

traduction) 진영에서는 등가를 대응(correspondance)과 구분하여, 고유명사, 숫자, 기술용어[60]의 번역은 대응관계에 해당하는 것으로 규정하고 등가는 랑그 차원이 아닌 문장이나 텍스트 차원에서만이 이룰 수 있는 것으로 규정한다.[61]

그러나 실제 번역상황에서의 등가라는 것은 그렇게 간단히 찾아지지는 않는다. 한 단어의 의미도 여러 개일 수 있고, 의미는 문장 또는 텍스트 전체 내에서 그 단어가 사용되는 맥락에 따라 결정되는데 그 맥락이라는 것도 늘 분명한 것이 아니다. 맥락은 특정 그룹이나 계급, 시기, 분야에 따라 상이할뿐더러, 늘 명시적으로 드러나 있지도 않다. 따라서 어떤 것이 등가적 번역인지를 명확히 규정할 수 없는 경우가 많다. 사실 동일한 언어권내에서 조차도 같은 사물, 같은 대상, 결국 같은 사태를 두고서 인간은 오랫동안 다르게, 다른 방식으로 말해왔다. 여기에 현실에 실재하는 대상이나 사물을 넘어서서 상상적인 것, 가능적인 것, 유토피아적인 것을 말하는 방식까지도 포함한다면, 번역은 의사소통의 영역을 넘어서서 해석의 영역으로 확장되지 않을 수 없다. 문학 텍스트 번역이나 철학 텍스트 번역에서 발생하는 의미의 문제를 떠올려 보면 짐작할 수 있다. 동일한 개념도 독자에 따라, 번역자에 따라 다르게 해석되고, 다르게 기억되는 것이다. 결국 의미의 등가는 맥락의존적, 문화의존적, 그리고 세계 의존적이다. 잠시 리쾨르의 설명을 들어보자.

번역가의 과제란 단어에서 시작해서 문장으로, 텍스트에로, 문화

60) Lederer, M.,『번역의 오늘: 해석이론』, 전성기 옮김, 고려대학교출판부, 1994, p.83.
61) 이승권,「번역 단위란 무엇인가?」,『불어불문학연구』, 45, 2001, p.272.

전체로 나아가는 것이 아니라, 오히려 그 반대로 나가야 한다는 것이다. 즉, 번역가는 폭 넓은 읽기를 통해 한 문화의 정신에 깊이 침잠하면서 텍스트에서 문장으로 그리고 끝으로 단어차원으로 내려가야 한다.[62]

여기서 리쾨르는 의미가 형성되는 장이 단어나 문장 또는 텍스트 차원이 아니며, 언어를 넘어서서 비(非)언어적 장인 문화 전체와 이를 통해 표현되는 세계관까지도 확장됨을 강조하고 있다. 여기서 우리는 그보다 더 중요한 해석학적 또는 철학적 논점들을 추출해 낼 수 있다.

첫째, 동일 언어권은 물론이고 타(他)언어권의 텍스트들이 계속해서 재번역되고 있다는 사실은 의미적 등가에 대한 중요한 함의를 가진다. 다시 말해 우리가 어떤 작품을 최대한 의미적 등가를 이루는 방식으로 번역했다 해도, 그 번역이 실제로 그러한지를 객관적으로 평가할 만한 기준은 없다는 것이다. 원문 텍스트와 번역 텍스트 사이에 어디엔가 초월적으로 존재하는 동일한 의미(le même sens)[63]가 있을 수 있지만, 그런 동일한 의미의 존재는 증명된 적도 없고 또 증명될 수도 없는 성질의 것이다. 따라서 두 언어 간 의미의 동일성을 증명할 수 없으며, 그 결과 완벽한 번역이란 있을 수 없다는 것이다. 그럼에도 불구하고, 번역이 오랫동안 실재해왔고 지금도 이루어지고 있다는 것은 번역가들이 의미의 동일성이 증명되지는 않았으나 등가적인 것을 것으로 추정되는 어떤 것, 다시 말해 추정적 등가[64](équivalence présumée)를 만들어 왔기 때문이다.

---

62) Ricoeur, 2006a, p.137.
63) Ricoeur, 2006a, p.143.
64) Ricoeur, 2006a, p.143.

둘째, 이상에서 설명한 것처럼 모든 의미적 등가들이 결국 번역자들에 의해 추정된 등가라고 한다면, 이 추정된 등가의 본질이 무엇인가라는 문제가 제기된다. 예를 들어 인도 유럽어권과 같은 광범위한 어족권이나 라틴어를 모계로 삼는 로망스 언어들은 서로간의 문화적 친족성으로 인해 의미적 등가를 추정하는 작업이 상대적으로 수월하게 이루어진다고 볼 수 있다. 하지만 고대 중국의 텍스트를 그리스어로 옮긴다거나, 히브리어로 쓰여진 성경을 오늘의 우리말로 옮긴다면 번역가들은 등가를 추정하는 단계를 넘어서서, 새로운 등가를 만들어 낼 수밖에 없다. 등가는 번역가에 의해 '생산되는'[65] 것이다.

그러나 등가라는 것이 이렇듯 번역자에 의해 생산되는 것이라는 테제는 실제로는 문제의 해결이 아니라 문제의 시작을 알릴뿐이다. 공간적으로나 시간적으로 요원한 두 언어와 문화 사이에서 타(他)문화나 세계관 전체에 대한 포괄적 이해에서 시작하여 텍스트, 그 다음 문장의 차원으로 내려가야 한다는 요구를 받고 있는 번역가에게 등가를 생산한다는 것은 어떤 의미인가? 번역활동의 실제의 차원에서 번역자가 타 언어의 음소나 형태소까지 분석해내어 이것들을 번역의 대상으로 삼지 않는 이상, 번역가는 최종적으로 단어나 개념어들의 선정과 확립, 더 정확히 말하자면 단어들(개념들)의 창안에 골몰할 수밖에 없다.

바로 여기서 번역학의 또 다른 대립항인 번역 가능성과 번역 불가능성의 문제가 뚜렷이 드러난다. 단어들과 개념들의 창안이 늘 가능하며 성공적인가? 이 물음에 대한 답은 유보하기로 하자. 하지

65) Ricoeur, 2006a, p.146.

만 적어도 해석학의 문제 틀에서 보자면, 번역가의 최종적 작업인 단어들(개념들)의 창안은 해석 활동의 생산성을 보여주는 것이고, 해석자의 이해 지평의 확장을 가리키고, 결국에는 타 텍스트의 세계를 해석자(독자)의 세계에 가져오는 자기화(appropriation)[66]까지도 함의하는 것이라고 볼 수 있지 않을까?

5. 의미를 번역하는가 혹은 형식을 번역하는가

> 사실 시문학에서 내용은 정신성을 위한 대상성에 도달해야 한다. [ ]...... 이렇게 자기 고유의 영역에서 스스로에 대해 대상이 되며, 언어요소를 때로는 단지 전달수단으로, 때로는 직접적인 외면성의 수단으로 갖기 때문에, 어떤 시문학 작품이 읽히는가 아니면 청취되는가 하는 것은 원래 시문학과는 아무 상관이 없으며, 시는 다른 언어로 번역되거나 시에서 산문으로 번안되어 전혀 다른 음조를 띠어도 그 가치를 본질적으로 왜곡하지는 않는다.[67]

위 인용문에서 헤겔(Hegel)은 의미가 표현의 형식에 구애받지 않고 전달될 수 있다고 주장한다. 과연 정신은 시로 표현되든 산문으

---

66) 가다머는 이를 적용(Anwendung, application)이라 부른다(Gadamer, 2012, p.194 참조). 이 자기화 개념은 리쾨르의 텍스트 해석학의 4범주(글쓰기를 통한 거리 두기, 구조를 통한 대상화, 텍스트 세계, 자기이해)의 마지막 범주인 텍스트 앞에서 자기이해(se comprendre devant le texte)를 다른 방식으로 표현한 것이다. 간단히 설명하자면, 해석의 중요 대상인 텍스트의 세계(le monde du texte)를 그 텍스트를 읽는 독자의 세계에 적용시켜 독자의 세계가 텍스트가 제안하는 고유한 존재가능성의 세계를 수용하고 받아들이는 것이 바로 자기화이다. 보다 자세한 것은 윤성우, 『폴 리쾨르의 철학』, 철학과 현실사, 2004b, 제4장을 참조한다.

67) Hegel, G. W. F., 『헤겔 미학 III: 개별 예술들의 변증법적 발전』, 두행숙 옮김, 나남출판, 1998, p.429.

로 표현되든 그 내용의 변함없이 전달되는가? 사실 의미와 소리가 결국 하나이며, 시니피에와 시니피앙이 분리 불가능한 것이라는 발견을 현대 기호학 최고의 성과로 여기는 사람들이 보기에, 위의 헤겔의 주장은 시대착오적인 것으로 보일 수도 있다. 그런데 이렇게 의미가 표현에 구애받지 않고 존재한다고 보는 것은 헤겔만이 아니다. 후설(Husserl)도 표현방식은 중요하지 않다는 헤겔의 입장에 기꺼이 동참한다. 왜냐하면 후설에게 있어서 의미란 의미부여(Sinngebung)에서 완결되는데 이때 표현(Ausdruck)은 의미에 외재적인 외피나 겉옷에 불과하기 때문이다.[68)]

그런데 이 독일의 대가들인 헤겔과 후설의 입장에 대해 헤르더나 슐레겔, 슐라이어마허와 같은 독일 낭만주의자들이, 그리고 보다 최근에는 벤야민이 이의를 제기한다. 이들은 사고와 표현의 동일성을 주장하면서, 저자의 독특한 개성과 고유한 천재성은 그 표현과 분리 불가능해서 타 언어로 번역될 수 없을 뿐만 아니라, 옮기기 어려운 표현 양상들과 양식이 있다고 주장한다. 프랑스 쪽에서는 데리다[69)](Derrida), 앙리 메쇼닉[70)](Henri Mechonnic), 앙트완 베르만 등이

---

68) Ricoeur, 2006a, p.155.

69) 데리다는 자신의 번역 이론을 다음의 두 개의 논문에서 전개하고 있는 것으로 알려져 있다. Des tours de Babel, in *Difference in Translation*, Cornell University Press, 1985; What is a "Relevant" Translation, in *Critical Inquiry*, 27(2), 2001, The University of Chicago.

70) 메쇼닉은 프랑스 파리 8대학의 교수로 지내는 동안 문학비평과 예술비평을 해왔고 그리고 성경번역과 번역 이론에도 관여해 왔다. 문학에 리듬이론, 다시 말해 담화(discours)내의 강세(accentutation)를 찾아내고 분석하여 이를 적용한 이론가로 알려져 있다. 메쇼닉은 모든 텍스트에서 형식과 의미, 시니피앙과 시니피에가 분리될 수 없는 하나의 단위라고 주장하며, 특히 담화내에서 강세가 오는 지점과 이 지점들이 형성하는 의미생산의 통로를 분석해야 한다고 말한다. 따라서 동사, 명사 등에만 집중되는 의미단위가 관사, 접속사, 관계사, 인칭대명사 등으로 확

이런 입장을 지지하고 있다. 이들은 원문이 가지고 있는 낯섦과 이국성을 살리는 직역을 강조한다는 점에서 소위 원천주의자(sourciers)로 분류되곤 한다. 그렇다면, 이들은 직역 대(對) 의역, 충실성 대(對) 배반(자유)이라는 번역학계의 해묵은 이항적 대립구도를 차이 없이 반복하고 있는 것일까?

벤야민 같은 저자는 양식(mode)이나 형식(form)의 재생산[71]을 달성하는 번역이 가져다주는 긍정적이고 생산적인 효과를 간과하지 않았다. 시(詩)의 측량할 수 없고, 신비적이며, 본질적인 것을 시인만이 재현하고 번역할 수 있다고 믿는 벤야민은 번역가의 과제를 성공적으로 완수하면 번역을 통해 원문의 생명은 새로워지고, 그 언어의 영원한 재생이 이루어진다고 생각하는 것이 틀림없다. 특히 벤야민은 모국어의 새로운 지평을 연 번역가로 루터, 횔덜린 등을 언급하는데, 이것은 출발 언어의 이국성(異國性, étrangeté)이 모국성이나 자국성의 폐쇄성을 허물고 그것의 지평과 세계를 확장한다는 의미로 이해된다.[72] 벤야민이 보기에 번역의 대상은 언어적 기호의 의미나 텍스트의 (의미론적) 세계에서 멈추는 것이 아니라 한 언어의 표현 양식과 형식까지 포함한다는 점은 지적해 두자.

대되어 언어체계의 모든 요소에서 확대된다고 주장한다. 국내에서는 『시학을 위하여』, 조재룡 옮김, 새물결, 2004; 『모데르니테 모데르니테』, 김다은 옮김, 동문선, 1999를 참조할 수 있다.

71) Benjamin, 2008, p.136.

72) 번역 불가능성의 문제가 서로 다른 언어 사이에서만 제기된다고 보기는 어려울 것 같다. 하이데거의 1927년 저작인 *Sein und Zeit* (『존재와 시간』)의 독일어 번역본이 왜 나오지 않느냐는 말은 결코 과장이 아니다. 모국어 내에서도 번역 불가능성의 문제는 언제든 제기될 수 있으며, 이런 점에서 모국어 내에서 조차 이해하는 것이 번역하는 것이라는 입장은 타당하다.

6. 번역불가능성의 문제

사실 번역 활동에서 번역 가능성과 번역 불가능성[73]의 문제는 주로 성경을 포함하여 문학 텍스트에서 제기되어 왔다. 보다 철학적인 텍스트로 이동해본다면 번역 불가능의 문제가 어떻게 될까?

우리는 앞서 리쾨르와 함께 의미의 등가가 번역자에 의해 생산되는 성질의 것이라고 주장했었다. 하지만 이에 대한 보다 구체적인 논거를 제시하지는 않았었다. 인간은 늘 사태를 다르게 말하고, 다른 방식으로 말해 왔다. 인간 세계에 존재하는 자연 언어들의 다양성은 이런 사실을 잘 말해준다. 하지만 그 다양성의 역사만큼이나 번역 활동의 역사도 오래되었고, 번역은 지금도 이루어지고 있으며, 앞으로도 있을 것이다. 그리고 번역이 언어들 간의 (소통)거리를 줄여줄 수는 있으나 차이를 없애지는 않을 것이다. 이국성과 타자성은 완벽한 번역을 통해 흡수되거나 해소되는 것이 아니기 때문이다. 이것은 해석에도 그대로 적용될 수 있다. 언어적 기호에 대한 해석을 통해 우리가 그 의미에 접근할 수 있다고 해서 그 해석이 최종적이거나 확정적인 것일 수는 없는 것과 마찬가지로, 어떤 텍스트에 대한 번역이 이루어졌다고 해서 텍스트를 통해 세계가 드러나는 일이 번역의 완료되는 순간 함께 멈추지는 않을 것이다. 우리가 이러한 현실을 인정하는 순간, 우리는 완벽한 번역에 대한 꿈을 일찌감치 접는 것이 옳다. 그보다는 이국성과 타자성을 동시에 수용 언어 속에서 어떻게 자기화할 것인지에 대해 고민해야 할 것이다.

---

73) 박용삼, 「번역활동에서의 번역가능성과 번역불가능성: 영원한 미해결의 문제인가?」, 『독일문학』, 96, 2005, pp.324-343 참조.

리쾨르는 번역 불가능성의 문제를 '비교 가능한 것의 구성'[74] (construction du comparable)을 통해 해결하고자 한다. 우리는 흔히 비교 가능한 것만을 비교할 수 있다고 생각하기가 쉬운데, 오히려 리쾨르가 생각하는 번역 작업의 핵심은 비교 불가능한 것들을 비교 가능하도록 구성해 내는 것이다. 중국어와 프랑스어가 서로에게 절대적 타자인 상황에서, 중국어를 배우고 알아가다 보면, 프랑스어를 사유하고 말하는 사람들에게서 중국어의 절대적 이국성이 발견될 것이다. 그렇다면 어떻게 중국어에만 담겨 있는 고유한 것을 프랑스어로 옮겨낼 수 있는가? 앞서 말한 대로 번역가의 작업은 언어들 사이에 건널 수 없는 차이를 발생시킨 낯선 문화와 세계관의 포괄적인 이해에서 시작해, 텍스트와 문장을 거쳐서, 단어들에로 내려오는 방식으로 비교 가능한 것들을 구성해야다는 것이다. 결국 비교 가능한 것의 구성은 하나의 어휘집이나 단어집의 구성으로 최종적으로 표현된다는 것이다. 다시 말해 "번역 작업의 결과로 인해, 본래 철학적 운명을 갖지는 않았던 일상적 단어들을, 그 일상의 사용 맥락들에서 벗어나도록 해서 등가적인 것의 품위를 갖게끔"[75]한다는 것이다.

노자의 『도덕경(道德經)』의 프랑스어 번역[76]을 예로 들어보자. 여기서는 도(道)를 'Route(진로)' 또는 'Voie(길)'로 옮기고, 무위(無爲)를 'le non-agir(행위하지 않음)'이나 'sans agir(행위 없음)'으로, 자연(自然)을 'Nature', 'l'être ainsi de soi' 또는 'Réalité immuable(불변의 실

74) Ricoeur, 2006a, p.151 이하 참조.

75) Ricoeur, 2006a, p.151.

76) 노자의 『도덕경』의 프랑서어판 *Tao Te King*, trans. by Marcel Conche, PUF, 2003; *Tao-tö-king*, trans. by Liou kia-hway, follio, 2000; *Tao Te King*, trans. by Jaques Lionnet, Adrein-Maisonneuve, 1962 등을 참고할 것.

재)' 등으로 옮긴다. 한편으로는 동일성이 없는 등가어들이지만, 또 다른 한편으로는 생산된 등가어들이다. 번역가가 중국어와 그 텍스트의 세계를 이해해 나가면서 프랑스어의 일상어를 바탕으로 철학적으로 개념화하거나 생산해내지 않았다면, 이 프랑스어 단어들은 여전히 일상어의 운명에서 벗어나기 어려운 단어들이 아닌가? 이미 이런 비교 가능한 것의 구성은 그리스나 라틴 세계에서도 있었던 것이다. 철학가와 번역가들은 그리스어 arêtê를 라틴어 virtus로 옮기고, polis를 urbos로 옮기고, politès를 civis로 옮겼었다.

마찬가지로 김용옥은 나이다와 테이버(Chaerles R. Taber)가 공저한 번역학 이론의 고전인 *The Theory and Practice of Translation*의 1장과 2장과 3장을 「번역의 이론과 실제」[77]라는 제목으로 국역하면서 한 각주(各主)에서 성경에 대한 수용 언어적 번역을 강조한 바 있다. 다시 말해 김용옥은 그리스어 theos에 대한 한국어역인 '하나님'(개역판)과 '하느님'(공동번역판)에 대해 국어의 어원학적 측면에서는 후자가 더 타당해 보이나, 그리스도교의 고유한 유일신 관을 드러내면서도 우리 토속신앙의 신관(하느님)을 훼손하지 않는 적정한 번역으로는 전자를 지지한다고 말한다. 이는 하나님이라는 등가 개념어를 생산해냄으로써 외국어의 환원 불가능한 이국성(즉, 유일신성)을 간직하면서도 동시에 우리 고유의 제천(祭天) 신앙을 보존함은 물론 이것과 비교 가능한 것을 구성함으로써 우리의 신관 자체를 확장한 것이 아닐까? 결론적으로 말해 리쾨르에게서 번역 불가능의 문제는 비교 불가능한 것을 비교 가능하도록 구성하는 문

77) 김용옥·최영애, 『도올 논문집』, 통나무, 1991, pp.157-275를 참조하고, 특히 김용옥의 긴 역주8(pp.200-201)을 살펴볼 것. (원서 출판, Brill Academic Pub, 1984/2003)

제로 바뀌고, 등가의 지위를 획득하는 단어들과 개념들의 생산으로 귀결되는 것이다.

7. 자기해석학으로서의 번역

번역(학)과 해석(학)은 공히 언어의 문제, 특히 자신의 언어와 이국의 언어의 관계에서 발생하는 문제에 천착한다는 점에서 상당한 연관성을 가진 학문이다. 인간이 말을 한다는 것, 그리고 인간이 같은 것을 다르게 말한다는 것, 마지막으로 인간이 같은 것을 다른 방식으로 말함에도 불구하고, 인간은 번역이나 해석을 통해 늘 소통해 왔다는 것이 바로 이 두 학문의 존재근거가 된다. 이국적인 것과 자국적인 것이 하나로 환원될 수 없음을 인정하고, 외국어와 모국어 사이를 끝없이 왕래하는 것이 번역의 운명이라면, 마찬가지로 그 기호들의 비(非)완결적이면서도 중층적인 의미의 지층을 왕래하는 것이 해석의 운명일 것이다. 다(多)문화, 다언어 시대에 번역과 해석에게 부여된 이러한 운명은 비관할 일도 낙관할 일도 아닌, 있는 그대로 인간에게 주어진 조건일 뿐이다.

번역이 존재한다는 것은 인간이 자신의 언어 뿐 아니라 타자의 언어를 배우는 능력을 가지고 있다는 증거이다. 그리고 인간은 타자의 언어(외국어)를 배우면서 비로소, 자기의 언어(모국어)가 여러 언어들 중 하나에 불과하다는 사실을 깨닫게 된다. 이렇게 보면 번역은 인간의 자기해석학(herméneutique du soi)의 여정에 중요한 한 매개체로 자리 잡게 된다. 왜냐하면 자기해석학은 인간이 자기 자신을 여러 인간들 중의 하나(soi-même comme un autre)[78]로 간주할 수 있을 때 비로소 시작되는 것이기 때문이다.

그렇다면 번역 작업이 구체적으로 어떻게 인간의 자기해석학과 연계될 수 있을까? 번역에 따르는 시련과 모험이 담지하는 위대함이란 바로 원문을 창조적으로 배반함으로써 수용 언어를 통해 창조적인 자기화가 이루어지도록 하는 것이 아닌가? 번역을 통한 자기화라는 것은 결국 모국어의 이해 지평과 그 사용 지평을 확장해나가는 것이다. 자아(moi)의 절대성이, 모국어의 절대성이 상실되는 것을 안타까워 할 필요는 없다. 타자의 낯섦과의 만남은 오히려 나 스스로의 낯섦을 발견하게 만든다. 결국 언어적 환대[79](hospitalité langagière)로서의 번역에는 동일자와 타자의 윤리학과 존재론이 나름의 방식으로 녹아 있다. 타자가 문을 열고 들어와 기꺼이 우리와 함께 살 수 있도록 꽉 찬 내 집을 비우고 그를 위한 자리와 거처를 마련해야 할 것이다.

78) 이 표현은 리쾨르의 철학적 작업에 대한 중요한 결산으로 파악된 1990년 저작 *Soi-même comme un autre* (Seuil, 1990)와 일치한다. 우리말 번역으로는 『타자로서 자기 자신』(김웅권 옮김, 2006c, 동문선)을 참고한다.

79) Ricoeur, 2006a, pp.88-89 및 pp.118-119 참조.

제4장

언어, 번역 그리고 정체성

1. 정체성의 문제

프랑스의 번역철학자 베르만은 번역이 이제 그간의 은폐의 역사로부터 벗어나 스스로를 드러내야 한다고 주장하며 자신의 주저 『낯선 것으로부터 오는 시련: 독일 낭만주의 문화와 번역』의 제1장을 '루터 또는 확립으로서의 번역'[80]이라는 의미심장한 제목으로 시작한다. '확립'으로서의 번역이란 과연 무엇일까? 루터는 번역을 통해 무엇을 토대 짓고 확립하였을까?

번역과 언어의 정체성의 상관관계를 묻는 위 질문에 우리는 일단 아래와 같이 일반적인 방식으로 답할 수 있겠다. 우선 번역이라는

80) Berman, 2009, p.43.

것은 한 언어의 변화가 시작되는 문턱인 동시에 그 변화의 결과가 드러나는 창(窓)이다. 따라서 번역은 언어의 본질이나 정체성과 관련한 중요한 단서를 제공한다. 이런 의미에서 번역의 문제는 단순한 의사소통의 차원을 넘어서는 언어의 문제이자 세계관 또는 사유(思惟) 문제인 것이다.

그렇다면 과연 번역을 통해 드러나는 언어의 정체성이라는 것은 무엇일까? 본 장에서는 이상에서 언급된 언어, 번역, 정체성 등의 개념들을 언어학이나 번역학, 철학의 차원에서, 특히 상호 교차되는 지점들을 중심으로 고찰해 보고자 한다.

언어, 번역, 정체성 중 상대적으로 가장 정의하기 어려운 개념이 바로 정체성(正體性) 개념일 것이다. 이 개념을 둘러싼 갖가지 논쟁을 담은 자료들만도 도서관을 짓고도 남을 정도로 넘쳐난다는 말이 있을 정도이다. 우선 번역이나 언어의 문제와 정체성 개념을 연계시키기 전에, 정체성이라는 말의 일반적 의미를 살펴보고자 한다. *The Encyclopedia of Philosophy* (철학백과사전)[81] 에서는 정체성을 다음과 같이 설명한다.

> 사람은 늙고, 어떤 나무들은 주기적으로 잎들이 변하고, 봄이 오면 얼음은 녹고, 불이 나면 목재는 타서 재가 된다. 세계는 끊임없는 변형을 겪으면서 늘 유동적인 흐름인 것처럼 보인다. 하지만 우리가 주목하는 이런 부침(浮沈)에도 불구하고 지난달에 잎이 진 나무가 여전히 같은 나무이고, 어른이 된 사람이 어릴 때 알던 바로 그 사람과 같은 사람이고, 풀장의 물은 얼마 전의 얼음이 녹아져 내린 바로 그

81) Edwards, P.,(ed.), *The Encyclopedia of Philosophy*, 4, Macmillan, 1972에서 "identity" 항목.

같은 소재로 만들어져 있는 것이다. [ ]...... 동일성(同一性, identity)의 문제는 세계의 이런 특징들, 다시 말해 한편에서는 그 같음(sameness)에 대한, 다른 한편에서는 그 다양성과 변화에 대한 진정한 설명을 제공하려는 문제로 파악되어진다.[82)]

위의 인용에서는 정체성 문제를 구성하는 두 개의 중요한 범주가 등장한다. 바로 같음과 변화, 동일성과 차이, 하나(一)와 다(多)이다. 변화와 차이 그리고 다양성 속에서도 같음으로, 동일성으로, 그리고 하나로 남는다는 것은 무엇이고 그것을 가능하게 하는 것은 무엇일까? 우리는 이 물음을 다른 각도에서 던져볼 수도 있다. 같음을, 동일성을 그리고 하나를 부단히 차이 나게 하고 변화를 겪게 하고 다양하게 만드는 것은 무엇인가? 본 장에서는 정체성의 문제, 다시 말해 같음과 다름의 문제가 언어 및 번역과 어떤 관계를 맺는지를 이상의 질문들을 출발점으로 하여 대강이나마 밝혀내고자 한다.

우선 첫 번째로 제기되는 문제는 identity 개념을 한국어로 어떻게 옮길 것인가의 문제이다. identity는 흔히 '정체성'으로 번역되기도 하지만, 이를 '동일성'으로 옮기는 경우도 적지 않다. 탁석산의 경우 정체성과 동일성의 구별은 편의에 따른 것으로 보고, 집단의 경우 정체성을, 개인의 경우는 동일성을 연결시키며, 어떤 경우든 "변화 속에서도 남아 지속되는 그 무엇에 관한" 문제라고 말한다.[83)] 김선희의 경우, 인격들(persons)이 갖는 "고유한 특성/성품의 문제"를 정체성 또는 개성의 문제라고 규정하는 반면, "인격을 신분 확인 문제" 즉, "수적으로 다른 인격들을 확인하는 개별화의 문제"를 동일

82) Edwards, 1972, p.121.
83) 탁석산, 『한국의 정체성』, 책세상, 2001, pp.123-124.

성의 문제라고 제시한 바 있다.[84] 쉽게 설명하자면, 철수라는 인격을 다른 인격들인 길동이나 갑순이와 구분하여 철수로 확인하는 기준의 문제를 동일성의 문제로 보는 반면, 철수를 철수로 만들어 주는 성격과 속성을 묻는 문제를 정체성의 문제라 본다. 전자의 동일성 문제에는 '철수, 그는 누구인가?'라는 물음이 어울리고, 후자의 정체성 문제에는 '철수, 그는 어떤 사람인가?'라는 물음이 어울린다는 것이다.

이제 언어의 문제로 돌아가 보자. 사람이 아닌 언어의 identity를 물을 때, 이는 동일성의 문제인가 아니면 정체성의 문제인가? 예를 들어, 자연 언어 내에서 영어가 가지는 identity를 묻는다면, 이는 영어와 독일어 그리고 불어 사이를 구분하여 영어라는 개별언어를 확인하고자 하는 것인가? 아니면 영어를 영어답게 만들어주는 속성이나 성격을 묻는 것인가? 혹은 둘 다의 문제인가?

그런데 한 언어의 고유성과 개별성을 파악하는 일과 한 언어의 언어다움을 인식하는 일은 실제로 크게 다르지 않다. 이런 관점에서 본다면 앞서 제시한 정체성과 동일성의 구분은 단지 이론적 구분에 지나지 않을 수도 있다. 따라서 언어의 정체성 문제는 개별자로서 한 자연언어를 늘 같은 그리고 동일한 언어로서 확인하고 재확인하게 만드는 변별적 기준이나 표식을 설정하는 문제 뿐 아니라, 시간의 흐름 속에서 그 언어의 내적 및 외적 상황이나 조건이 변화되고 다양화됨에도 불구하고 변치 않는 어떤 것, 그 언어의 언어다움을 구성하는 요소들의 문제를 포괄하는 것으로 볼 수 있다. 결국 불변성이나 상수(常數)로서의 언어의 본질을 전제하고 이를 찾는 방

84) 김선희, 「복제인격과 인격의 문제」, 『철학연구』, 49, p.264.

향과 변수(變數)나 운동으로서 언어의 특성을 확보하는 두 벡터 모두가 언어의 정체성에 내재하는 측면들인 것이다.

2. 언어의 정체성과 번역

언어의 정체성 문제를 번역과 연계하여 생각해 볼 때, 우리는 다음과 같은 질문을 던질 수 있다. 번역을 통해 우리말과 글은 어떤 변화를 겪어내며, 또 그러한 변화에도 불구하고 우리의 말과 글을 여전히 우리말과 우리글이게끔 만드는 것은 무엇인가? 다시 루터의 예를 들어보자. 루터는 모국어인 독일어로 성경을 번역함으로써 독일어의 형성과 확립에 어떤 역할을 한 것일까?[85)]

이 질문에 답하기 위해 우리는 어쩔 수 없이 전통적 번역담론에서의 종종 등장하는 의역/직역, 가독성/충실성, 의미/형식, 기의/기표, 도착문주의/원문주의 등의 이항적 대립구도를 언급하지 않을 수 없다. 왜냐하면 언어의 정체성 문제에서 번역이 해낼 수 있는 기능과 역할을 설명하고자 할 때, 의역, 가독성, 의미(/의사)전달, 기의, 도착문을 중시하는 입장에서 설명할 수도 있겠고, 반대로 직역, 충실성, 형식, 기표, 원문을 중시하는 입장에서 설명할 수도 있기 때문이다.

전자의 입장, 다시 말해 의역주의의 입장은 프랑스의 언어학자 무냉(G.Mounin)이 한때 주장한 것처럼, 마치 원저자가 도착어로 사

85) 이기상은 근대화 과정의 네 가지 혁명들(언어, 의식, 제도, 생산)중에 언어혁명을 가장 중요하게 언급하면서 종교개혁은 루터가 "성직자와 귀족계급에 속하였던 언어를 민중에 돌려준 언어혁명"이라고 단언한다. 이기상, 『철학노트』, 까치, 2002, p.239.

유하고 글을 쓴 것처럼[86] 번역해야 한다는 입장이다. 이는 외국어가 지닐 수 있는 낯섦, 이국성, 타자성을 번역의 과정에서 순치(順治)해야 한다는 의미로, 여기서는 의미, 메시지, 저자의 의도, 문장의 정보적 가치 등을 얼마나 도착어의 관습에 맞게 표현하느냐가 번역자의 중요한 화두가 된다. 예를 들어 의역주의자들은 메시지나 의미의 동일성(유사성)이 확보된다면 아무리 시공간적으로 그리고 문화적으로 거리가 떨어진 자연언어 사이라 해도 이 언어들 사이의 차이나 다양성은 크게 문제 삼지 않는다. 언어들 간의 차이나 그들 사이의 변화의 요소는 의사소통이라는 대전제(大前提) 아래 포섭되거나 수렴된다. 이러한 관점을 선택할 경우, 메시지의 전달이 가능하다면 성공적인 번역이고 그렇지 않다면 번역은 그 유용성과 존재가치를 상실하는 것으로 간주된다. 그리고 모국어 독자들에게 낯설게 느껴지는 번역, 모국어 독자들을 불편하게 만드는 번역은 어떤 경우든 나쁜 번역으로 치부된다. 결국, 번역자는 외국어의 이국성을 걸러내는 필터역할을 하며, 번역은 외국어로부터 유래할지도 모를 충격이나 자극에 대한 안전판 역할을 하며 모국어를 지켜내게 된다. 물론 두 언어 간 소통의 과정에서 각각의 언어에는 새로운 의미지평이 형성될 수 있겠으나, 이 지평은 앞서의 두 언어뿐만 아니라 다른 자연언어들에게도 공히 분배가능하거나 귀속 가능한 일반적 자산이 될 개연성이 높다.

그런데 이러한 관점에서 보면, 한 언어가 가지고 있는 의미론적 자산은 반드시 다른 언어로 '전달 가능한 상태'로 존재해야만 한다

86) Mounin, J., *Les belles infidèles*, Presse Universitaires de Lilles, 1994[1955], p.74.

는 전제가 생긴다. 다른 언어로 전달될 수 없다면, 그것은 큰 의미가 없는 자산이 되어버리는 것이다. 다시 말해, 번역이라는 것은 개별적으로 존재하는 언어의 섬들 사이에 놓인 다리의 역할을 하며 섬들 사이의 왕래를 가능하게 하지만, 다른 한편으로 이 서로 다른 언어의 섬들 사이의 대면을 특정한 방식으로 한정한다. 각각의 섬들은 모국어의 편안함 안에 머물러 있으면서 이국의 섬이 가진 좋은 것을 번역을 통하여 편안히 맛보려 한다. 각자의 섬에 머물러 있으면서, 그대로 남아 있어도 문제가 없도록 보호해주고 지켜주는 것이 번역의 효과이자 목표가 되고, 이런 상황에서 모국어라는 섬은 굳이 변화할 필요성을 느끼지 못한다. 이런 방식의 번역이 언어 간적 차이뿐만 아니라 언어 내적 차이까지도 잠재운다고 말하면 과장일까?

이제 위의 입장과 정 반대 축에 서 있는 또 하나의 전통, 즉 직역과 충실성, 형식과 기표, 그리고 원문을 중시하는 입장을 살펴보자. 번역 담론의 역사에서 직역주의의 입장은 종종 단어 대 단어 번역, 자구(字句)에 충실한 번역으로 이해되어 왔지만 현대에 와서는 직역이나 충실성의 대상이 단어나 자구를 넘어선 층위로 확장된다. 이는 시니피에가 시니피앙과 분리될 수 없다고 보는 현대 언어학의 논점을 철저히 반영한 것이다.

20세기 소쉬르 언어학의 맥락에서는 의미/시니피에는 전적으로 언어내적 사건으로 규정된다. 의미는 고정된 실체나 본질이 아니라 한 음소나 형태소나 어휘 등의 체계 내에서 발생하는 차이, 즉 주어진 자연언어의 내재적 요소들에 따라 결정된다고 보는 것이다. 의미를 이렇게 바라볼 경우, 한 언어의 의미가 또 다른 언어로 어떻게 번역될 수 있는가의 문제가 제기된다. 그리고 바로 이 부분이 과거의 직역론자들과 현대의 직역론자들이 갈라서는 대목이다. 단어나 자구의 충실한 전달에 매달렸던 과거의 직역론자들과는 달리, 오늘날의 직역론자들은 문장 차원, 더 나아가 텍스트 차원에서만이 번역 가능한 그 무엇이 존재한다고 본다. 이제 번역이 충실하게 옮겨야 할 대상은 더 이상 의미나 메시지가 아니라, 이들의 형성이나 구성에 본질적인 역할을 하는 (원문)언어의 형식적 요소들이라고 현대의 직역론자들은 말한다. 이렇듯 원문이 가지고 있는 형식적 요소를 베르만은 문자(lettre)라 부르고 메쇼닉 같은 이는 문장이나 텍스트의 리듬(rythme) 혹은 프로조디(prosodie)[87)]라고 말한다. 그렇다면 이국 언어의 형식적 요소를 옮긴다는 것은 무슨 의미일까? 이것이 모국어나 도착어의 언어적 정체성에 미치는 영향력은 무엇일까?

만약 시나 속담의 본질이 그 메시지나 의미에 국한된 것이 아니라 운율이나 말놀이에 있다면, 또 그 언어적 형식을 모국어나 도착어로 옮겨야 한다면, 이때 수용언어는 이국성의 요소에 닫힌 폐쇄적 공간이 아니라 타자에게 기꺼이 열린 환대의 공간이 된다. 예를 들어 Tel père, tel fils 라는 불어속담은 한국어로 '그 아버지에 그 아들'로 쉽게 옮길 수 있다. 이미 T/p, t/f 라는 대구(對句)와 운율은 그/아, 그/아에서 그대로 재현된다. 하지만, 베르만이 자신의 한 저서에서 예시한 스페인어 속담 A cada día le basta su pena, a cada año su daño(그날의 고통으로 족하고 그날의 불운으로 족하다)을 불어로

87) 조재룡, 「메쇼닉(H. Meschonnic)에서의 '리듬'(rythme)의 개념」, 『불어불문학연구』, 54, 2003.

옮긴다고 해보자. 이 스페인어의 운율을 적당히 옮기려면 불어에는 존재하지 않는 격률과 언어적 형식을 만들어 내야만 한다.[88] 베르만은 이를 'A chaque jour suffit sa peine, à chaque anneé sa déveine'로 옮긴다. día/pena, año/daño 는 jour/peine anneé/déveine로 변형된다. 과연 이것을 두고 단어 대 단어 번역이나, 자구적 번역이라고 말할 수 있을까? 원전에 대한 복사나 단순한 재현이 아니라면 이것은 무엇일까? 이 속담을 한국어로 옮겨보면 '그날의 애로로 족하고, 그해의 액운으로 족하다.' 정도로 옮길 수 있겠다. 날/애, 해/액 이라는 시니피앙들 간의 유희[89]가 그대로 되살려진다. 과연 이런 번역을 두고 서로 다른 언어들이 접촉하면서 종종 발생하는 부정적 감염[90] 현상이라고 비난할 수 있을까?

의미중심 번역을 통해 원전의 어휘적, 통사적 낯섦을 우회해버리는 번역전략을 구사한다면, 도착어는 일종의 규범적 언어 역할을 하게 된다. 다시 말해 그 시대가 좋은 한국어, 좋은 불어로 규정한 언어로 옮겨야 한다는 것이다. 번역이 가져다 줄 수 있는 충격이나 자극에 저항하면서 정전(正殿)이나 모델로서의 규범어의 역할을 하는 것이다. 여기서 규범어로서의 모국어는 불가침의[91] 존재가 되고 만다. 이런 점에서 의미중심 번역은 언어적 정체성의 가장 변화하지 않는 극점, 동일성을 유지하는 벡터만을 가질 뿐이다. 반면 프랑스어나 한국어가, 출발어인 스페인어의 형식을 가능태적으로 수용할 수 있다면, 번역의 과정에서 의미중심 번역이 가져다주는 의미

88) 이점에 관해서는 정혜용의 「베르만과 메쇼닉의 번역이론 이해를 위하여: 속담번역의 상징적 위치」, 『불어불문학연구』, 66, 2006 를 참조할 것.

89) Berman, 2011, p.18.

90) Berman, 2011, p.218.

91) Berman, 2011, p.46.

소통이나 의미의 증강 말고도 모국어나 수용 언어에는 형태적 변화와 변형이 얻어지게 된다.

한국의 놀이공원인 에버랜드의 중국어 번역 표기는 愛寶樂園(애보낙원)이다. 이렇게 옮겼다고 해서 중국어로 자국화(domestication)하는 번역이라고만 간주할 수 있을까? 이국적 요소가 전혀 가미되지 않았다고 볼 수 있을까? 이제 에버랜드는 중국어로 愛寶樂園, 코카콜라는 可口可樂으로 문제없이 옮겨진다. 의미나 메시지가 상실된다는 불만을 사지 않으면서도 음가(音價)와 리듬 등 언어의 형태적 요소를 살린 번역이라고 할 수 있을 것이다. 이를 두고 이방언어와의 접촉으로 자국어가 오염되었다고 말할 수는 없다. 번역의 과정에서 중국어가 이국의 언어를 닮아갈 수 있으나, 그렇다고 해서 중국어가 외국어화 되는 것은 아니다. 오히려 중국어의 형태적 외연이 넓어지고 의미적 내용이 심화되어지는 것이다. 다시 말해 수용언어는 이전에는 깨닫지 못했던 자신만의 역량을 오히려 낯선 것과의 만남을 통해 발굴하고 창조해나가는 것이다. 물론 이런 작업을 번역과정에서 어떤 방식으로 구현해 내야 할지는 선험적으로(a priori) 정해져 있지 않다. 부단한 실무적 체험과 그 체험을 원칙의 차원에서 성찰하는 이론적 관심의 축적이 선행되어야 할 것이다.

이미 우리는 상반된 두 입장에서 어느 쪽이 언어적 정체성의 문제에 민감한지 알게 되었다. 번역이 수용언어에 긍정적 변형을 가져다준다는 후자의 입장을 지지하는 베르만 같은 이들에게서 번역이 가지는 언어(사)적, 문화사적, 철학적 의미는 달라질 것이다. 이제 언어의 변화와 차이를 긍정하고 확립하는 구도에서 번역을 바라보는 중요한 이론가들을 만나 보자.

3. 베누티(R. Venuti): 언어 정체성을 토대로 한 급진적 번역론

베르만보다 훨씬 명시적으로 번역과 언어 정체성의 문제를 제기한 저자로 우리는 베누티를 언급할 수 있다.

여러 권의 저서와 논문을 집필한 번역학 이론가이자 전문 번역가인 베누티의 입장을 몇 마디로 요약하기는 쉽지 않겠으나 그의 논점은 대체로 다음의 두 가지로 압축된다. 첫째로 베누티는 자국화(domestication)하는 번역에 반대하고 이국화(foreignization)를 지향하며, 둘째로 번역자가 비가시적(invisible)으로 남아 있어서는 안 된다고 주장한다. 이는 이상적인 번역이란 유리가 없다고 믿을 정도로 투명한 유리가 되는 것[92]이라고 말했던 프랑스의 언어학자이자 번역학자 무냉의 입장과 정확하게 대척점에 있는 입장이다. 베누티의 이국화하는 번역은 지배적인 표준어를 고수하는 '매끄러운' 번역의 반대개념이다.[93] 베누티는 다음과 같은 분명한 번역의 지향점을 설정한다.

> [ ]...... 번역이 외국 텍스트의 외국성을 분명하게 표시하기 위해 필요한 것은 무엇인가? 우선 번역대상으로서 자국의 문학 정전들을 벗어나는 형태와 주제를 지닌 텍스트를 선택하는 일일 것이다. 하지만 외국성이 더욱 결정적으로 드러날 수 있는 것은, 자국어를 (그것이 마치 외국어인 양) 낯설어 보이게 만들면서도, 동시에 지금 독자

---

92) Mounin, 1994, p.75.

93) Venuti, L.,『번역윤리: 차이의 미학을 위하여』, 열린책들, 2006, p.28. 원전은 *The Scandals of Translation: Towards an ethics of difference*, Rouledge, 1998.

가 읽고 있는 것은 원문 자체가 아니라 그것과 구별되어야 하는 하나의 자국어 번역에 불과하다는 사실을 드러내는 자국적 변양태(variations)들이 도입될 때이다. 좋은 번역은 소수화하는 번역이다. 즉 좋은 번역이란 혼질적인 담화를 양성하여 잔여태를 해방함으로써, 표준어와 문학정전을 외국적인 것, 비표준적인 것, 주변적인 것들에 대해 열리게 하는 번역인 것이다.[94]

이런 의미에서 베누티가 자신의 주저 『번역윤리-차이의 미학을 위하여』의 제1장의 제목으로 '혼질성(heterogeneity)'을 선택한 것은 의미심장하다. 한마디로 자국어, 표준어, 지배적 담론과 지배적 서사형태, 그리고 지배적 개념들이 가진 동일성을 뒤흔들어 놓을 차이와 다양성을 퍼트리는 작업이 바로 번역작업이라는 것이다. 자국의 지배담론의 경계를 허물고 자국 문화 내에서 차지하는 위계질서에 저항하는 번역이야 말로 베누티가 지향하는 번역인 것이다. 그에게서 번역이란 다수 언어에 대한 소수 언어의 저항과 도전을 감행하는 작업이며, 표준어의 옷을 입고 있는 자국어의 균질성과 동일성에 균열을 내는 작업인 것이다.

물론 이러한 베누티의 입장에 대한 비판들도 만만치 않다. 세계적 지배언어인 영어가 베누티의 자국화 전략을 얼마나 수용해낼지, 그리고 무엇보다도 출판시장 및 출판계의 요구에 종속되어 있는 실무번역사들이 지배적 표준어로부터의 탈주(脫走)와 투쟁을 현실적으로 얼마나 실천해 낼 수 있을지의 문제가 제기될 수 있기 때문이

94) Venuti, 2006, p.27. 인용문 번역의 일부를 필자가 수정하였으며, 여기서 잔여태(remainder, 殘餘態)란, 베누티에 따르면, 특정 순간에 한 언어를 지배하고 하고 있는 다수적 형태와 체계적 규칙에 대해 저항하며 그 언어내부에서 남아 있는 소수적 변수들(minor variables)을 가리킨다. Venuti, 2006, p.24 참조.

다. 어쨌든 이러한 현실적 한계에 대한 논의를 접어두고 베누티의 논점을 정리해 보자면, 베누티는 기본적으로 언어를 한 개인이 어떤 규칙체계에 의거하여 사용하는 의사소통의 도구[95]로 보지 않는다는 것을 알 수 있다. 언어가 단순한 도구에 지나지 않는다면, 특정 언어와 그 사용자는 원칙상 분리가능하며, 특정 표현을 특정 의미로부터 분리하는 것도 원칙적으로 가능하다. 만약 이런 입장에 동의하게 된다면, 언어란 단순한 전달매체에 지나지 않게 되며 결국 특정 언어를 통해 특정 세계 및 문화가 발현된다는 입장, 다시 말해 특정 언어가 나름의 고유한 정체성을 가지고 있고 이것이 그 사용자의 정체성에 깊이 관여하고 참여한다는 입장에 동조하기 어렵게 된다.

사실 베누티의 번역에 대한 이러한 급진적 입장의 상당부분은 상당부분 프랑스의 현대 철학자 들뢰즈(G. Deleuze)로부터 온 것이다. 실제로 베누티의 『번역윤리-차이의 미학을 위하여』에서는 베르만은 물론이고 들뢰즈가 심심치 않게 등장하고, 더구나 1장의 목차에서 언급된 '소수 문학 쓰기', '소수화를 지향하는 번역 기획' 등에서 들뢰즈의 문학론이나 언어론의 핵심적 개념들이 쉽게 연상된다. 한발 더 나아가 베누티는 자신의 언어관이 들뢰즈의 그것을 따른다고 명시적으로 밝히고 있다.

> 나는 들뢰즈와 가타리(Deleuze & Guattari,1987)의 관점에 따라 언어를 하나의 집단적인 힘으로, 하나의 기호 체제(體制)를 구성하는 형태들의 조합체로 간주한다. 이 형태들은 다양한 문화 계층들과 사회적 제도들 사이를 순환하면서 지배적 위치에 있는 표준어를 정점

95) Venuti, 2006, p.44.

으로 하여 위계적으로 자리 잡고 있으니, 이 정점에 위치한 표준어를 끊임없이 변화시키는 지역적 방언 및 사회적 방언들, 은어들, 상투어들과 슬로건들, 문체적 혁신들, 임시어들, 그리고 이전의 사용들이 바로 그것이다. 따라서 모든 언어적 사용은 힘의 관계들이 맺어지는 장(場)이라 할 수 있다.[96]

베누티의 입장은 서두에 언급한 동일성, 일자(一者), 불변의 극에 위치한 것이 아니라, 정체성의 또 다른 극인 차이, 다자(多者), 변화의 극에 서 있음이 명백하다. 여기서 베누티가 들뢰즈를 어디까지 얼마나 원용(援用)하는지 혹은 그러한 원용이 얼마나 타당한지를 논하는 것은 별개의 문제이다. 더 중요한 물음은 과연 들뢰즈의 언어론을 일종의 독자적 번역론으로 확장하여 해석할 수 있는가의 문제이다. 그것이 가능하다면 베누티와의 관련성은 자연스럽게 해명될 것이기 때문이다.

4. 들뢰즈의 급진적 언어론

번역이 수많은 문화적 및 세계관적 우회와 매개를 거치는 것은 당연하지만, 작업의 속성상 번역의 출발점과 귀착점은 언어이다. 따라서 한 저자의 번역론은 그의 언어관에 필연적으로 영향을 받을 수밖에 없다. 다시 말해 저자의 번역론이 명시적으로 존재하지 않는 경우 언어론을 통해 그의 번역론을 추론해 보는 것이 충분히 가능하다는 것이다. 들뢰즈의 경우가 그러한데 그의 문학론의 상당부분은 언어에 대한 독특한 사유에 할애되어 있다. 한 세기를 풍미한

96) Venuti, 2006, p.24.

철학자의 핵심적 착상(着想)과 창의적 사유를 단 몇 페이지로 간추리는 것은 무리이므로 여기서는 그의 사유 중 번역과 언어적 정체성 문제와 연관되는 부분에 한정하여 살펴보고자 한다. 우리는 들뢰즈의 번역론을 기본적으로 '비재현(非再現)적 번역론'[97]이라 부를 만하고 이를 존재론적 관점과 실천적 관점으로 나누어 볼 수 있다고 본다.

비재현적 번역론이라는 개념을 이해하기 위해서는 우선 원본, 원저자, 원천 언어, 원천문화가 번역본, 번역자, 도착 언어 및 도착 문화와 가지는 모종의 관계에 대한 성찰이 필요하다. 우선 비재현적 관계의 반대 개념인 재현적 관계부터 설명해 보자. 재현적 관계란 B의 존재론적 지위가 상위존재인 A와의 유사성의 정도에 따라 결정되는 것을 말한다. 번역에 적용해서 말하자면, 번역이 원본과 얼마나 닮았느냐에 따라, 혹은 번역자가 원저자의 의도를 얼마나 충실히 재현했느냐에 따라 번역의 지위가 결정된다고 본다면, 그것은 원문과 번역의 관계를 재현적인 것으로 보는 것이다. 이때 원본, 원저자, 원천 언어와 문화는 플라톤의 이데아(eidos)에 해당하는 지위와 권능을 행사하며 번역의 좋고 나쁨을 평가할 때 기준의 역할을 하게 된다. 그런데 들뢰즈는 원문(원저자, 원천 언어)의 존재 자체를 부정하지는 않지만, 그것이 하나의 이데아나 모델로서 누리는 권위는 부정한다. 차이의 존재론을 통해 들뢰즈는 동일성의 논리에 반대하며 차이 그 자체[98]를 강조하는데, 이때 차이란 대립자나 상위

---

97) '비재현적 번역 이론'이라는 표현은 들뢰즈의 번역론을 선구적으로 연구한 윤동구, 『비재현적 번역 이론의 가능성: 들뢰즈(G. Deleuze)의 이론을 중심으로』, 연세대학교 대학원, 비교문학협동과정 석사 논문, 2003에서 빌려 온 것이다.

98) Deleuze, G., 『차이와 반복』, 김상환 옮김, 민음사, 2004, p.85 이하.

존재에 환원되지 않는 차이, 그것들과의 관계성에서 포섭되지 않는 차이를 말한다. 다시 말해 B를 규정하기 위해 상위 존재인 A나 대립관계에 있는 모든 -B를 호출하여 비교, 규정할 필요가 없다는 것이다. 이러한 비재현적 번역론은 번역이 원문과 동일해야한다는 논리를 뿌리부터 흔드는 번역론이다. 오히려 번역은 원문과의 만남을 통해 차이를 드러내고 실현하는 역할을 하는 것이다. 결국 원본-번역본-(재)번역본들 사이의 위계질서를 허물고 그 자체의 차이들이 가치를 가지도록 번역하자는 것이 존재론적 입장에서 본 들뢰즈의 비재현적 번역론이다.

물론 번역 실무의 관점에서 이러한 비재현적 번역론을 어떻게 실천할 것인가의 문제가 남는다. 들뢰즈는 그런 번역의 실천에 대해 구체적 설명을 제공하지는 않기 때문이다. 다만 그런 차이형성적, 차이담지적 번역 언어는 들뢰즈의 소수어(小數語, langue mineure) 개념으로 설명할 수 있을 듯하다. 이 개념에 관한 그의 논점은 『천개의 고원-자본주의와 분열증2』[99]을 중심으로 몇몇 문학을 다룬 저서들에 나타난다.

> 이런 이유 때문에 우리는 상수적이고 등질적인 체계로서의 다수적인 것과 하위-체계로서의 소수파와 잠재적이고 창조되었고 창조적인 생성으로서의 소수적인 것을 구분해야만 한다. 새로운 상수를 수립하는 와중에서도 다수파를 획득하는 것이 중요한 관건이 되는 것은 아니다. 다수파 되기란 없다. 다수파는 결코 생성이 아니다. 생성에는 오직 소수파 되기만 있다. [......] 소수어의 경우도 마찬가지이

99) Deleuze, G. & Guattari, F., 『천개의 고원: 자본주의와 분열증 2』, 김재인 옮김, 새물결, 2001.

다. 소수어는 단순히 방언이나 개인어 같은 하위-언어가 아니다. 소수어는 다수어의 모든 차원들과 요소들이 소수화 되게 하는 잠재력을 지닌 작인이다. 우리는 소수어들, 다수어, 다수어의 소수화 -되기를 구분할 것이다. 물론 소수파들은 객관적으로 정의될 수 있는 상태이다. 하지만 소수성이 가치 있는 생성의 씨앗, 생성의 결정체가 되는 것은 중간치나 다수파의 통제 불가능 운동과 탈영토화를 열어 놓을 때뿐이다. 이런 이유로 파졸리니는 자유 간접 화법에서 본질적인 것은 언어 A나 언어 B에 있지 않고 오히려 "실제로 언어 B가 되어가고 있는 언어 A에 다름 아닌 언어 X에" 있다는 점을 보여주었던 것이다. [......]. 확실히 방언 같은 소수어를 사용하거나 게토나 지역주의를 만든다고 해서 우리가 혁명적으로 되는 것은 아니다.[100)]

여기서 핵심은 두 가지다.

첫째, 소수어는 수적으로나 통계적 의미에서 얼마 안 되는 숫자의 사람들이 사용하는 언어가 아니라 다수어, 즉 기존의 지배적 표준어나 도착 언어에서 위계적 정점을 차지하는 형태의 언어를 변화시키고, 그것에 저항하며 탈영토화시키는 혁명적 언어라는 점이다.

둘째, 소수어 지향적 번역은 단순히 언어 A에서 언어 B로 옮겨가는 번역이 아닌, 각 언어 A, B 안에서 각 언어의 주류(主流)적 지배성이나 통치(統治)성에 균열을 가져다주는 언어적 변수로서의 소수어인 언어 X이다.

반면, 여기서 언어 X의 성격이 무엇인지는 여전히 모호하다. 들뢰즈를 계승하는 베누티는 언어 X를 방언이나 지역어, 구어, 의고(擬古)적 문체로 규정하고 있으나, 과연 들뢰즈가 언어 X를 그런 것

100) Deleuze & Guattari, 2001, pp.204-205.

으로 규정했는지 여부는 불확실하다. 서동욱은 토속어나 사투리 방언의 사용이 소수어와 본질적 관련성이 없음을 다음과 같이 말한다. "사투리는 동질적 언어 안의 편차이지, 언어적 동질성 자체를 위태롭게 하지는 않는다. 따라서 문학에서의 토속적인 사투리의 정체성은 정치적 소수가 겪는 억압에서 생겨나는 것이 아니라, 다수적인 민족문화를 풍요롭게 하는 데서 얻어지는 것일 뿐이다."[101)]

프루스트는 "위대한 작품은 (모국어 내에서) 외국어로 쓰인 작품이다"라고 말한 바 있다고 한다. 모국어를 생경하게 사용하며 더듬거리는 작가라니? 모국어의 유창함이 작가의 덕목이 아니라 그것을 낯설게 사용하는 것이 작가의 진정한 덕목이라고 말하는 것이 아닌가? 결국 들뢰즈에 따르면 모국어를 주류 모국어에 부합하는 방식으로 사용하는 작가는 지배 집단과 지배 질서의 동일성 메커니즘을 공고히 하는데 일조하는 작가라는 것이다.[102)] 들뢰즈는 다음과 같이 말한다.

> 글을 쓰기 위해 아마도 모국어는 불쾌한 것이지만, 어떤 통사적 창조가 거기서 일종의 외국어를 그려나가도록, 그리고 언어 전체가 모든 통사법을 넘어 자신을 바깥에서 드러내도록 해야 한다.[103)]

번역가들이 실제 번역의 과정에서 들뢰즈가 말하는 언어 X를 과연 어느 정도까지 실현할 수 있을까? 위대한 작가나 번역가는 한 언

---

101) 서동욱, 「들뢰즈 문학론은 일관성을 가지고 있는가: 프루스트론과 카프카론을 중심으로」, 『철학과 현상학 연구』, 38, 2008, p.110.

102) 들뢰즈가 든 반례는 프라하의 독일어로 글을 지음으로써 표준 독일어를 이탈시킨 카프카이다. Deleuze, G. & Guattari, F., 『카프카: 소수적인 문학을 위하여』, 이진경 옮김, 새물결, 2001.

103) Deleuze, G., *Critique et clinique*, Minuit, 1993. 서동욱, 2008, pp.109-110에서 재인용.

어에 내재하는 지배적 통사와 문법의 쓰임에 도전하면서 그로부터 탈주하는 새로운 통사와 문법을 과연 어떤 과정을 거쳐 만들어내는 것일까? 들뢰즈의 생성과 차이의 존재론이 그러한 과정에 대한 설명을 실천적 차원에서 제시하는데 이르지 못했다면, 번역담론이나 번역학은 이런 차이의 존재론을 구체적 실무의 차원에서 어디까지 설명해 낼 수 있을까? 소수어 번역의 비밀은 위대한 작품의 비밀과 마찬가지로 여전히 베일에 가려져 있는 것일까?

5. 번역이 만들어 내는 차이와 정체성

하나의 언어 안에서 번역이 차이를 만들어 내는 방식은 해당 언어가 처해 있는 상황에 따라 다양할 수 있을 것이다. 예를 들어 지배 언어나 주류 언어로서의 표준어가 아예 존재하지 않는 상황이라면, 번역은 언어 자체를 형성하고 구성해나가는 역할까지도 해내게 된다. 이때 번역 언어가 주는 변화와 차이는 기존 언어의 탈영토화나 탈주가 아니라, 하나의 언어를 온전하게 확립해나가는데 쓰인다.

루터는 독일어로 성경을 번역하면서 독일어를 하나의 언어로 확립[104]하였다. 루터는 자신의 번역작업의 준거점을 귀족 계급이 사용하는 독일어 혹은 관공서의 라틴어화된 독일어에 두지 않았다.

> 그 멍청한 고집쟁이들이 하는 것처럼 라틴어 문자들을 파헤쳐서는 독일어를 어떻게 써야 하는지를 알 수 없다. 거리의 아이들과 집에 있는 아낙네들, 저잣거리의 보통 사람들에게 묻고 이들이 실제로

104) 김건환, 「현대 독일어 형성과 마르틴 루터의 역할」, 『인문과학논총』, 27, 1995, pp.33-51 참조.

어떻게 말하는지를 살펴보고 나서 그대로 번역해야 한다. 그래야만 그들이 비로소 우리도 그들과 같은 독일어를 말하고 있음을 이해하고 알아차리게 될 것이다.[105)]

전반적으로 의역의 전략을 선택하면서도 루터는 경우에 따라 히브리어가 독일어보다 더 잘 표현 될 수 있는 곳에서는 직역을 선호하면서 히브리어의 공간을 남겨 두었다.[106)] 따라서 여기서 중요한 것은 직역이나 의역 사이의 양자택일이 아니라, 한 나라의 문화나 언어의 형성과 발전이 번역을 통하여, 다시 말해 낯선 것과의 강렬하고도 의식적인 관계맺음을 통하여 이루어질 수 있고 또 그래야만 한다는 것[107)]을 루터가 보여 주었다는 것이 중요한 것이다.

같은 맥락에서, 개화기 및 일제 점령기의 한국어 형성 과정에서 번역이 어떠한 역할을 수행했는지의 문제도 보다 체계적으로 연구될 필요가 있다. 우리의 한글로 언문일치가 되어 가는 과정에서 우리말과 글의 형성에서 번역의 역할이 지대했을 것임을 짐작하기는 어렵지 않다.[108)] 번역이 어떤 과정을 통해 한국어의 변화가 시작되는 문턱이 될 수 있는지, 한국어의 본질이나 그 언어적 정체성의 문제에 번역이 어떻게 관여하는지, 번역의 문제가 의사소통이라는 차

105) Luther, M., *Oeuvres VI. Labor et Fides*, Genèves, 1964, pp.195-196, Berman, 2009, p.55에서 재인용.

106) Berman, 2009, p.69.

107) Berman, 2009, pp.69-70. 베르만은 번역의 역할과 불어의 형성에 대한 짧은 글에서 번역 작업을 통해 불어가 얼마나 윤택해지고 풍부해졌는지 말하고 있다. La traduction et la langue française, *Meta*, 30(4), 1985, pp.341-342 참조.

108) 정선태, 「근대계몽기의 번역론과 번역 사상」, 『근대어·근대매체·근대문학: 근대 매체와 근대 언어질서의 상관성』, 한기형 외, 성균관대학교 대동문화연구원, 2006, pp.43-66 참조.

원을 넘어서 한국 고유의 세계관 또는 사유(思惟)의 형성에 어떻게 기여해 왔는지를 살피는 일이 추후 과제로 남는다.

제5장
번역윤리에 대한 성찰

1. 번역윤리란 무엇인가?

1984년 앙트완 베르만은 파리의 국제철학학교(Collège International de Philosophie)에서 '번역과 문자(la traduction et la lettre)'라는 제목으로 기획발표를 하게 된다. 번역가이자 번역이론가인 베르만의 번역윤리관을 집약적으로 정리한 이 발표원고[109]는 학문적으로도 대단한 반향을 일으켰으며, 이후 세계적인 번역학 전문 학술지인 *Meta*와 *TTR: traduction, terminologie, rédaction* 등을 통하여 베르만에 대

109) 이 원고는 나중에 책으로 엮어져서 *La traduction et la lettre ou l'auberge du lointain* (Seuil, 1999)라는 제목으로 출간된다. 이 저서는 우리가 앞서 여러 번 인용한 바 있듯이, 『번역과 문자: 먼 것의 거처』, (윤성우·이향 옮김, 철학과 현실사, 2011)로 번역, 출간되었다.

한 다양한 논의가 꾸준히 이어져 왔다. 그런데 그로부터 10년이 흐른 1994년 3월, 파리의 동(同) 기관에서 주최한 세미나에서 호주 출신의 번역학자 안소니 핌(Anthony Pym)은 베르만이 제시한 번역의 윤리에 관한 성찰을 번역자[110]의 윤리(éthique du traducteur)가 아닌 '번역의 윤리(éthique des traductions)'라고 신랄하게 비판하며 새로운 번역윤리를 제시한다. 번역학계에서 이처럼 서로 다른 영역(베르만은 주로 문학번역, 핌은 실용번역)에서 활동한 학자들 간의 논박은 지극히 드문 일인 만큼, 핌의 베르만 비판은 번역학계에 신선한 충격으로 다가온다. 이와 더불어 베르만의 번역윤리에 대한 성찰 역시 새로운 각도에서 주목을 받기 시작한다.

번역윤리[111]란 무엇인가? 번역윤리는 번역을 다룬다는 점에서는 번역학의 연구 분야이기도하며 윤리라는 이름을 달고 있는 이상 철학의 한 분과로서 다루어질 수 있기에 명백히 학제적 성격을 가진 연구 주제이다. 그러나 실제로 번역윤리라는 개념은 번역학계나 혹은 철학계 내부에서조차 여전히 생소하게 느껴지며, 따라서 이 분야의 연구 역시 거의 불모의 상태라고 말할 수 있다.

일반적으로 철학에서는 나와 타자 그리고 공동체 사이에서 인간

110) 불어의 traducteur는 한국어로 번역가, 혹은 번역사로 옮길 수 있다. 번역가는 일반적으로 문학번역사를 지칭하는 데 사용되며, 번역사는 실용번역을 수행하는 전문번역사들을 지칭하는 것으로 볼 수 있다. 따라서 베르만의 연구에는 번역가가, 핌의 연구에는 번역사가 더 적합하겠으나, 불어에서는 동일한 traducteur로 쓰는 만큼, 두 가지를 구분하지 않고 중립적으로 지칭해야 하는 문맥에서는 '번역자'라는 말을 제안해 보고자 한다. 본고에서는 문맥에 따라 번역자, 번역가, 번역사 등으로 혼용하여 사용한다.

111) 핌이 지적한 바와 같이 '번역들의 윤리'와 '번역사의 윤리'는 서로 다르나, 본고에서 '번역윤리'라는 말은 두 가지를 포괄적으로 지칭하는 것으로 정의하고자 한다.

이 지향하는 최선의 삶과 그 목적을 다루는 것을 윤리학으로 정의한다. 따라서 윤리의 철학적 개념을 번역학에 거칠게 적용해 보자면, 번역윤리는 두 언어를 매개할 때 보다 나은 번역, 보다 가치 있는 번역, 보다 좋은 번역, 우리가 지향해야 하고 목표로 삼는 번역을 생산하기 위해 번역사가 어떤 윤리적 지향점과 목표를 가져야 할지를 다루는 것으로 이해할 수 있다.[112] 그러나 번역윤리가 번역 활동을 둘러싼 지향점과 목표를 다룬다고 해서 철학에서처럼 규범적이거나 의무적인 내용이 중심이 될 것으로만 예단하여서는 안 될 것이다. 번역 행위의 특수성을 고려할 때, 번역윤리는 번역되는 언어(외국어/출발어, ST:Source text)와 번역하는 언어(모국어/도착어, TT: Target text) 사이의 관계, 그리고 번역 행위의 주체가 어떤 역할과 위상을 가져야 하는지의 문제 등 보다 광범위한 논의들을 포괄할 수 있기 때문이다.

그러나 앞서 지적한 바와 같이 번역윤리 개념은 현재까지 충분한 연구의 대상이 되지 못했던 것이 사실이다. 그런 의미에서 비록 베르만의 사후(死後)에 이루어진 것일지라도, 핌의 반박은 번역윤리에 대한 논의의 새로운 전기를 마련했다는 측면에서는 반가운 일이 아닐 수 없다. 따라서 본고에서는 서로 대척점에 위치한 듯이 보이는 베르만과 핌의 번역윤리의 중요한 논점들을 간략히 논의 및 비교하

112) 번역사의 직업적 의무규정에 관한 논리로 번역윤리를 축소시킨다면 이것은 의무론(déontologie)이라 할 수 있겠다. 그런데 구체적 상황에서 지켜야 할 의무사항을 규정하는 것이 의무론이라면, 번역자가 도달해야 하는 보다 높은 목표나 이상은 윤리로 지칭할 수 있을 것이다. 핌이 말하는 윤리는 관점에 따라 번역사의 의무규정이라고 볼 수도 있지만, 핌 또한 번역의 이상적 목표를 제시하고 있는 이상 이 둘 사이에 엄격한 경계선이 존재하는 것으로 보기는 어렵다.

고 그 시사점을 도출해 보고자 한다. 물론 두 학자의 담론을 이해하기 위해서는 두 학자가 개별의 연구영역에서 수행해 온 모든 연구를 검토하고 그 속에 이들의 담론을 위치시켜야 할 것이나, 본 연구에서는 두 학자의 논의들 중 특히 번역윤리에 관계된 부분에 초점을 맞추기로 한다.

2. 베르만의 번역윤리

우선 베르만의 번역윤리에 관한 고찰을 이해하기 위해서는 베르만이 자신의 번역학적 성찰의 지향점을 어디에 두는지를 이해하여야 할 것이다. 베르만은 번역이라는 활동을 둘러싸고 학계에서 진행되어 온 여러 담론들을 번역공학(traductique)적 담론과 번역학(traductologie)적 담론으로 분류한 바 있다.[113] 번역공학적 담론이란 요즘 부상하는 컴퓨터 및 정보 언어학, 인공지능 등 기술공학의 힘을 빌려 번역을 과학적 절차와 설명의 대상으로 삼는 담론을 말한다. 반면 번역학적 담론이란 번역에 대한 객관적이고 대상적인 지식을 다룬다기보다는 번역 활동을 하나의 체험 또는 경험(expérience)으로 인식하고 이를 반성적으로 되짚어 보는 작업을 지향하는 담론을 말한다. 사실 나름대로의 작업가설과 방법론을 통해 번역에 대한 과학적, 실증적 접근을 지향하는 번역과학적 담론들이 가지는 유용성을 무조건 부정해서는 안 될 것이다. 그러나 베르만은 그러한 번역과학적 접근들이 실제 번역과정에서 체험되는 것들을 제대로 반성하고 담아내기에 충분한지에 대해 의문을 제기한다. 따라서

113) Berman, A., La traduction et ses discours, *Meta*, 30(4), 1989. p.676.

베르만은 자신의 노선을 두 가지 중 후자인 번역학적인 번역 담론으로 규정하면서 이러한 담론들은 번역학에서 중요한 세 가지 차원의 체험을 다룬다고 설명한다. 그것은 첫째, 언어들이 차이를 가짐과 동시에 유사하다는 체험, 둘째는 한 작품에서 번역될 수 있는 측면과 그렇지 않는 측면에 대한 체험, 마지막으로는 번역이 의미의 복원을 지향할 것인지 아니면 원 작품의 고유한 타자성을 담지한 문자(lettre)를 담아내야 할지에 대한 성찰을 제공하는 체험이라고 한다.

여기서 베르만은 적어도 '무엇'을 '어떻게' 번역해야 하는지의 물음에 답하는 보다 분명한 번역학적 공리를 제시하게 되는데 그것이 바로 '문자의 번역'[114](traduction-de-la-lettre)이다.

베르만이 지향하는 윤리적 번역 혹은 문자의 번역을 논하기 전에 우선 베르만이 비판하는 유형의 번역, 즉 베르만이 지향하는 윤리적 번역에 배치되는 종류의 번역에 대해 검토해 볼 필요가 있다. 베르만에 따르면, 윤리적 번역에 반대되는 번역의 유형에는 크게 자민족 중심적 번역과 하이퍼텍스트적(hypertextuelle) 번역 두 가지가 있다.[115]

첫째, 자민족 중심적 번역이란 이는 원문텍스트와 원문언어의 모든 것을 자기 민족이나 문화의 규범 및 가치 체계로 끌고 와서, 자기 문화를 살찌우는데 필요하다면 이국적인 모든 것을 동화 내지 병합시키는 번역방식이다. 안타깝게도 서양 번역사에서 지배적이었던 것이 바로 이러한 번역태도와 입장이었다고 베르만은 설명한

114) Berman, 2011, p.31.
115) Berman, 2011, p.37 이하 참조.

다. 자민족중심적으로 번역된 작품에서, 번역된 작품은 번역된 작품처럼 읽히지 않는다. 번역자는 번역물이 마치 원저자가 우리말로 그 작품을 집필한 것처럼 느끼도록 번역하기 때문이다.[116] 그런데 베르만은 이런 번역태도의 뿌리를 거슬러 올라가보면, 키케로나 호라티우스 같은 로마인들을 넘어 사도 바울, 최종적으로는 플라톤을 지목할 수 있다고 설명한다. '감각적인 것'과 '지성적인 것'을 나눈 사람이자, '육체'와 '영혼' 사이의 단절을 확립한 사람이 바로 플라톤이기 때문이다.[117] 이런 단절이 가지는 번역학적 함의는 무엇일까? 모든 자연언어들은 그들 사이의 차이와 거리에도 불구하고 인간 정신과 영혼이 지성적으로 파악할 수 있는 보편적 '의미'를 지닌 것이어서, 번역이 찾아야할 것이 바로 시간과 공간의 제약을 받지 않는 이 의미라는 것이다. 플라톤에게서 의미는 자신의 물리적 조건인 감각적 음성이나 활자화된 문자의 표현들을 초월하여 그 자체로 순수한 독립변수나 불변항으로서의 의미이다. 다시 말하면 언어의 이데아이자 본질은 불변적이자 정신적인 시니피에이지 가변적이고 감각적, 육체적 성질의 시니피앙이 아니라는 것이다. 이런 관점에서 본다면, 번역 활동이 시니피앙에 몰두하는 것은 무의미한 것이 된다.

베르만은 이런 입장들이 단순히 의미중심적 번역으로 귀결되는 것 이상의 심각한 결과를 초래한다는 점을 지적한다. 즉 도착언어

---

116) 미국의 번역학자 유진 나이다(Nida)는 역동적 등가(dynamic equivalence)라는 개념으로 이러한 번역방식을 설명한 바 있다. 추가적 내용은 다음 문헌을 참고할 것. *Towards a science of Translating: With special reference to principles and procedures involved in bible translating,* Brill, 1964, p.159.

117) Berman, 2011, p.43.

안에서 의미가 잘 통하도록 하는 번역은 도착언어에게 최대의 편의를 제공하는 번역이고, 따라서 도착언어의 우월성을 전제하지 않을 수 없다는 것이다. 도착언어는 이국언어의 의미만을 수용함으로써 그 자신은 문화적으로 풍요로워진다고 자만하면서 정작 그 자신은 이국언어보다 우월하다는 착각에 빠지게 되며, 번역이라는 중대한 문화적 사건을 포함한 그 어떤 상황에서도 도착언어는 불가침의[118] 존재로 여겨지는 것이다. 정작 도착언어의 정신적 함량의 제고(提高)에만 몰두하다보니, 자신의 신체적 및 물리적 조건인 형태의 변화에는 방어적이 되어 버리는 것이다.

여기서 우리는 다음과 같은 질문을 던질 수 있다. 번역이 모국어, 번역하는 언어, 번역하는 주체, 번역하는 나와 우리에게 아무런 자기변화를 가져다주지 못한다면, 우리는 과연 그것을 진정한 번역으로 간주할 수 있을까? 베르만은 이 질문에 부정적으로 답한다. 수용언어의 독자와 그 가독성을 최우선으로 삼다보면 원문의 의미 포착, 도착어로의 의미 전달, 두 언어 사이의 의사소통만을 우선시하게 되고, 결과적으로 가독성을 떨어뜨리는 원문언어 고유의 단어 및 문장의 형태적 속성, 음성적 특성, 시니피앙적 특이성 등은 번역의 과정에서 억압되고 배제될 수밖에 없기 때문이다. 이것은 결국 언어의 중요한 본질적 측면을 간과하고 무시하는 번역일 수밖에 없는 것이다.

베르만이 반(反)윤리적 번역의 두 번째 예로 든 것은 하이퍼텍스트적 번역이다. 번역이 번역임을 느끼지 못하도록 만드는 자민족 중심적 번역의 결과로서 나타나는 현상이 바로 하이퍼텍스트적 번

118) Berman, 2011, p.46.

역이다. 즉 하이퍼텍스트적인 번역은 번역 투를 느끼지 못하도록 다양한 문학적 기법이나 테크닉을 사용한 나머지 원문의 이국성이 격감되거나 자국성이나 모국성(母國性)으로 환원되어 버리는 번역을 말한다. 모국어 독자의 가독성만을 고려한 나머지 출발 텍스트의 구조와 형태를 과도하게 넘어선 결과 이국성을 상실케 하여 또 하나의 읽기 편하고 잘 익히는 텍스트를 만들어내는 번역을 가리킨다. 이런 번역은 상이한 두 언어 사이에 존재하는 형식적 및 형태적 구조의 불일치 때문에 모국어에 익숙한 다양한 종류의 번안, 각색, 모방 등등의 방식을 수용하면서 출발원문의 이국성을 빼앗는 번역이 된다. 베르만은 이러한 방식의 번역의 예로 셰익스피어의『햄릿』에 나오는 유명한 문구인 "to be or not to be, that is the question"을 "Demeure, il faut choisir, et passer à l'instant de la vie à la mort et de l'être au néant"로 옮긴 볼테르(Voltaire)를 들고 있다.[119] 이 프랑스어 문장을 한국어로 옮기면 '살아남아, 선택을 하여야 하느니, 당장 삶에서 죽음으로 가든지, 존재에서 무로 가던지' 정도가 될 것이다. 베르만의 논리에 따르면 의미의 포착과 전달을 번역의 일차적 과제로 보는 자민족중심적 번역을 선택할 경우, 필연적으로 원문의 구조나 형식적 틀을 무시하고 문학적 변형이나 미학적 변주를 가하는 하이퍼텍스트적 번역에 이르게 된다고 설명한다.

그렇다면 베르만은 의미 중심번역과 가독성을 위한 원문의 변형에 전적으로 반대하고 이를 전혀 받아들이지 않는 것인가? 사실 좀 더 주의 깊게 베르만을 살펴보면 꼭 그렇지만도 않다. 모든 번역은 불가피하게 의미전달의 기능을 수행해야 하며 이를 위해서는 원문

119) Berman, 2011, p.53.

의 변형이 생기게 마련이라는 점을 베르만은 기꺼이 인정한다. 하지만 베르만은 번역의 이런 역할이나 양상이 부차적인 것일뿐, 본질적인 것이라고 보지는 않는다. 베르만은 우리가 흔히 문학 작품이라고 부르는 텍스트를 번역할 때는 의미의 포착이나 전달만이 문제는 아니라고 말하는데, 그 이유는 작품이 의미를 훌륭하게 농축한다 하더라도 작품 안에서 의미가 농축되는 되는 방식은 무한하기 때문이라고 한다. 따라서 베르만은 "의미의 문자로의 집요한 밀착" 이야말로 번역 활동이 간과해서는 안 될 핵심으로 간주한다.[120] 의미를 빨아들이는 문자[121]는 의미의 살(corps)이자 거처(auberge)이기에 번역의 진정한 대상이자 '번역하다' 동사의 목적어인 것이다.

그렇다면 문자란 도대체 무엇이며 문자를 번역한다는 것은 무엇인가? 베르만에 따르면 문자를 번역한다는 것은 시니피앙들의 놀이에 주목하면서 텍스트를 구성하는 요소로서의 단어와 문장 및 그 구조의 운율, 길이, 경우에 따라서는 두운[122]을 번역하는 것이다. 예를 들어 한 편의 시(詩)가 의미 중심으로 번역불가능하거나 하이퍼텍스트적으로 번역불가능하다는 것은 그 시의 불가침성을 오히려 드러내는 것으로 바로 그것이 시의 가치와 진리를 담보한다는 것이다. 그래서 베르만은 역설적으로 하나의 텍스트가 번역불가능하다는 것이 그 텍스트의 자기긍정의 한 방식[123]이라고 말한다. 이는 번역을 메시지의 전달이나 (의사)소통의 과정으로만 볼 수 없다는 그의 입장을 반영하는 것이다. 문학 작품이라는 것은 기본적으

---

120) Berman, 2011, p.56-59.
121) Berman, 2011, p.96.
122) Berman, 2011, p.17.
123) Berman, 2011, p.61.

로 정보의 전달이나 의미의 소통을 목표하는 기술적 텍스트와는 다르기에, 메시지의 전달이 아닌 그 이상의 지향점을 가지고 있어야 한다는 것이다.

결국 베르만이 윤리적 번역이라고 부르는 번역은 단순한 의사 소통을 넘어 모국어의 언어 공간을 개방시켜 이국적인 것을 수용하는 번역, 이국 작품이 지닌 '어떤 세계에 대한 체험'[124)]을 담보하고 그 세계의 드러남에 주목하는 번역이다. 따라서 베르만은 '작품의 살아있는 문자'[125)]야말로 번역의 진정한 대상이며, 문자의 번역을 통해서만 원작품의 세계가 모국어의 언어 지평에 수용될 수 있다고 보는 것이다. 그렇다면 베르만의 번역윤리를 비판하는 핌의 입장은 무엇일까?

3. 핌의 번역윤리

핌의 번역윤리를 논하기 전에 우선 번역학자로서의 핌의 면모를 전반적으로 이해할 필요가 있다. 핌은 번역학의 연구범위, 연구방법론 등에 대한 기존의 인식들을 하나하나 비판적으로 해체(deconstruction)하고 의혹을 제기해 가는 인식론적 작업에 관심을 가진, 드문 번역학자 중 하나이다.[126)] 그런데 핌의 연구가 가지는 독특함은 이러한 메타번역학적 작업을 단순한 사변적 성찰이 아닌, 자신의 실무 경험의 구체적 상황을 토대로 전개한다는데 있다. 번역학이 번역과정

124) Berman, 2011, p.100.
125) Berman, 2011, p.113.
126) 이 점에 대해서는 Pym, A., *Epistemological problems in translation and its teaching*(Caminade, 1993)을 참조할 것.

에서 발생되는 구체적 문제의 해결에 기여해야 한다는 입장을 가진 핌은 자신의 연구가 번역 실무에 어떻게 적용될 수 있으며, 더 나아가 번역교육에는 어떻게 응용될 수 있는지를 구체적으로 고민한다. 핌은 번역행위를 하나의 사회적 행위로 간주하며, 이러한 접근이 번역 실무 차원 뿐 아니라 연구 차원에도 공동으로 적용될 수 있다고 주장한다.[127] 따라서 번역학 연구 역시 번역이 제기하는 '사회적 문제'를 해결하는 방식으로 진행되어야 한다고 주장한다.[128] 그렇다면 핌은 베르만의 번역윤리를 어떤 방식으로 비판하는가. 우리는 이를 아래의 세 가지로 압축할 수 있다.

첫째, 핌은 베르만의 번역윤리가 번역사들을 위한 것이 아닌, 번역들(traductions)을 위한 윤리이며, 그 속에서 문학이나 철학번역이 아닌 일반 실무번역을 수행하는 실무번역사들이 소외되고 있음을 지적한다.[129] 문학 작품이나 철학 작품의 번역에 국한되는 아이디어와 입장을 개진하면서 그 나머지 번역계 전체를 따옴표로 묶어서 처리하는 것이 정당한가에 대하여 핌은 의문을 제기한다.[130] 한마디로 핌은 원 작품의 문자를 번역하는 것을 번역사의 윤리로 삼는 베르만의 윤리가 문학이나 철학 등 특정 성격의 텍스트를 번역한 베르만 자신의 제한된 경험을 토대로 하고 있음을 지적하며, 그의 번역윤리에서 중심에 있는 것은 낯섦을 담고 있는 텍스트 자체이지

---

127) Pym, A., *Translation studies as social problem-solving*, Paper based on an exchange at the conference Translating in the 21st century: Trends and prospects, Tehssaloniki, Greece, 27-29 September, 2002, p.2.

128) Pym, 2002a, p.1.

129) Pym, A., *Pour une éthique du traducteur*, Artois Presses Université, 1997, p.35.

130) Pym, 1997, p.9.

그 텍스트를 생산해 내는 번역사가 아니라는 점을 비판하고 있다. 핌의 관점에서 볼 때, 베르만의 윤리는 지나치게 '아카데믹'하고, '지적'이며 '추상적'이다.

둘째, 핌은 베르만의 윤리가 모든 언어가 대등한 힘과 위상을 가지고 있는 것으로 전제한다는 점에서 지나치게 이상주의적이라고 비난한다. 낯선 것이 유입되는 방식은 늘 평등하고 평화롭지만은 않다. 경우에 따라서는 이국의 문화가 도착어 문화에 강압적으로 부과되는 상황도 발생할 수 있다. 그런데 어떤 경우든 무조건 낯섦과 이국성을 수용하는 것만이 최적의 선택인가? 즉, 이국적인 것을 받아들이고 환대하려면 수용 문화가 그 이국성에 굴복당하지 않을 만큼의 힘이 있어야 하는데, 그렇지 않은 문화일 경우 과연 무조건 문자를 번역하는 것이 늘 해답일 수 있는가에 대해 핌은 회의적이다.[131] 베르만은 어떤 경우에든 자국화 전략은 배제되어야 한다고 주장했지만, 경우에 따라서는 이국적인 것을 자국화하는 것이 수용 언어의 위상 강화를 위해 필요한 전략일 수도 있는 것이다. 한 마디로 핌은 베르만이 언어들이 처해 있는 구체적 현실을 고려하지 않았다는 점을 비판한다[132]

셋째는 번역사의 정체성에 대한 것으로 어쩌면 핌에게 가장 중요한 대목일 수도 있다. 베르만의 논의 속에서 드러나는 번역사는 하나의 문화, 즉 도착어 문화에 속해 있는 전령(傳令)이다. 한 쪽의 메시지를 다른 쪽에 전달하는 전령은 필연적으로 하나의 모국을 가지고 있으며, 하나의 문화에 속해 있다. 낯선 것을 손님으로 맞이한다

131) Pym, 1997, p.89.
132) Pym, 1997, p.89.

함은, 내가 내 집을 떠나지 않음을 의미하는 것으로 이해되기 때문이다. 그런데 핌에게 있어서 번역사는 어느 한쪽 문화권이 아닌 문화와 문화 사이, 즉 문화간적 구역[133]에 위치하고 있다. 따라서 핌에게 번역사의 윤리는 더 이상 모국어를 위해 기여한다거나, 특정 이국의 문물을 소개한다든가 하는 의미를 지니지 않는다. 문화의 사이에 위치한 번역사는 보다 문화간적인, 보다 사회적인 사명을 띠게 되는 것이다.

그렇다면 핌이 대안으로 제시하는 번역윤리는 무엇인가? 핌은 사회과학 분야에서 한 그룹의 구성원들이 어떻게 협력적인 결정을 하게 되는지를 설명하는 이론인 협상 이론(negociation theory)을 출발점으로 하여, 협력(cooperation) 개념으로 번역사의 윤리를 설명한다. 핌에게 있어서 번역행위는 일종의 사회적 행위이며, 특히 서로 다른 문화 간의 커뮤니케이션을 위해 사용 가능한 여러 가지의 전략 중 하나이다. 따라서 번역만이 모든 상황에 대한 최적의 해답은 아니며, 번역은 공동의 이익을 창출할 수 있을 때에만 사용되어야 한다고 본다. 왜냐하면 고객(혹은 번역 발주자)은 번역행위에 투자되는 노력보다 번역으로 인하여 창출되는 이익이 클 때에만, 보다 정확히는 이익이 클 것으로 예측될 때에만 여러 가지 대안 중 번역을 선택할 것이기 때문이다. 따라서 번역을 결정하기 전에는 이로 인해 발생하는 이득 및 비용에 대한 예측이 필요하며, 정확한 예측을 위해서는 정보가 필요하다. 정보의 수집에는 비용이 발생하는데 이것을 핌은 번역비용(translation cost)으로 정의한다. 번역비용이란 번역행위가 이루어지도록 만드는데 소요되는 모든 종류의 비용들, 즉

133) Pym, 1997, p.13.

정보수집비용, 정보전달비용, 정보처리 비용, 정보(혹은 번역물)의 수용과 이해비용 등을 모두 포함한다. 물론 번역비용은 번역으로 인해 발생하는 이득보다는 낮아야 한다. 그렇지 않은 경우에는 문화 간(間) 협력을 위한 다른 방식(예를 들어 해당 외국어의 습득, 영어의 사용 등)이 사용될 것이기 때문이다.[134)]

그렇다면 여기서 번역사의 윤리적 임무란 무엇인가? 핌에 따르면 이러한 협력이 잘 이루어지도록 하는 것이 번역사의 윤리적 책임이다. 즉 협력이 더 효율적으로, 더 안정적으로 이루어지게 만드는 것이 번역사의 윤리적 지향점이 되어야 한다는 것이다. 이는 장기적으로 협력이 일어나는 것이 때로는 번역사의 개인적 이득보다 중요함을 의미한다. 그러나 동시에 핌은 협력이 지속되면, 번역사에게도 이득이라고 설명한다. 협력이 장기적으로 이루어지면, 더 많은 이득 발생하고 따라서 더 많은 재원을 번역사에게 할당하는 것이 가능해지기 때문이다. 이렇듯 지속적인 협력이 일어나도록 하기 위해 번역사는 협력에 참여한 두 언어권(혹은 문화권) 중 보다 약자(weaker actor)의 편에 서는 것이 윤리적으로 옳다. 다시 말해 번역사는 단순히 번역 업무를 수행하는 차원을 넘어서서, 문화간 커뮤니케이션이 효율적으로 그리고 상호 이익이 되는 방향으로 지속적으로 이루어질 수 있도록 하는 매개자의 역할을 적극적으로 수행해야 한다는 것이다.[135)] 핌은 이상의 논의를 바탕으로 아래와 같이 번역사의 5대 윤리 지침을 제시한다.[136)]

---

134) 핌은 번역비용을 줄이기 위한 방법의 하나로 '예비 번역(pre-translating)'을 제시한다. 즉, 본격적인 번역작업 이전에 번역물의 일부를 발췌 번역해서 샘플링 해 보고 비용을 예측해보는 작업을 말한다.

135) Pym, 1997, p.130.

136) Pym, 1997, pp.135-136.

제1원칙: 번역사는 번역작업을 수락하는 순간부터 자신의 번역물에 대하여 책임을 진다. 따라서 가장 핵심적인 문제는 어떻게 번역할 것인가가 아니라 과연 번역을 할 것인가 말 것인가이다.

제2원칙: 번역사는 직업적으로만 책임을 진다. 즉, 번역사는 번역할 내용, 번역의 규범, 고객의 어리석음이나 간교함, 작업 조건에는 직접적으로 책임이 없으나, 번역을 하기로, 혹은 하지 않기로 결정함으로 인하여 직업적으로 책임을 진다.

제3원칙: 번역의 과정은 두 개의 문화 간의 대립으로 환원될 수 없다. 번역사는 특정한 한 편의 전령이 아니며 따라서 번역사의 윤리는 엄격하게 문화간적인 성격을 가진다. 따라서 개별 문화의 잣대를 번역 행위에 적용하는 것은 오류이다.

제4원칙: 번역을 통해 소요된 비용은 번역행위에 의한 문화간적 관계로부터 창출된 가치를 넘어서서는 안 된다. 번역사를 번역하는 기계로 인식하는 사람들이 종종 간과하고 있는 사실이 바로 이것이다. 번역에 투여되는 번역사의 노력은 번역텍스트의 품질 만큼이나 중요하다.

제5원칙: 번역사는 단순한 전령 이상인 만큼, 자신의 번역작업이 안정적이고 장기적인 문화간 협력의 구축에 기여하도록 하는 책임이 있다.

이상에서 살펴본 핌의 논의는 번역에 대한 형이상학적, 사변적 성찰에서 간과되어 온 중요한 사실, 즉 번역행위가 진공상태에서 일어나는 것이 아니라 구체적 필요에 의해 구체적인 주체들에 의하여 발의되고, 구체적 상황에 처해있는 번역사에 의하여 수행된다는 점을 상기시켜주었다는데 그 의미가 있다.

4. 하나의 윤리? 혹은 여러 개의 윤리?

앞서 우리는, 어쩌면 극단적으로 다르게 보이는 베르만과 핌의 번역윤리를 살펴보았다. 두 저자의 관점의 차이는 극명해 보인다. 우리는 핌과 베르만의 입장을 아래의 표와 같이 재구성해 볼 수 있겠다.

〈베르만과 핌의 번역윤리 비교〉

	베르만	핌
번역의 목적	이국텍스트가 가지고 있는 낯섦을 맞이하여 자국의 고유함을 변형하고 확장하는 것이다.	서로 다른 문화 간의 커뮤니케이션을 증진하는 것이다.
번역사의 정체성	번역사는 당연히 도착어 문화권에 속하는 행위자이다.	번역사는 어느 한 문화권에 속하는 존재가 아니라, 문화간적 존재이다
주요개념	문자(lettre)	협력(cooperation)
적용대상	문학 및 철학 텍스트 중심	실용 텍스트 중심
어떻게 번역해야 하는가?	문자 중심으로 번역해야 한다.	협력이 장기적으로 이루어질 수 있는 방식으로 번역해야 한다.

이제 우리는 각각의 논의와 입장을 보다 비판적인 시각으로 접근해 볼 필요가 있다.

우선 베르만의 번역윤리를 좀 더 비판적으로 들여다보자. 우리는 그의 번역윤리를 베르만 개인의 번역가로서의 경험과 분리하여 논할 수 없으며, 특히 그의 번역세계는 독일어(또는 스페인어)

와 프랑스어간의 번역, 그 중에서도 문학과 철학의 번역 분야에 치중되어 있음을 염두에 둘 필요가 있다. 이는 다음과 같은 두 가지 한계를 낳는다. 첫째, 그가 제시하는 문자 개념이 의미전달을 우선시 하는 실용 번역에도 적용될 수 있는지에 대한 추가적인 검증이 필요하다는 점이다. 베르만은 번역공학이 번역활동에 대한 전체적이고도 유일한 이론이 가능하다는 잘못된 전제하에 작동하다고 비판[137]하면서도, 그 자신 역시 문학번역 뿐 아니라 법률이나 기술공학적 분야 번역에도 번역불가능한 요소가 발견된다고 주장함으로써, 문자 번역론의 보편성을 은연중에 전제하는 부당함을 범하고 있다.

둘째, 그의 개념이 프랑스어나 독일어와 같이 비교적 유사한, 그리고 비슷한 지위의 언어 간의 번역이 아닌 예를 들어 동양어와 서양어 간의 번역에도 그대로 적용될 수 있을지에 대한 의문이다. 물론 정혜용은 한국어 속담의 불어 번역에 문자 번역을 적용한 사례[138]를 들고 있으나, 이 역시 문학텍스트 중에서 특정 장르에 속하는 단어들의 번역에 국한된 연구이다. 따라서 모든 텍스트가 문자 번역의 대상이라고 보기는 어려우며, 모든 번역에서 문자가 우선시되기는 어려울 것이다. 문자의 번역은 결국 시니피앙의 유희에 가까운데 시공간적으로 거리가 먼 언어 기호들 간의 시니피앙 놀이는 여전히 문제로 남는 것이다.

셋째, 낯선 것의 수용이 문자 번역을 통해서 이루어진다는 것은 문제의 해결이 아니라 문제의 시작일 수 있다는 것이다. 문자 번역

137) Berman, 1989, p.674.
138) 앞에서 인용한 정혜용, 2006을 참조할 것.

이 의미 중심번역의 대안이 되는 것은 의미가 문자에 의존하기 때문인데, 과연 의미의 담지자나 의미의 처소가 문자 말고는 없는지 따져보아야만 한다. 의미는 비언어적이거나 맥락적, 문화적, 세계관적일 수 있기 때문에 문자 이외의 다른 것에 의미가 의존하는 것도 충분히 가능한 것으로 볼 수 있기 때문이다.

넷째, 베르만이 말하는 낯섦은 정녕 다른 언어의 작품들을 통해서만 수용되는 것인가? 모국어 내에서도 낯섦이 추구될 수 있지 않을까? 이와 관련하여 이국텍스트의 세계를 체험하고 드러내는 것이 모국어 내에서의 작품 읽기를 통한 그 작품의 세계수용과 무엇이 다른가라는 질문을 던져 볼 수 있다. 만일 크게 다르지 않다면, 베르만의 논의는 결국 '번역'에 대한 논의라기보다는 텍스트 세계 전반에 관한 논의로 이해되어야 하는 것은 아닌지 의문이 제기될 수 밖에 없다.

그렇다면 베르만의 한계를 예리하게 지적했던 핌의 협력 중심의 윤리에는 어떠한 결함도 없는가? 핌이 베르만의 이론적 및 실천적 공백을 예리하게 지적하고 있는 듯이 보여도 핌의 논리 역시 몇 가지 비판적 논의를 피해나갈 수 없다.

첫째, 핌은 번역사가 하나의 문화권이나 언어권에 속해 있는 존재가 아닌 문화간적 존재라고 설명하고 있다. 과연 그렇게 단정적으로 말할 수 있는가? 이것은 언어권 국가별 상황에 따라서 다르지 않을까? 베르만이 자신의 번역경험을 성급하게 일반화하여 번역사를 자국의 문화에 속하는 전령으로 정의하는 오류를 범하였다면, 핌 역시 자신의 번역경험을 토대로 모든 번역사가 문화간적 존재라고 성급하게 단정하고 있는 것은 아닌지 생각해 보아야 할 것이다.

번역사는 처음부터 문화간적 공간에 머무는 것일까? 혹은 번역사로 일하면서 하나의 문화에서 출발하여 문화와 문화 사이의 공간으로 옮겨가는 것인가? 번역사는 처음부터 하나의 정체성을 가지고 있는 것인가? 아니면 하나에서 다른 하나로 끝없이 변화해가거나, 혹은 여러 개의 정체성을 가지고 매 순간 다른 역할과 존재를 부여받는가? 여기서 또 다시 우리는 번역자들이 처한 구체적 현실의 문제와 별개로 번역자들이 무엇을 지향해야 할 것인가의 문제 앞에 다시 서게 된다.

둘째, 베르만이 '어떻게 번역해야 하는가'라는 질문에 천착했다면, 핌은 번역행위가 어떻게 발생하게 되는지를 협력 개념을 통하여 설명했다고 볼 수 있다. 그런데 번역이라는 행위를 단순히 여러 가지 유형의 협력적 행위 중 하나로 간주할 수 있는가? 핌이 예로 들어 설명한 것처럼,[139] 인접한 이웃이 공동의 도로를 내기 위해 협력하는 것과 번역을 위한 협력이 동일한 성격의 행위인가? 번역이 가지는 문화적, 역사적, 사회적 의미를 그렇게 환원적으로 말할 수 있는가에 대해서는 추가적 고찰이 필요하다.

이상과 같이 우리는 서로 대척점에 위치한 듯이 보이는 두 저자의 서로 다른 번역윤리론을 살펴보았다. 베르만은 원문의 문자를 그대로 전달하여 이국성을 수용하는 것이 번역사의 윤리라 말하고, 핌은 문화간적 협력을 용이하게 하고 촉진하는 것이 번역사의 윤리라 한다. 누구의 말이 옳은 것인가? 이것이 양자택일의 문제일까?

베르만은 이미 하나의 번역학이 아닌 여러 개의 번역학[140]이 필

139) Pym, 1997, p.110.
140) Pym, 1989, p.674.

요하다는 결론을 제시한 바 있다. 그렇다면 번역윤리 역시 하나가 아닌 여러 개가 필요하다고 말할 수 있을까? 다시 말해 베르만이 천착한 문학번역 및 철학번역의 영역과 핌이 대상으로 하는 실용번역의 영역에는 서로 다른 번역윤리가 적용되어야 하는 것일까? 앞서 살펴본 베르만과 핌의 연구는 분명 서로 상이한 성격의 텍스트를 대상으로 한 번역경험을 토대로 한 것으로, 어느 한 쪽의 윤리론으로는 모든 종류의 번역행위를 한 번에 설명하기는 부족해 보인다. 그렇다고 해서 하나의 보편적 번역윤리가 필요하다거나, 혹은 번역텍스트의 종류별로 다른 번역윤리가 필요하다는 식의 성급한 결론을 내리는 것은 피하려 한다. 그러나 현재의 논의 단계에서, 번역작업의 윤리적 성격이 번역텍스트의 성격에 의하여 일정 정도 영향받음을 인정하지 않을 수는 없다. 따라서 잠정적으로는, 모든 텍스트에 적용되는 보편적인 번역윤리와 개별 텍스트 의존적인 번역윤리 사이에서 택일하기보다는, 문학 텍스트, 철학 텍스트, 법률 텍스트 등으로 텍스트 종류를 범주화하고 각각의 텍스트 범주에 따른 고유의 번역윤리를 고려해 보는 것이 합리적으로 보인다. 이런 작업을 해나가다 보면 무리한 보편화와 지엽적인 개별화의 문제점과 오류들을 피하면서도, 개별 범주의 텍스트에 따른 고유한 번역윤리에 대한 논의가 발전될 것이고, 이러한 논의들은 모든 종류의 번역행위에 공통적으로 적용되는 번역윤리의 보편적 요소들을 발견하거나 또는 구축해 가는데 기여할 수 있을 것이기 때문이다.

베르만과 핌의 번역윤리 논쟁에서 우리는 또 한 가지 중요한 측면을 간과하지 말아야 할 것이다. 앞서 우리는 두 사람의 번역윤리가 서로 상이할 수밖에 없는 이유를 살펴보았다. 독일의 문학서 및 철학서를 프랑스어로 옮기는 작업 속에서 탄생한 베르만의 문자 개념과 번역윤리는, 세계적 실무 언어인 영어를 모국어로 하여 실용번역을 해온 핌의 번역윤리와 상이할 수밖에 없을 것이다. 이들 두 학자 간의 간극은 번역학계 전체를 지배해 온 이분화 현상을 그대로 드러내고 있다. 번역에 대한 철학적, 문학적, 인문학적 성찰들은 실무적 경험을 연구의 토대로 하여 보다 현실적인 대답을 모색하는 다른 한편의 연구들과 여전히 평행선을 긋고 있다. 문학번역과 실용번역 간의 이러한 이분화 현상은 이미 1988년 오스트리아의 번역학자 스넬 혼비(Snell-Hornby)도 지적한 것으로[141] 번역 현상에 대한 포괄적이고 전체적인 접근에 방해물로 작용하고 있다. 많은 학자들은 두 영역의 번역이 아예 다른 차원의 논의이기에 비교 불가능하다고 전제한다. 그래서 그 결과 현재까지 양측의 논의는 어떤 생산적 협력이나 공유, 교류의 단계도 거치지 못한 채 여전히 각자의 연구 틀 안에서만 머무르고 있다.

그러나 출발점의 다름이 비교나 논의의 불가능을 의미하는가? 문학번역과 실용번역은 정녕 번역이라는 공통분모를 가지고 있음에도 불구하고 함께 논의될 수 없는 것인가? 실용번역을 바탕으로 하는 다수의 번역이론가들이 베르만을 알지 못하며, 문학번역 이론가들 중 상당수에게 핌은 생소할 것이다. 문학번역 이론가나 실용번역 연구자들로부터 다 같이 오해나 반발을 살 우려에도 불구하고 두 학자를 한 자리에 놓고 비교해보고자 한 것은 바로 이러한 고민에 대한 나름대로의 성찰의 결과이자 소박한 대답의 시작이다.

141) Snell-Hornby. M, *Translation studies: an integrated approach*, John Benjamins Publishing Company, 1995[1988], p.1.

이러한 관점에서 볼 때, 핌이 베르만을 반박한 것은 견해 차이로 인하여 유발된 갈등으로 이해되기보다는, 서로 평행선을 긋던 양측이 번역윤리라는 접점에서 비로소 처음으로 조우하였다는 점에서 오히려 건설적인 만남으로 이해되며, 이것이 바로 베르만과 핌의 번역윤리 논쟁이 가지는 의의라고 생각된다.

제2부

번역철학의 주요 저자들

제6장
앤드류 체스터먼
(Andrew Chesterman)

1. 왜 체스터먼인가?

앤드류 체스터먼(Andrew Chesterman)은 주로 번역학이라는 학문 자체를 대상으로 한 방법론적, 인식론적 접근으로 잘 알려진 저자로, 국내에는 제니 윌리엄스(Jenny Williams)와 공동 집필한 『번역학 연구의 길잡이』가 번역 소개되면서 번역학 연구자에게 중요한 저자로 인정받고 있다.[142] 체스터먼은 다양한 지면을 통하여 번역학 연구방법을 제시하면서 번역학의 향후 학문적 성숙에 필요한 조언들을 아끼지 않고 있다[143]. 본 장의 목적은 체스터먼이 현재까지 수행

142) Chesterman, A. & Williams J., 『번역학 연구의 길잡이』, 정연일 옮김, 이지북스, 2006.

143) 번역학에 대한 그의 방법론적 고찰이 잘 요약되어 있는 논문들은 아

해 온 방대한 연구 전체를 검토 소개하는 데에 있지 않다. 그보다는 오히려 체스터먼이 2000년도에 발표한 '번역학에서 진보란 무엇인가'라는 제목의 논문에서 제기한 방법론적, 인식론적 물음을 출발점으로 삼고자 한다.[144] 이 논문에서 체스터먼은 번역학의 향후 발전 방향을 아래와 같이 예견하고 있다.

> 나는 다가올 번역학의 패러다임은 단지 기술(descriptive)의 이론이 아닌 설명의 이론을 중심으로 구축될 것이라고 생각한다.[145]

체스터먼은 번역학의 미래의 패러다임을 기술(description)을 넘어선 설명(explanation)으로 보고 있다. 누구나 짐작하는 바와 같이, 그리고 체스터먼 스스로도 설명하듯, 위 인용문의 마지막에 언급된 'descriptive one'은 뚜리(Gideon Toury)를 위시로 한 소위 기술 번역학(DTS, Descriptive Translation Studies) 진영을 지칭하는 것이다. 체스터먼의 주장을 정리해 보자면 처방적(prescriptive) 담론에서 벗어나 번역현상을 있는 그대로 기술하는 것을 목표로 삼는 기술 번역

래와 같다.

Cherterman, A. & Arrojo, R., Shared ground in Translation Studies, *Target*, 12(1), 2000, pp.151-160.

Chesterman, A., From 'Is' to 'Ought': Laws, Norms and Strategies in Translation Studies. *Target*, 5(1), 1994, pp.1-20.

Chesterman, A., What constitutes "progress" in Translation Studies?, in ed. by Birgitta Englund Dimitrova, *Översättning och tolkning,* Rapport från ASLA:s höstsymposium, Stockholm, 5-6 november 1998. Uppsala: ASLA, 2000, pp.33-49.

Chesterman, A., Empirical research methods in Translation Studies, *Erikoiskielet ja käännösteoria (VAKKI-symposiumi XX)*, 27, 2001, pp.9-22.

144) Chesterman, 2000.

145) "I think that the coming paradigm of TS will centre around building an explanatory theory, not just a descriptive one", Chesterman, 2000, p.7.

학에 다다르게 된 오늘날의 번역학이 도달할 다음 단계는 설명적 번역학, 다시 말해 번역현상을 설명해줄 수 있는 일반법칙을 찾는 설명과학으로서의 번역학이라는 것이다.

사실 체스터먼의 과거 행보들을 살펴보면 이러한 그의 주장이 놀라운 것은 아니다. 번역학이 엄밀함을 갖춘 하나의 경험과학으로 성장해야 한다는 그의 인식론적 관점은 비교적 일관성 있게 그의 연구들 속에서 드러나기 때문이다. 1997년에 발표한 그의 저서[146]에서는 생물학에서 따온 개념인 밈(meme)을 번역학에 적용하여 설명하기도 한다. 밈이란 1976년 옥스포드의 동물학 교수 리처드 도킨스(Richard Dawkins)가 그의 저서 『이기적 유전자』에 소개한 신조어로 복사를 의미하는 memesis와 gene을 합친 단어이다. 체스터먼은 우리가 번역에 대해 가지고 있는 다양한 관념들도 일종의 밈이라 보고 이 개념을 번역의 역사, 번역의 교육 등에 적용시켜 설명하고자 한다. 스스로 포퍼주의자를 자칭하는 체스터먼은 독립적 학문을 표방한 번역학이 엄격한 학문적 틀을 갖추는 방법은 구체적 가설의 제시와 검증을 통한 경험과학적 방법론을 통해서라고 확신하고 있는 것처럼 보인다.

오늘날의 번역학이 의식적으로든 무의식적으로든 종종 누락시키고 있는 방법론의 문제, 즉 번역학이 현재 사용하고 있는 방법론에 대한 포괄적 반성을 촉발시켰다는 점에서 체스터먼의 기여를 부정하기는 어렵다. 번역연구를 위해서 어떤 방식으로 가설을 세우고 그 가설을 어떤 과정을 거쳐 검증해야하는지를 명쾌하게 설명한 그의 저서는 그 주장의 타당함 여부와 관계없이 번역학 연구자들이

146) Chesterman, A., *The Memes of Translation,* Benjamins, 1997.

귀담아 들을 만한 구체적 조언들을 담고 있는 것이 사실이다.

그러나 우리는 그의 주장에 성급하게 동의하기에 앞서 몇 가지의 질문을 던지지 않을 수 없다. 과연 체스터먼이 지향하는, 설명과학으로서의 번역학이란 무엇인가? 체스터먼이 이렇듯 번역학의 향후 발전을 특정한 방향으로 설정한 배경은 무엇인가? 번역학은 궁극적으로 설명과학을 지향해야 하는가? 만일 그렇다면 그 이유는 무엇인가?

본 장에서는 설명과학으로서의 번역학을 지지하는 체스터먼의 입장과 관련하여 제기되는 이상의 질문들에 대해 고찰해 보고자 한다.

2. 체스터먼은 번역학을 어떤 학문으로 바라보는가?

앞서 언급한 번역학의 '진보'를 논하는 이 논문에서 체스터먼은 번역학을 바라보는 세 가지의 서로 다른 관점들을 개괄적으로 소개하고 있다. 그의 주장을 간단히 요약하자면 아래와 같다.

우선 번역학을 일종의 응용과학으로 바라보는 관점이 존재한다. 예를 들어 우수한 번역사를 양성하려면 번역을 어떻게 교육해야 하는지, 혹은 기계번역 시스템을 어떻게 발전시킬 수 있는지 등등 구체적, 실무적 문제들을 해결하는 것, 다시 말해 사회를 '위해(for)' 복무하는 것이 번역학의 지향이어야 한다고 보는 관점이다. 체스터먼에 따르면, 번역학이 번역 실무에서 제기되는 구체적 문제들에 대한 해결책을 제시해 주어야 한다고 믿는 대다수의 실무 번역사(professional translators)들의 관점이 바로 여기에 속한다. 번역학을 응용과학으로 바라보는 가장 대표적인 이론으로 체스터먼이 꼽는 것은 바로 스코포스(Skopos) 이론이다. 스코포스 이론의 대표적 이론가인 독일의 번역학자 크리스티아네 노르트(Christiane Nord)의 주저인 『번역행위의 목적성』은 국내에도 번역, 소개되어 있으며, 이 책의 역자가 지적한 것처럼 스코포스 이론은 이론에 대한 뿌리 깊은 불신과 거부감을 가지고 있는 실무번역사들에게도 환영받는 드문 이론이다.[147] 무엇보다도 과거의 형이상학적, 추상적 번역담론에 비해 스코포스 이론이 가지는 처방적, 실효적 성격과 실제 번역 교육에 응용하기 좋다는 점 때문일 것이다. 구체적 문제들에 대한 구체적 처방을 바라는 실무자들의 관점에서는 번역학의 담론이 처방적(prescriptive) 접근에서 기술적(descriptive) 접근으로 이동한 것은 실망스러운 것이 아닐 수 없다. 현장의 구체적 번역문제들을 해결해내야 하는 전문 번역사들에게는 기술보다는 특정 해결책의 처방이 훨씬 요긴하기 때문이다. 번역학이 이러한 '응용'의 측면을 소홀히 하게 될수록, 실무자들과 이론가들 사이의 골은 깊어질 수밖에 없으며, 극단적으로는 번역에 대한 이론적 성찰의 유용성 자체에 대해 의구심을 갖게 만들기도 한다.

번역학을 바라보는 또 다른 관점은 번역학을 넓게는 하나의 인문학으로, 좁게는 해석학의 범주에 속하는 학문으로 인식하고 접근하는 것이다. 번역을 어떻게 정의할 것이며, 번역을 통해 만나게 되는 타자와 타 문화는 무엇인가, 혹은 번역의 궁극적 지향이 무엇인가 등 철학적 문제에 대한 고민을 주 내용으로 하는 이 접근은 번역과

147) Nord, C., 『번역행위의 목적성』, 정연일·주진국 옮김, 한국외국어대학교 출판부, 2006, p.iv.

이데올로기 관련 연구 혹은 문화적 전환(cultural turn) 등의 연구조류를 포함한다.

세 번째는 번역학을 사회학이나 심리학과 같은 경험적 인문학(empirical human science)의 일종으로 보는 관점이다. 여기서는 번역은 어떤 것이어야 하며 어떻게 해야 하는 것인지를 처방하는 기존의 번역담론들을 비판하며, 그보다는 적절한 가설을 세우고 이를 경험적 데이터(empirical data)들을 통하여 확인해감으로서, 번역을 기술, 설명, 예측하는 작업에 무게를 둔다.

위에서 제시된 세 가지 접근은 기본적으로 다른 접근들의 한계들을 지적하고 자신의 접근이 가장 이상적인 것이라고 주장하고 있다는 점에서 서로 긴장 관계에 있다. 그러나 체스터먼이 위의 세 가지 중 경험적 인문학으로서의 번역학을 지지하는 것은 명백해 보인다. 그가 번역현상을 기술하기 위해 종종 인용하는 칼 헴펠(Hempel), G. H. 폰 리히트(Wright), 드레이퓌스(Dreyfus) 등의 학자들이 대부분 과학철학자이거나 혹은 자연과학을 연구대상으로 삼는 학자들이라는 점 역시 이러한 추측의 근거가 된다. 사실 체스터먼은 여러 지면들을 통해서 다소 반복적이라 느껴질 정도로 비과학적, 주관적, 사변적 연구에 대해 반감을 표시하면서 번역연구에 있어서의 가설 수립과 검증의 중요성을 수차례 강조해 왔다. 이는 그의 저서 『번역학 연구의 길잡이』에서도 확인된다. 이 책의 4장에서 체스터먼은 번역학의 다양한 연구의 종류를 크게 개념적 연구(또는 이론적 연구)와 경험적 연구로 대별하여 설명을 시작하지만, 실제로 개념적 연구는 형식적 언급에 머무르고 있으며, 설명의 대부분을 경험적 연구의 특징이나 종류 등에 할애하고 있다. 이후의 5장부터 7장까지의 내용도 연구문제, 주장, 가설, 변수 관계, 데이터의 선택과 분석 등 명백히 경험적 연구와 관계된 내용에 국한되어 있다.

그렇다면 체스터먼은 왜 이토록 경험적 과학성을 강조하는 것일까? 우선 체스터먼이 나머지 두 가지 접근, 즉 응용과학적 접근과 해석학적 접근에 대해 어떤 판단을 내리는지를 눈여겨보자. 체스터먼은 우선 응용과학적 접근이 가지는 처방적, 주관적 성격을 비판하며, 뒤이어 해석학적 접근 역시 "사변적이며, 엄밀하게 과학적이지 않으며, 형이상학적이고 철학적"[148](speculative, not properly scientific, metaphysical, philosophizing)이라고 지적한다.

체스터먼이 응용과학적 접근과 해석학적 접근에 대해 내리는 진단은 다른 듯 유사하다. 핵심은 바로 과학성과 객관성의 결여인 것이다. 적어도 체스터먼의 관점에서 번역학은 더 과학적이고 객관적인 학문이어야 하며 따라서 경험과학이 가지는 유용성을 지향하여야 한다는 것이다. 이제 우리는 체스터먼의 주장들을 하나씩 되짚어 보며 비판적으로 고찰해 보고자 한다.

3. 첫 번째 문제제기: 번역학을 설명과학이라고 단정할 수 있는가?

체스터먼은 설명(explanation)이라는 키워드로 경험과학으로서의 번역학이 지향해야 할 바를 규정한다. 체스터먼은 일반적으로 자연과학은 설명을, 인문과학은 이해(understanding)를 지향한다는 이분법을 거부하며, 이해 개념을 포괄하는, 확장된 의미에서의 설명 개

148) Chesterman, 2000, p.4.

념을 제안한다.

> [......] 그러나 설명과 이해의 구분을 그렇게 엄격히 해석할 필요는 없다. 설명의 방식은 여러 가지이고 설명의 정도도 다양하다. 동시에 원인의 종류도 다양하며 어떤 원인은 다른 원인보다 더 결정적일 수 있다. 이해 역시 절대적인 개념은 아니다. 더욱이 설명과 이해는 종종 중첩된다. 어떤 것을 설명할 수 있게 된다면 그것을 더 잘 이해할 수 있다고 생각할 수 있다. 이해는 더 일반적으로는 설명의 목표로 해석될 수 있다.[149)]

한마디로 이해와 설명의 경계선은 생각처럼 명확한 것이 아니며, 어느 한쪽이 다른 쪽과 배타적 관계에 있지도 않다는 것이다. 여기서 첫 번째 문제로 지적될 수 있는 것은 체스터먼이 설명 개념과 이해 개념을 구분하지 않고 오히려 이를 하나로 뭉뚱그리는데서 비롯되는 혼동이다. 체스터먼이 종종 이론적 근거로 인용하는 헴펠로 거슬러 올라가 보자. 헴펠 역시 설명은 자연과학뿐만 아니라 역사학까지도 포괄하는 인식 방법으로 방대하게 정의하고 있는 것이 사실이다. 반면 헴펠은 이해를 신화들과 은유와 관련된 비과학적이고 입증 불가능한 것들을 대상으로 하는 것으로 명확히 한정한다.[150)] 헴펠은 이렇듯 설명과 이해의 영역을 명확하게 구분하고 있는데, 헴펠에 의존하는 체스터먼이 이해를 설명의 목표라고 말하는 것은 부자연스러울 뿐 아니라, 모종의 용어적 혼란까지도 야기하고 있음을 부정할 수 없다.

둘째는 첫 번째 문제와 연장선상에 있는 것으로, 설명 개념의 범

---

149) Chesterman, 2001, p.2.
150) Hempel, C. G., 『자연과학철학』, 곽강제 옮김, 양영각, 1981, pp.99-100.

위 문제이다. 체스터먼은 설명 개념을 전혀 다르게 정의하고 있는 두 저자, 즉 헴펠과 G. H. 폰 리히트를 동시에 인용함으로써 또 다른 혼란을 자아내고 있다. 헴펠에게 있어서 설명 개념은 인과적, 예측적, 법칙포섭적 특징을 가지며 일반 법칙의 도출을 그 목적으로 하는 자연과학적 개념이다.[151] 예를 들어 라디에이터가 얼어 시동이 걸리지 않는 자동차가 있다고 해보자. 여기서 과학적 설명은 영하의 날씨에서는 냉각수의 부피가 팽창한다는 일반 법칙과 그 자동차가 외부에 노출되어 있었고 그날 하필 날씨가 영하의 기온을 보였다는 현실적 조건이나 상황을 통해 이루어진다. 라디에이터가 터지는 현상은 인과적 메커니즘에 의해 충분히 예측되고 일반 법칙을 포함하는 과학적 설명의 대상이 되는 것이다. 반면 G. H. 폰 리히트에게서의 설명은 목적론적 설명까지도 포함하는 것으로 헴펠의 설명 개념보다 훨씬 확장된 개념이다. 미래 시점의 행위에 대한 의도와 목적을 밝히는 설명인 목적론적 설명은 '… 때문에' 결과가 일어났다는 과거 시점의 원인을 밝히는 인과적 유형이 아니라 '…를 위하여'라는 의도를 드러내는 설명 유형이다.[152] 예를 들어 우리는 종종 전철역을 향해 열심히 뛰어간다. 그 시도의 성공유무와 상관없이 전철을 타기 위해 달렸다고 설명한다면 정확한 설명이 되는 것이다. 여기에 일반 법칙이나 예측을 덧붙일 이유는 없는 것이다.

어떻게 보면 목적론적 설명의 경우 번역학의 해석학적 지향이나 방향성과 모순적이지 않다. 왜냐하면 번역행위나 번역현상의 적지 않은 경우들이 법칙포섭적이거나 인과적이지 않으면서도 번역행위

151) Hempel, 1981, 5장 이하 참조.
152) von Wright, G. H., 『설명과 이해』, 배철영 옮김, 서광사, 1995, pp.123-124.

자의 목적이나 지향성으로 충분히 설명가능한데 이때 행위자의 목적이나 지향성이 경험적이지 않고 이념적이거나 사변적 성격을 지닌다면 그것은 해석학의 고유한 연구 대상이 되기 때문이다. 그러나 헴펠적 설명과 리히트적 설명 개념이 가지는 상충적 요소에 대한 별도의 설명 없이 때로는 헴펠의 정의를, 그리고 때로는 리히트의 정의를 사용하는 것은 편의에 따른 인용, 혹은 논리상의 일관성 결여의 의혹을 갖게 한다.

셋째는 설명과 이해 간의 변증법적 관계에 대한 체스터먼의 관점이다. 체스터먼은 설명의 목적이 이해라고 주장하면서, 설명과 이해 사이에 모종의 변증법을 상정하는 것으로 보이는데 그 구체적 내용을 충분히 개진하지는 않는다. 체스터먼은 왜 여기에서 충분한 설명 없이 말을 아끼고 있을까? 어쩌면 체스터먼은 자연과학적 설명만으로 번역을 분석할 수 없음을 간접적으로 고백하고 있는 것은 아닐까? 그래서 설명과 이해 간의 상호적 연계를 언급할 수밖에 없었던 것은 아닐까? 그렇다면 단순히 이해를 설명의 목적으로 규정하기보다는 더 큰 비중을 이해의 영역에 할애하는 것이 정합적이지 않을까?

사실 '설명'을 설명하는 방식은 학자에 따라 종종 다르다. 리쾨르 같은 해석학자는 설명을 양적 개념으로, 이해를 질적 개념으로 파악하면서, "더 많이 설명할수록 더 잘 이해한다"[153](expliquer plus, c'est comprendre mieux)라고 말한다. 차라리 체스터먼도 미래의 번역 연구의 패러다임이 설명에 있다고 성급히 단정하기 전에 번역현상의 구체적 문제 상황과 실천을 살펴보고, 기존 과학철학에서의 이

153) Ricoeur, P., *Du texte à l'action*, Seuil, 1986, p.22.

해 개념과 설명 개념이 번역학에 어떻게 적용될 수 있는지를 좀 더 관찰했어야 하는 것은 아닐까?

4. 두 번째 문제제기: 번역학의 과학성이란 무엇인가?

체스터먼이 기존의 처방적 담론 혹은 해석학적 담론을 비판적으로 보는 이유는 그러한 담론들을 '비과학적'이라고 보기 때문이다. 그는 번역학이 무엇보다도 하나의 과학(science)이어야 하며 이는 주관적, 사변적 요소를 배척한 엄밀한 가설의 정립과 검증을 통해서만이 도달될 수 있는 목표임을 확신하고 있는 듯하다.

이러한 그의 입장은 2000년도 파리 통번역대학원(ESIT) 주최 학술대회[154]에서 있었던 라드미랄(J. R. Ladmiral)과의 논쟁을 통하여 극명하게 드러난다. 철학자 출신으로 번역학에 접근하는, 어찌 보면 체스터먼과는 학문적 이력상으로 대척점에 위치하고 있는 것으로 보이는 라드미랄과의 논쟁은 어찌 보면 예고된 것이었다. 이 학술대회에서 체스터먼은 번역학에서 가설의 중요성을 역설하며 기본 개념과 중심적 가설에 대해 많은 합의가 이루어질수록 엄격한 번역이론을 구축하는 것이 용이해진다는 내용으로 발표를 마무리한다. 아래의 내용은 체스터먼의 발표가 끝난 후 라드미랄과 체스터먼 간에 오간 논쟁의 내용이다.

---

154) 이 학술대회의 발표문은 국내에서는 Israël, F. (ed.), 『통번역과 등가: 번역적 관계이론』(이향·편혜원·김도훈 옮김, 한국문화사, 2004)라는 제목으로 번역, 출간되었다. 체스터만의 발표문과 라드미랄의 반박은 이 책의 pp.33-56을 참조한다.

라드미랄: (중략) 발표자의 연구목표는 번역학에 과학성을 부여하는 것인 듯합니다. 그게 첫 번째 느낌이고 두 번째는 발표자가 선택한 방법론은 후기포퍼적 방법론이라는 점입니다. 세 번째로 발표자께서는 번역사의 머릿속에서 일어나는 현상 혹은 원문텍스트와 도착어 텍스트 간에서 발생하는 차이를 더 잘 이해하는 것이 번역학의 궁극적인 목적이라고 보고 계신 듯합니다. 이것은 물론 우리 모두가 완전히 부정하기는 어려운 점입니다. 하지만 번역이라는 인지적 행위를 단번에 설명해 내겠다는 것이 발표자의 입장이라면, 저는 그보다는 좀 더 소박한 목표를 상정하고 싶습니다. (중략) 설명적 가설을 제시하는 것보다는 번역학을 통해서 몇몇 담화이론가나 사회학자들이 '치유적 담론'이라 명명한 측면을 바라보자는 것입니다. (중략)

체스터먼: (중략). 라드미랄 교수는 과학성이라는 말을 부정적인 것으로 생각하시는 듯합니다. 그렇다면 과학성(scientificité)이라는 말 대신 학문적 엄격성(rigueur)이라는 말을 사용하기로 합시다. 우리는 모두 번역학이 엄격한 학문으로 자리 잡기를 기대하고 있습니다. 매번 해석이 달라지는 모호한 가설이나 검증 불가능한 개념들은 선호하지 않습니다. 이런 것들은 별로 유용하지 않기 때문입니다. 그리고 질문자께서 저의 저서 *The memes of Translation*을 읽으셨다면 능히 짐작할 수 있으시겠지만, 저는 후기포퍼주의자라는 점을 스스로 시인합니다. 그렇지만 포퍼는 신이 아니므로 비판의 대상이 되어야 한다는 점도 인정합니다. 어쨌든 포퍼는 제가 엄격한 사고체계를 갖추는데 많은 도움이 된 것은 사실입니다. [155]

위의 글에서 라드미랄과 체스터먼 각자의 관점이 충분히 드러난다고 보기는 어렵다. 그러나 번역학을 바라보는 라드미랄의 철학적 입장과 체스터먼을 위시로 하는 경험과학적 입장 간의 긴장은 더할 수 없이 선명하게 드러난다. 체스터먼은 시종일관 과학성이라는 말

155) Israël, F. (ed.), 2004, pp.51-53.

을 학문적 엄격성의 동의어로 사용하고 있다. 그러나 학문적 엄격성으로 말을 바꾼다 해도 번역학이라는 과학(혹은 학문)이 지향해야 할 것이 무엇인지에 대한 의견 차이는 좁혀지지는 않는 것처럼 보인다. 어쨌든 검증 가능한 가설, 경험적 데이터를 중시하는 그의 관점은 라드미랄 뿐 아니라 다른 많은 번역이론가들의 반감을 불러일으켰다. 2000년 번역학 전문 학술지인 *Target* 의 지면을 통해 전개된 체스터먼과 아로요(Rosemary Arrojo) 논쟁 역시 같은 범주에 속한다. 두 저자가 공동으로 작성한 이 논문[156]의 취지는 번역학에서 서로 대립되는 두 개의 전통을 '본질주의 vs 비본질주의'[157]로 정의하며 비본질주의적 입장을 견지하는 브라질의 번역학자 아로요와 본질주의적 경험적 접근을 지향하는 체스터먼이 서로 어느 지점까지 화해가능하며 어느 지점에서 결별하는지를 잘 보여주는 글이라 할 수 있다. 그러나 여기서도 객관적이고 엄밀한 가설의 설정과 검증을 번역이론의 핵심으로 보는 체스터먼의 관점과 어떤 연구도 이데올로기적, 역사적 영향에서 자유로울 수 없으며, 따라서 어떤 번역연구도 전적으로 객관적이거나 중립적, 혹은 기술적(descriptive)일수 없다고 단언하는 아로요의 입장은 평행선을 달리는 것처럼 보인다.[158]

156) Cherterman & Arrojo, 2000, pp.151-160.

157) Cherterman & Arrojo, 2000, p.158. 본질주의는 관찰자나 주체와 상관없이 인식내용으로서 객관적 대상이 존재한다는 입장이고 비본질주의는 관찰자와의 관계 하에 대상이 구성된다는 입장이다. 따라서 번역학에 적용해 보자면 번역자, (번역)독자 등과 관계없이 번역 현상의 객관적 내용과 대상성이 확보되고 존속한다는 입장이 본질주의이고 번역 현상에 대한 정의나 규정 자체가 번역자와 독자에 의존적이라는 입장이 비본질주의이다.

158) Cherterman & Arrojo, 2000, p.158.

그렇다면 체스터먼에게 있어서 경험과학이 가지는 과학성이란 대체 무엇인가? 체스터먼은 철학자 칼 헴펠을 인용하며 경험과학의 목표를 다음과 같이 설명한다.

> 경험 과학의 목표는 두 가지이다. 우리 경험 세계의 특정 현상(particular phenomena)들을 기술(describing)하는 것, 그리고 현상이 설명(explaining)되고 예측(predicting)될 수 있는 일반 원리(general principles)들을 규명하는 것. 어떠한 과학 분과의 설명적 및 예측적 제 원리는 그 분과의 가설적 일반화(hypothetical generalizations)와 이론들(theories)에 의해 표현된다. 일반화와 이론은 개별 현상들이 따르는 일반적 패턴 또는 규칙성의 특징을 보여주어야 하며, 그러한 패턴 또는 규칙성으로 인해 개별 현상의 발생이 체계적으로 예상될 수 있어야 한다.[159)]

한마디로 체스터먼은 번역학이 헴펠이 말하는 것처럼 경험세계를 기술하고 그로부터 일반원칙을 도출해내야 한다고 믿는다. 따라서 체스터먼이 헴펠주의자가 되려면 개별 번역 현상을 설명하거나 예측 가능케 하는 일반적 원칙이나 법칙을 가설의 형태로 제시해야만 한다. 물론 그 가설은 개별 사례들을 통해 포퍼의 주장처럼 검증받아야 하거나 반증의 단계를 거쳐야 것이다.

그런데 우리는 체스터먼의 이러한 주장 자체가 선언적 차원과 제안의 차원에 머물고 있다는 인상을 지울 수 없다. 검증될 수 없는 주장은 사변에 불과하다는 그의 논리를 체스터먼의 연구에 그대로 적용해 보자면, 번역이 과학적 설명이나 예측의 대상이 되어야 한

159) Hempel, C. G., *Fundamentals of concept formation in empirical science*, University of Chicago Press, 1952, p.1. Chesterman & Williams, 2006, p.75에서 재인용.

다는 체스터먼의 주장 역시 검증될 수 없는 사변적 성격을 가지고 있다고 의심해 볼 수 있지 않을까?

체스터먼에 대한 이런 비판적인 지적을 넘어서서 우리가 던져보아야 할 또 하나의 물음은 번역학이 과연 단 하나의 방법론를 지향해야만 하느냐는 것이다. 그리고 일반적인 원칙이나 방법의 도출을 지향하지는 않으나 그렇다고 해서 전적으로 감각 경험적 자료와 그 분석에만 의존하지는 않는 번역학이나 번역 연구는 과연 불가능한 것인가라는 질문을 던져볼 수밖에 없다. 핌의 번역 윤리론을 예로 들어보자. 핌은 두 문화 사이에서, 두 언어 사이에서 번역가가 취해야 할 의무론적이거나 윤리적인 태도의 문제가 분명 번역학의 영역에 속한 것이라고 주장하고 있다.[160] 그렇다면 이런 주장들에도 일반적인 가설과 검증의 잣대를 들이 댈 수 있을까? 과연 번역 윤리에 대한 설명 과학적 접근이 가능할까?

또 하나의 예를 들어보자. 프랑스의 번역학자 베르만은 18세기 프랑스에서의 번역 실천 및 사유는, 같은 세기 독일에서의 그것과 전혀 다르게 이루어졌다고 주장한다.[161] 번역사적 또는 번역 고고학적 탐구로부터 이러한 번역학적 결론과 주장이 도출된다면, 이러한 결론이나 주장을 설명해주는 상위의 일반 법칙을 끌어내는 것이 가능한가? 심지어 이런 법칙으로부터 (다른 시공간의) 번역사적 현상까지도 설명하거나 예측하는 것이 과연 가능한가?

---

160) 핌의 번역윤리에 관한 내용은 Pym, 1997, pp.135-136을 참조할 것.
161) Berman, 2009, 제2장을 참고할 것.

5. 세 번째 문제제기: 보편주의의 문제

일반 원칙의 도출을 번역학의 궁극적 지향점으로 삼고 있다는 점에서 체스터먼은 일종의 보편적 번역학을 지향하는 보편주의자라고 볼 수 있다. 여기서 보편주의란 기본적으로 다양한 번역현상의 기저에 존재하는 보편적 특징들을 추려내는데 집중하는 것으로, 통역이나 번역이 의미의 도출과 전달로 이루어지는 동일한 현상이라고 주장하는 해석이론가들이나 통역과 실용번역, 문학번역 등이 공히 스코포스에 의하여 좌우된다고 보는 스코포스 이론가들 혹은 기능주의자들이 이러한 진영에 속하는 것으로 볼 수 있다. 아래의 글은 체스터먼이 이들 보편주의자들과 상당히 근접한 시각을 가지고 있음을 보여준다.

> 번역학은 다양한 연구 전통에 기대어 있는 다면적 학제적 학문이다. 이러한 이유로, 그리고 번역이 복잡한 인간 및 기계의 활동이라는 점 때문에, 우리는 협소한 학문 영역에서보다 더 포괄적인 설명, 인과관계, 가설의 수립 및 검증 개념을 필요로 한다. 이러한 개념의 확장은 우리로 하여금 더 풍요롭고 굳건한 번역에 대한 일반 경험이론을 구축할 수 있게 해준다.[162]

체스터먼에게 있어서 번역학의 궁극적 도착점은 번역에 대한 일반 이론(general theory)을 구축하는 것임이 분명해 보인다. 어쩌면 이는 경험적 과학성과 객관성, 가설의 검증 등을 강조하는 체스터먼이 이르게 되는 당연한 귀결이라고 볼 수 있다. 그런데 이러한 보

162) Chesterman, 2000, p.155.

편주의적 관점이야말로 체스터먼이 지향하는 '설명적 번역학'의 맹점을 명확히 드러내주고 있는 것은 아닐까? 과연 모든 것을 설명 가능한 포괄적 이론을 구축하는 것이 번역학의 지향이어야 한다는 점에 모두가 동의할 수 있는가? 그리고 그보다 먼저, 과연 그러한 이론이 가능한가? 개별언어와 문화권, 다양한 유형의 통역, 번역이 가지는 특수성에 좀 더 천착하고자 하는 소위 개별주의적 접근들을 포함한 형이상학적 담론들을 과연 번역학의 바깥으로 내치는 것이 옳은가?

6. 생각해 볼 문제

이상의 고찰을 통해 우리는 설명력, 검증 가능한 객관성, 과학성을 갖춘 경험과학으로서의 번역학을 미래 번역학의 패러다임으로 보는 체스터먼의 주장들을 고찰해 보고 그의 주장에 대하여 몇 가지의 의문을 제기해 보았다.

결국 체스터먼은 번역학의 영역을 축소한 셈이 되는가? 적어도 어느 정도는 그래 보인다. 물론 이렇게 번역학을 축소하는데서 얻어지는 성과와 장점도 부정하기 어려워 보인다. 예를 들어 경험과학으로서의 설명력을 제고(提高)하고, 번역학을 보다 반듯한 학문 또는 과학의 지위에 올려놓는 것이 이러한 관점으로부터 얻을 수 있는 이익일 것이다. 경험과학 일반의 학문성 또는 과학성의 조건에 대한 논의가 20세기 중후반에 집중적으로 이루어진 것을 감안하면, 체스터먼 같은 학자들이 최근에 번역 연구를 경험과학의 반열에 올려놓으려고 시도하는 것은 충분히 수긍할 만한 노력이다. 따라서 특정한 방법론에 입각한 연구를 독려하는 것은 그 자체로 비판받을 일이 아니다. 그리고 그 과정에서 자신과 입장이 다른 다양한 학자들의 의견을 경청하고 최소한 공동의 가설들을 정리해내려는 그의 노력은 그 자체로도 상당히 의미 있어 보인다.[163)]

다만 번역학이 보편성과 설명과학을 지향한다고 하더라도, 이것만으로는 밝혀내지 못하는 번역 현상들이나 물음들이 존재한다는 것을 부정해서는 안 될 것이다. 좁은 각도와 관점에서 보면 더 잘 보이는 것들이 있다고 해서 넓은 관점과 시각에서 보면 더 많은 것들이 보인다는 사실을 부인해서는 안 된다. 소위 검증불가능하고 비과학적이라고 해서 그러한 성찰들이 무용하다고 감히 말할 수 있을까? 오히려 이러한 성찰들이야말로 우리가 왜 이국의 언어들을 번역하고자 하는 욕망이 생기는지, 이런 충동의 발현을 통해 번역자(및 독자)는 어떤 세계를 만나고 체험하는지를 이해할 수 있게 해주는 것은 아닌가? 또한 번역과정을 통해 한 언어가 여러 수많은 자연언어들 중에 하나의 언어에 불과하다는 사실을 성찰해볼 수 있게 하는 것은 아닌가?

경험과학적 연구는 번역행위와 현상의 현재를 설명해주고 구체적이고 실증적인 데이터를 제공해 준다는 점에서 의미가 있다. 그러나 개념적 또는 해석학적 접근은 경험과학이 설명해 내지 못하는

---

163) 최근 한국에 번역되어 소개된 체스터먼과 바그너(Emma Wagner)의 공동연구의 결과물인『번역사와 번역학: 소통의 시도』(정연일·남원준 옮김, 한국외국어대학교, 2009)는 우리가 이 글에서 논의한 방향과는 또 다른 방향에서 '만남'과 '개방'을 시도하고 있다. 다시 말해 번역연구 내에서 존재하던 이론과 실무 사이의 거리를 좁히고 서로의 입장을 확인하고 드러내는 의미 있는 대화를 시도하고 있다. 체스터먼이 대화와 개방의 좋은 사례를 제공해주는 것만은 틀림없다.

영역, 번역의 지향문제, 번역충동, 번역(사)윤리의 문제와 같은 형이상학적 질문들을 성찰한다. 번역학의 두 갈래가 모두 나름의 몫이 있음은 자명하다.

번역에 대한 사유가 번역에 대한 과학일 필요는 없으며 그럴 수도 없다. 더구나 번역의 과학이 번역에 대한 사유를 대체할리는 만무하다. 따라서 번역의 과학과 번역의 사유는 좀 더 자주 만나야하고, 서로에게 더 개방적이어야 할 것이다.

제7장

장 르네 라드미랄 (Jean-René Ladmiral)

1. 번역인식론이란 무엇인가

본 장에서는 최근 번역인식론과 관련하여 유럽을 중심으로 이론적 입지를 굳혀 가고 있는 프랑스의 번역철학자 라드미랄(Ladmiral)의 번역인식론을 개괄하고 그의 작업이 번역학에 가지는 의미를 살펴보고자 한다. 그의 작업을 이해하기 위해서는 우선 '번역인식론'이라는 개념에 대한 정리가 필요하겠다.

번역인식론에 대해 논하기 전에, 일단 철학에서 인식론(epistemology)이 어떤 개념으로 사용되는지를 이해해야 할 것이다. 인식론은 서양철학의 고유한 분야로, 이미 플라톤부터 참된 앎, 참된 지식(혹은 진리)를 '에피스테메'라 규정하였으며, 이후 참된 앎에 이르는 길이나 방법에 관한 담론 전체를 인식론(episteme+logy)이라 부르게 되었다. 물론 참된 앎의 대상은 시대마다 달라서, 고대철학에서는 대상세계 전반에 대한 존재론이나 형이상학적 진리로서의 참된 인식이 중요했던 반면, 근대 이후에는 대상세계보다는 인식의 근거나 기원이 되는 주체, 즉 인식 주체에 관한 논의가 인식론의 주류를 이루었다. 따라서 외부 세계가 인간의 오감(五感)에 제시하는 감각자료와 그에 대한 숙고 및 체계화를 강조하는 경험주의나, 인간의 이성이나 오성(悟性)의 선험적인 개념 능력을 참된 인식의 근거로 보는 합리주의, 혹은 인식 주체와는 독립된 물리적 대상과 사실의 총체가 인식의 최종근거라고 보는 실증주의 등은 근대 인식론의 전형적인 산물이라고 볼 수 있다.

인식론의 출발점은 분명 철학이었다. 그러나 철학이 아닌 다른 학문분야에서 그 학문에서의 인식의 획득 방법, 인식의 정당성과 타당성 등을 다룬다면, 그것도 일종의 인식론적 성찰로 규정할 수 있다. 예를 들어 번역에 대한 담론에서, 원문은 늘 번역문보다 우월하다든지, 혹은 원문보다 나은 번역문은 없다는 등의 주장들은 우리가 흔히 접할 수 있는 명제들이지만, 이러한 주장이 어떤 근거에서 나오는지를 고찰하고자 할 때, 이는 인식론적 탐구라고 할 수 있다. 한 마디로 어떤 주장의 내용적 타당성을 그 주장의 획득 근거나 생성 근거에서 따져 묻는 것이 인식론적인 것이며, 이것은 그 분야에서 획득된 인식 전반의 성격을 비판적, 반성적인 방식으로 다루게 되므로 결과적으로는 해당 연구 분야 자체를 대상으로 하는 일종의 메타담론의 성격을 띠게 된다.

이를 번역학에 적용해 볼 경우, 번역인식론은 번역, 혹은 번역학에 관련되는 지식이나 인식의 성격을 규정하는 분야로 정의할 수 있겠다.[164] 여기서 지식의 성격이라 함은 번역(학)적 지식의 종류, 획득 방법이나 절차, 타당성, 정당성, 근거 등을 모두 포괄하는 개념이다. 직역 대(對) 의역 논쟁을 예로 들어 보자. 이 논쟁의 핵심은 원문 텍스트의 어떤 요소와 성질을 번역해야 하느냐의 문제이다. 그런데 만일 우리가 언어는 의미(시니피에)와 형태(시니피앙)로 구성된다고 전제하면서, 의미는 정신적이기에 개별언어와 별개로 존재하고, 형태는 물리적이기에 개별언어와 분리 불가능하므로 다른 언어로 전달할 수 없다고 판단한다고 가정하자. 이러한 논리에 따라, 의미전달을 목표로 하는 의역만이 유일하게 가능한 번역방식이라고 주장하게 된다면, 이는 번역에서의 인식 또는 앎의 대상을 형태가 아닌 의미로 규정한다는 점에서 일종의 번역인식론적 접근이라고 볼 수 있다. 한편, 번역학이 경험과학이어야 한다고 주장한 홈즈(Homes)[165]나 번역학이 처방(prescriptive)으로부터 기술(description)으로 옮겨가야 한다고 주장한 뚜리(Toury)[166]는 번역이 아닌 번역학이라는 학문 자체에 대한 인식론적 접근을 시도한 것으로 이해할

164) 향후 우리는 '번역인식론'과 '번역에 대한 인식론적 접근(또는 성찰)'을 동의어로 사용하고자 한다. 가령 '종교철학'과 '종교에 대한 철학적 접근' 사이에는 본질적 차이가 있다기보다는 정도의 차이가 있다고 보는 것이 옳다. 종교철학이 다양한 철학의 분과들(예를 들어, 정치철학, 과학철학)처럼 보다 체계적이고 정형화된 문제틀과 개념들을 가진 분야를 지칭한다면, 종교에 대한 철학적 접근은 종교에 대한 보다 자유롭고 창의적인 문제제기와 논의 틀을 허용하되, 그 전개방식과 논거 및 결론이 철학적이라는 의미이기 때문이다.

165) Holmes, J. S., The name and nature of Translation studies, in *Translated!: Papers on literary translation and translation studies*, Rodopi, 1988, pp.66-80.

166) Toury, G., *Descriptive translation studies and beyond*, John Benjamins, 1995.

수 있다.

그 밖에도 번역에 관련된 지식이나 인식을 경험을 통해 얻는지, 통계 또는 실험을 통해 얻는 것인지, 직관 또는 반성을 얻는 것인지를 분류하고 그 장단점을 논하는 것 역시 번역학적 지식의 획득 방법이나 절차 등의 타당성 문제를 다루는 것이기에 일반적으로 번역 인식론적 담론으로 불릴만하다. 이제 본격적으로 라드미랄의 번역 인식론을 고찰해 보고자 한다.

2. 라드미랄의 번역인식론 개괄

타 학문들과 마찬가지로, 번역학 역시 주로 영어로 연구되는 학문이다. 따라서 비(非)영어권의 번역학자들, 다시 말해 프랑스어, 스페인어, 독일어권 등의 번역학자가 국내 번역학계에서 해당언어의 전공자들을 넘어서서 폭넓게 수용되기 위해서는 이들의 이론이 영어로 소개되거나, 혹은 그 주저가 한국어로 번역되어야만 한다. 이런 점에서 볼 때 프랑스의 번역철학자 라드미랄은 아직은 국내에 잘 알려진 저자라 할 수 없다. 라드미랄의 번역철학을 종합한 그의 주저는 한국어로는 물론이고 아직 영어로도 번역되지 않은 상태이고, 그의 수많은 논문들 역시 대부분 프랑스어로 쓰여 있기에 프랑스어 전공자 외의 다른 독자들이 접근하기 어려운 것이 사실이다. 그렇다면 왜 우리는 굳이 라드미랄에 주목하고자 하는가? 그 이유는 라드미랄이 번역학을 대상으로 체계적인 인식론적 접근[167)]을 시

167) 그의 번역인식론이 잘 나타나 있는 논문은 아래와 같다.
Ladmiral, Épistémologie de la traduction, in *Traduire la langue, Traduire la culture*, Maisonneuve & Larose, 2003, pp.147-168.

도한 드문 저자 중 한 사람이기 때문이다.

번역학의 역사가 길지 않은 만큼, 번역학에 대한 인식론적 접근을 시도한 저자 역시 소수이다. 그러나 라드미랄의 경우는 그의 번역담론 자체가 번역학에 대한 인식론적 성찰을 토대로 하고 있다. 그리고 이러한 그의 작업은 최근 유럽과 캐나다의 번역학계로부터 상당한 주목을 받고 있다. 2010년 5월 개최된 캐나다 번역학회(CATS)의 제23차 국제학술대회에서는 라드미랄의 번역인식론을 주제로 초청이 기획된바 있으며, 2010년 6월 3일과 4일 양일에 걸쳐 소르본느 대학교와 프랑스번역학회(SEPTET)[168]가 공동주최한 국제학술대회는 '장 르네 라드미랄: 끝없이 변화하는 위업(Jean-René Ladmiral: oeuvre en mouvement)'이라는 주제 하에 라드미랄의 연구업적 전반에 대한 대대적 재평가 작업을 수행하였다. 또한 같은 해 12월 3일과 4일 양일에 걸쳐 프랑스번역학회가 파리10대학 번역연구소(CERT)[169]와 공동주관한 국제학술대회에서는 '번역하기와 인식론적 전환(Traduire: le tournant épistémologique)'을 대회 주제로 선정하고 라드미랄의 번역인식론적 성찰의 의미를 되새겼다.

사실 철학의 영역에서 출발하여 번역이 가지는 해석학적, 철학적 의미를 고찰한 저자들은 드물지 않다. 프랑스의 해석학자 리쾨르나 데리다, 보다 간접적 방식이기는 하나 미국의 논리철학자 콰인(Quine) 등이 이에 해당된다. 그러나 번역에 대한 인문학적, 철학적 이해를 추구하는 이들의 연구는 보다 실무적이고 구체적 물음에 천

---

168) SEPTET(Société d'Etudes des Théories et Pratiques en Traduction)은 2005년에 창설된 프랑스 최초의 번역학 전문 학회로 프랑스 내 다양한 대학의 번역 연구자들이 회원으로 참여하고 있다.

169) CERT는 Centre d'Etudes et de Recherches en Traduction 의 준말.

착하는 오늘날의 번역학계에서 그다지 환영받지 못하고 있는 것이 사실이다. 그렇다면 유독 라드미랄이 유럽과 캐나다 번역학계의 관심을 끄는 이유는 무엇일까? 이 질문에 답하기 위해서는 일단 유럽, 특히 프랑스를 중심으로 전개되는 소위 사변적, 철학적 성격의 번역담론 계보에 대한 전반적 이해가 필요하다.

영미 쪽이 주로 논리학이나 과학철학적 입장에서 번역을 바라본다면 유럽 쪽에서는 벤야민(Benjamin)의 순수 언어(pure language)론이나 스타이너(Steiner)의 해석적 번역론 등과 같은 형이상학적, 철학적 성향의 번역담론이 꾸준히 이어져 왔다. 라드미랄이 흥미로운 이유는 그러한 유럽의 철학적 전통 안에 존재하면서, 또한 파리 10대학의 철학 교수로서 학문적 경력을 시작했으면서도, 오늘날의 번역학계가 요구하는 실무적 감각과, 번역현장에 대한 이해, 파리통번역고등교육원(ISIT)[170] 교수로서의 번역교육 경험, 언어학에 대한 폭넓은 지식을 동시에 갖춘 드문 저자이기 때문일 것이다. 라드미랄의 번역학적 성찰이 가지는 독특함을 우리는 아래와 같이 정리해 볼 수 있다.

번역철학자 라드미랄의 번역학적 성찰을 특징짓는 첫 번째 요소는 철학, 언어학, 번역학을 자유로이 넘나드는 그의 방대한 연구 스펙트럼에 있다. 어떤 면에서 이러한 다학제적(혹은 초학제적) 성격의 성찰은 앞서 언급한 그의 주저에서도 유감없이 드러나, 번역의 정의에서 출발하여, 번역교육, 번역에 대한 역사적 인식의 변화 과

170) 파리카톨릭교육원 내부에 개설된 통번역고등교육원(ISIT: Institut Supérieur d'Interprétation et de Traduction). 라드미랄은 ISIT에서 번역학을 가르치고 있다.

정, 언어학과 번역 등등의 문제를 폭넓게 다루고 있다. 이러한 폭넓은 관심은 과거 언어학과, 철학, 문학의 경계를 넘나들며 번역의 문제를 다루었던 프랑스의 구조주의 언어학자이자 일세대 번역학자 무냉(Mounin)에 비견된다. 실제로 프랑스의 번역학자 발리유는 라드미랄을 무냉의 후계자로 주저 없이 지목하기도 한다.[171] 물론 라드미랄이 자신에게 대해 내려진 이러한 평가에 동의할지는 의문이다. 라드미랄은 프랑스 번역학의 창시자인 무냉의 공헌을 인정하면서도, 무냉이 '번역 불가능성'이라는 케케묵은 논쟁에 지나치게 집착하였다는 점, 그리고 언어학(만)이 번역의 문제를 설명할 수 있다고 믿으며 언어학의 위력을 지나치게 맹신했다는 점 등을 들어 무냉의 한계를 비판하고 있기 때문이다.[172]

라드미랄이 무냉의 언어학지상주의적 노선을 계승하지 않음은 분명해 보인다. 그러나 그가 무냉의 뒤를 이어 프랑스 번역담론의 지평을 확장시키고, 더 나아가 오늘날의 번역 담론에서 화두가 되는 중요한 주제들, 예를 들어 이론과 실무와 관계, 번역 교육의 문제 등을 구체적으로 다루고 있음은 명백하다.

둘째, 일찍이 철학의 지평에서 번역을 논한 학자들은 무수히 많다. 그런데 이렇듯 번역에 대한 철학적 성찰을 시도한 저자들의 경우, 대부분 번역문보다는 원전을 중시하는 입장, 다시 말해 번역문의 가독성보다는 원전에의 충실성을 중시하는 입장을 견지하였으

---

171) Balliu, C., Jean-René Ladmiral: une certaine philosophie de la traduction, *Transversalités: revue de l'Institut Catholique de Paris*, 92, octobre-décembre 2004, pp.51-57 참조.

172) Ladmiral, J.-R., A partir de Georges Mounin : esquisse archéologique, *TTR*, 1, 1995, pp.41-49 참조.

며, 결과적으로 소위 의역주의보다는 직역주의를 옹호하는 입장에 서는 것이 일반적이었다. 번역 담론의 역사에서 중요한 저자로 언급되곤 하는 슐라이어마허나 벤야민 등의 경우만 해도 그렇다. 슐라이어마허가 번역가의 두 가지 선택을 '저자를 독자에게 데려가는 것'과 '독자를 저자에게 데려가는 것'으로 정리하고 두 가지의 선택이 모두 가능하다고 말했을 때에도, 슐라이어마허 스스로가 은연중 옹호했던 것은 두 가지 중 후자, 즉 원문에 충실한 직역주의적 번역이었음은 명백하다.[173] 이는 벤야민의 경우도 마찬가지여서, 우리가 이미 살펴본바 대로, 「번역가의 과제」라는 논문에서 번역은 독자에게 읽히기 위한 것이 아니라는 극단적인 주장까지도 서슴지 않는다. 독일 낭만주의 시대의 번역인식을 출발점으로 하여 소위 '문자의 번역'을 제안한 프랑스의 번역학자 베르만 역시 가독성이나 소통을 우선순위로 삼는 번역에 반대하였다. 또한 베르만을 계승하여 영어권에서의 번역, 번역가의 지위 등의 문제를 천착한 베누티 역시, 자국화 방식의 번역이 아닌 이국화 번역을 주장한 바 있다.

그런데 라드미랄의 경우는, 기존의 번역철학자들의 이러한 입장을 정면으로 반박하며, 스스로 의역주의 진영에 속함을 당당하게 밝힌다.

> 번역학 이론 차원에서 나는 벤야민, 메쇼닉, 또는 베르만 같은 사상가들을 원문주의자(sourciers)라 분류한다. [.....] 번역이론가들 (또는 번역학자들) 사이에서 우리가 의역주의자(도착어주의자, ciblistes)라 부를 수 있는 저자들은 무냉, 나이다와 테이버, 에트킨트 등일 것

173) Schleiermacher, F., *Des Différentes Méthodes de Traduire,* trans. by Antoine Berman, Seuil, 1999을 참조.

이다. 이미 짐작했겠지만 나 자신은 후자들의 편에 속한다.[174)]

라드미랄의 이러한 입장은 실무와 분리된 이론이 있을 수 없다는 그의 소신에서 비롯된다. 라드미랄은 '이론을 숭상하는 귀족'과 '번역 실무에만 목을 맨 프롤레타리아'간의 분업, 그리고 번역이론가와 번역 실무자간의 '긴장'을 꼬집으며, 번역 실무의 현실을 감안하지 않은 탁상공론식의 이론을 격렬히 비판한다.[175)] 이러한 라드미랄의 입장으로 인해, 프랑스에서 가장 실무중심적, 도착어중심적 이론의 축으로 간주되는 파리스쿨의 해석이론가들까지도 그에게 우호적 시선을 보내고 있다.

셋째, 라드미랄의 성찰이 비중 있게 다루어지는 또 다른 이유 중 하나는 라드미랄이 오늘날의 번역담론에 가장 필요한, 그러면서도 가장 결여되어 있는 인식론적 접근을 시도하고 있기 때문이다. 사실 번역학 내부에서도 번역인식론적 담론이 전혀 없었던 것은 아니다. 번역학의 창시자라 할 수 있는 홈즈가 번역학을 '현상을 관찰, 기술하고 그로부터 일반원칙을 도출하는 경험과학'으로 규정한 것이야말로 번역학에 대한 인식론적 성찰의 출발점이라 하겠다. 이 밖에도 굳이 인식론적 성찰이라고 스스로 명명하지는 않더라도, 예를 들어 번역학이 언어학, 보다 구체적으로는 응용언어학의 하위범주라고 표방하거나, 혹은 번역이론이 실무의 설명이어야 한다는 주장 역시 인식론적 성격의 담론에 속한다. 뚜리(Toury)가 번역학에서 기술(description)의 중요성을 역설한 것 역시, 번역학 연구방법에 대한 고찰인 동시에, 번역학에서의 지식이나 앎이 어떤 방법으로 획

---

174) Ladmiral, J.-R., Sourciers et ciblistes, *Revue d'esthétique*, 12, 1986, p.39.
175) Ladmiral, 1994, pp.86-88.

득되어야 하는지에 대한 고민이라는 점에서 일종의 인식론적 담론이라고 할 수 있다.

그러나 위 저자들의 경우 번역에 대한 인식론적 성찰 자체를 목표로 삼고 있다고 보긴 어렵다. 따라서 현재까지 번역학이라는 학문 자체를 대상으로 하는 인식론적 성찰이 체계적이고 충분한 방식으로 개진되어 온 것으로 보기는 어려운 면이 있다. 이는 인식론이 철학과 연계된 학제적 주제라는 점, 그리고 최근의 번역학이 기존의 사변적, 철학적 접근을 경계하고 그보다는 실무적 차원에서 제기되는 물음이나 수요에 대한 구체적인 해결을 모색하는 방향으로 옮겨가고 있다는 점에 기인하는 것으로 부분적으로 설명될 수 있겠다. 어쨌건 중요한 것은 바야흐로 번역학이 타 학문의 하위학문이 아닌 독립학문으로서의 입지를 굳혀가고 있는 오늘날, 라드미랄과 같이 번역학이라는 학문 자체를 대상으로 한 인식론적 접근을 시도하는 소수 저자들의 작업이 재평가되고 있다는 점이다. 이제 라드미랄의 번역 인식론을 좀 더 상세히 살펴보도록 하자.

3. 라드미랄 번역인식론의 쟁점

라드미랄은 번역학의 내부에서 개진되는 담론들을 크게 처방적/규범적 번역학, 기술(記述)적 번역학, 귀납적/과학적 번역학, 생산적 번역학 등 네 가지로 분류한다.[176)]

라드미랄이 제시한 네 가지 종류의 번역학은 그 명칭만으로도 번역학의 주요 발전단계들을 짐작케 한다.[177)] 위의 네 가지 번역학이

176) Ladmiral, 2003, p.151.

라는 단어 앞에 붙어 있는 형용사들이 한결같이 번역학 내에서의 지식이나 인식의 성격, 그 산출 방법 심지어 그 입증이나 검증의 방식 등을 노정한다는 점에서 그 자체로 번역학을 대상으로 하는 인식론적 담론이다. 이제 라드미랄이 위의 네 가지 번역학들을 어떻게 설명하며 어떤 번역이론가들을 어떤 범주로 분류하고 있는지를 고찰해 보고 라드미랄의 번역학 분류가 노정하는 쟁점들이 무엇인지를 고찰해 보고자 한다.

첫 번째, 처방적/규범적 번역학을 살펴보자. 일반적으로 번역학에서 처방적 번역학은 번역학이 본격적으로 성립되기 이전의 번역담론들을 지칭하는 것으로, 대체로 개별 저자들이 자신의 실무 경험을 토대로 특정 방식으로 번역을 수행할 것을 처방하는 식의 담론을 의미한다. 따라서 처방적 성격의 담론은 종종 학문적 객관성을 결여한 과거의 번역학으로 간주되곤 한다. 라드미랄의 관점 역시 이러한 일반적 인식과 크게 다르지 않아 보인다. 라드미랄은 처방적 번역학을 대표하는 저자로 벤야민, 스타이너, 메쇼닉 등을 꼽는다. 사실 벤야민이나 스타이너 등이 정작 라드미랄의 분류에 동의할지는 알 수 없다. 어쨌든 라드미랄은 언어학이라는 학문이 인문과학에서 핵심적인 자리를 차지하기 전에 개진된, 언어와 번역에 대한 사변적, 문학적, 철학적인 탐색 모두를 처방적/규범적 번역학

---

177) 라드미랄은 자신이 제안한 네 가지 번역학이 연속적(successive)인 것이라기보다는 서로 다른(différentes) 단계라고 설명하며 네 개의 번역학을 역사적 발전 단계로 인식하는 입장을 철회하는 듯이 보이나, 다른 곳에서는 여전히 네 가지 번역학을 순차적으로 그제, 어제, 오늘, 내일으로 설명하고 있다. 저자의 미세한 입장 변화와 무관하게 라드미랄의 인식론적 접근과 번역학의 유형화 시도는 여전히 유의미하다. 본고에서는 지면의 한계상, 애초에 라드미랄이 제시했던 입장에 초점을 맞추어 다루고자 한다.

으로 분류한다. 뿐만 아니라 이러한 담론들을 어제의 번역학도 아닌 '그제(avant-hier)의 번역학'으로 규정하고 있다.[178)]

아마도 번역에 대한 연구의 초기부터 있어왔던 이런 규범적 번역연구는 가장 오래되고 가장 완고한 번역연구일지도 모른다. 하지만 처방적/규범적 번역담론은 비록 주관적 진술의 형태일지언정 우리가 번역에 대해 가지는 초기의 인상과 직관적 견해들을 가장 잘 보존하고 있는 번역론일 수 있으며, 따라서 이러한 담론들을 모두 무용한 것으로 치부해 버려서는 안 될 것이다.

두 번째는 기술(記述)번역학이다. 번역학에서 일반적으로 기술번역학이라 함은 투리를 위시하여 텔아비브 학파를 중심으로 발전된 소위 DTS(Descriptive Translation Studies) 진영을 일컫는다. 그러나 라드미랄에게 기술번역학은 좀 더 확장된 의미로 사용된다. 라드미랄은 기술번역학을 대표하는 연구가로 비네와 다블네(Vinay & Darbelnet), 무냉, 캣포드(Catford) 등을 언급하고 있다. 이들은 현대언어학의 방법론적 세례를 받은 저자들로 언어와 번역에 대해 이전의 연구들과 인식론적 단절을 시도한 것으로 여겨지는 저자들이다. 이들은 두 개 이상의 언어, 보다 정확히 말하자면 결과물로서의 번역을 원전과 언어적 차원에서 대조하고 비교, 기술하는 것에 관심을 두었으며, 기본적으로 번역 담론을 응용언어학의 한 범주로 인식하였다. 번역의 시작과 종료 전체를 아우르는 번역과정 중에서 마지막 요소인, 이미 산출이 종료된 번역물을 가지고 연구한다는 점, 그리고 최근의 인지 언어학적 성과에 바탕을 둔 과학적 번역학에 비해 시간적으로 앞서 있다는 점에서 라드미랄은 이상의 저자들

178) Ladmiral, 2003, p.152.

의 논의를 '어제(hier)의 번역학'으로 규정하고 있다.[179)]

그런데 이러한 기술번역학의 문제점은 실제로는 언어학의 과거의 모습을 담고 있다는 사실 자체라기보다는, 결과로서의 번역물을 대상으로 기술(description) 차원에서 접근하다 보니, 원전과의 관계하에서 달리 번역될 수 있는 가능성이나 번역물이 하나의 독자적인 텍스트로서 새로운 가능성을 가지는지 등의 근원적인 물음 앞에서 무능하다는 것이다. 그러나 다른 한편으론, 이런 부류의 번역담론이 아무리 과거의 번역학으로 규정된다 하더라도, 라드미랄이 어쩔 수 없이 인정하듯, 이런 대조언어학적 연구들이 번역교육의 현장에서 여전히 유용하게 활용되고 있다는 점, 그리고 대부분의 번역가들이 자신의 번역물을 대상으로 하는 이러한 비교와 대조로부터 자유로울 수 없다는 점에서 단순히 어제의 번역학으로 묶어둘 수만은 없는 '현재의' 번역담론이라는 점 역시 인정하지 않을 수 없다.

세 번째는 귀납적/과학적 번역학이다. 귀납적/과학적 번역학은 구체적 경험이나 실험을 중심으로 자신의 고유한 번역학적 인식을 구축하는 번역학으로 정의된다. 라드미랄의 설명에 따르면 귀납적, 과학적 번역학은 인지심리학을 토대로 하여 번역자의 두뇌 속에서 무슨 일이 일어나는지를 현대과학의 장비들을 동원하여 복원해 내는 등의 작업을 포함한다.[180)] 한 마디로 번역에 대한 기존 관념이나 이해를 바탕으로 어떤 결론을 내는 것이 아니라 구체적, 물리적 토대물로부터 일정한 결론을 이끌어 때문에 귀납적이고 과학적인 것으로 규정된다. 번역행위의 결과로 도출되는 번역 결과물을 비교 분

179) Ladmiral, 2003, p.154.
180) Ladmiral, 2003, p.156.

석하는 기술 번역학과는 대조적으로, 귀납적/과학적 번역학은 번역 행위 혹은 통역행위의 언어심리적, 인지적 기능을 살피는 것이 주목적이라고 한다. 하지만 현재로서는 이 분야의 연구가 충분한 체계성과 타당성을 갖춘 것으로는 평가되기 어렵기 때문에 이러한 설명들 역시 잠정적 차원에 머무를 수밖에 없으며, 따라서 라드미랄은 귀납적, 과학적 번역학을 '내일(demain)의 번역학'으로 규정한다.

실험을 통해 입증되거나 반증되는 번역학적 지식을 만들어 내는 과학적 번역학은 종종 가장 전도유망하고 미래적 추동력을 가진 번역학으로 간주된다. 그런데 과연 번역학이 전적으로 과학적, 귀납적인 것만을 담는 것이 가능한가? 번역학 내부에 실험 불가능한 영역, 귀납적 추론이 불가능한 영역은 존재하지 않는가? 귀납의 반대 개념은 본래 연역이지만, 적어도 번역학의 인식론적 맥락을 다루는 차원에서는, 수학이나 논리학에서만이 공히 학문전개의 원리로 인정되는 연역(演繹)적 번역학을 찾기는 어려울 것이다. 따라서 귀납적 번역학의 대척점에 있는 것은 연역적 번역학이라기보다는 아마도 사변적 혹은 추상적 성격의 번역학일 것이다. 그리고 사변적, 추상적 번역학은 구체적 경험이나 실험을 중심으로 전개되는 귀납적, 과학적 번역학과는 달리, 경험보다는 직관, 실험보다는 개념에 더 의존한다는 점에서 처방적/규범적 번역학과 상당히 유사할 수 있을 것이다. 이러한 담론은 엄밀히 말해 실험이나 귀납의 영역이 아니라 해석과 상대적 개연성의 영역에 속하며, 한 마디로 입증도 어렵지만 반증 또한 그 이상으로 여의치 않은 영역이다. 그렇다고 해서 이러한 물음들을 무의미하다고 치부해 버릴 수 있는가? 번역학의 영역을 그렇게 협소하게 규정하는 것이 과연 타당한가? 귀납이나 실험의 대상이 되는 물음들만이 유효한 것은 아니며, 내일의 번역학이 모든 번역학의 난제를 해결할 수 있는 것은 아님을 간과해서는 안 될 것이다.

네 번째는 생산적 번역학이다. 라드미랄이 제안한 생산적 번역학이란, 번역자가 번역을 수행하는 과정에서 접하게 되는 다양하고도 상호모순적인 문제들을 해결하고 치유하는 번역학을 말한다. 번역을 해본 사람들이라면 누구나 이러한 문제 상황, 즉 모순적인 요구들에 직면한다. 예를 들어 의미를 정확히 옮기려다 문체나 관용어구가 가지는 가치가 소실될 경우 번역자가 어떤 선택을 해야 하는지, 혹은 원문이 가진 특정한 요소를 번역문에서 어떻게 살려내야 할지 등등의 문제에 누구나 봉착하게 마련이다. 라드미랄은 이런 상황에 직면한 번역자의 상태를 정신분석학에서의 장애나 콤플렉스에 비유한다.[181] 장애나 콤플렉스를 극복하기 위해서 상담자의 언어적 조력을 받아 언어적 무능력에서 벗어나듯, 번역자가 도착어 텍스트를 생산하는 과정에서 직면하게 되는 문제들을 해결하는데 필요한 개념이나 용어들, 혹은 팁(tip)으로 구성된 도구 상자같은 것이 필요하며, 이를 체계화하고 축적하는 번역학이 바로 생산적 번역학이라는 것이다. 이런 의미에서 라드미랄은 생산적 번역학을 '치유적 번역학'으로 규정하기를 망설이지 않는다. 따라서 이때 '생산'은 번역의 구체적 상황에서 만나는 문제들에 대한 해결을 의미한다. 다만 다양한 상황별로 필요한 개념적, 실용적인 도구들을 제공하는 번역학인 만큼 엄밀한 체계나 논리적 완성도를 갖춘 번역학은 아니라고 규정한다. 성경번역의 과정에서 제기된 문제들에 대한 나름의

181) Ladmiral, 2003, p.157.

해결책들을 집대성한 나이다의 연구를 생산적 번역학의 대표적 사례로 꼽으며 라드미랄은 자신의 주저 역시 그러한 시도의 일환이라고 설명한다. 결론적으로 라드미랄은 내일의 번역학, 즉 귀납적, 과학적 번역학이 성립될 때까지, 이러한 생산적 번역학에 집중해야 한다고 설명한다.[182)]

라드미랄은 처방적/규범적, 기술적, 귀납적/과학적 등의 형용사를 통하여 존재 가능한 다양한 번역학의 형태를 정리한 후, 네 가지 유형의 번역학 중 마지막 단계에서 생산적이라는 형용을 구사한다. 그런데 처방적, 기술적, 귀납적 등의 형용사들이 그 자체로 번역담론의 성격과 그 속에서 문제되는 번역학적 인식의 산출 근거를 직관적으로 잘 보여주는 반면, 생산적 번역학이라는 개념에 대한 라드미랄의 설명은 상당히 불충분해 보인다. 여하튼 생산적 번역학은 인식 획득의 방법이나 획득된 지식의 확실성 차원에서는 과학적 번역학보다 덜 견고하되, 기술 번역학이나 규범적 번역학 보다는 훨씬 구체적 문제해결에 용이하며 실용적 성격을 띠는 것처럼 보인다.

4. 번역인식론: 쟁점과 전망

2002년 5월 파리통번역대학원(ESIT) 주최로 '동일성, 타자성, 등가: 관계로서의 번역'이라는 주제로 개최된 국제학술대회에서 번역학에 대한 비교적 상이한 인식론적 전제를 가진 학자들이 한 자리에 모이게 되었다.[183)] 경험과학으로서의 번역학을 지향하는 체스터

182) Ladmiral, 2003, p.156.

만과 성경번역 이론가인 나이다, 그리고 라드미랄 같은 학자가 한 자리에 모인 것은 다소 이례적인 일이었다. 이 학회에서 체스터만은 '번역적 관계'라는 제목의 발표를 통해서 번역학에서 이루어지는 모든 연구는 관계적 성격을 가지며 따라서 모든 경험적 학문에서 그렇듯, 다양한 변수간의 관계를 발견하는 것이 번역학의 임무라고 설명한다. 뒤이어 체스터만은 번역학 내부에서 존재 가능한 다양한 종류의 변수들을 분류 정리하고, 번역학 내부의 가설들을 해석적 가설, 기술적 가설, 설명적 가설, 예측적 가설 등 네 가지로 나누어 설명한다.184)

우리가 체스터만의 발표에 주목하는 이유는, 당시 학회에 참석했던 라드미랄이 체스터만의 발표를 논평하는 대목에서 라드미랄이 지향하는 번역담론의 성격이 명백히 드러나기 때문이다. 라드미랄의 논평을 인용해 보자.

> 문제는 번역학이 어떤 형태의 '과학성'을 지향해야 하는가의 문제이다. 간략히 말하자면, Andrew Chesterman이 바라는 것처럼 번역학이 정밀과학이 가지는 과학성에 도달하기를 바라는 것은 시기상조라고 생각된다. 나는 이 점을 후기-포퍼적인 관점이라고 비판했었고 Chesterman은 이를 수긍하였다 [.....] 번역학이 그러한 과학성을 갖추는 것은 장기적으로는 가능할지 모르지만, 현재 상태에서는 능력 밖의 일이다. [.....] 번역학은 '현상학적인' 담론에 머물러야 할 것이다. 다시 말해, [.....] 문제를 이야기하고, 번역 과정에서 어떤 어려움들이 발생하는지를 논하고, 해결책을 제시하는 것이다. 그러나 이런 해결

183) 이 학회 참가자들의 발제 내용과 질의응답 내용은 앞서 우리가 소개한 바 있는 Israel, 2004이다.

184) Israël, 2004, p.35.

책들은 번역의 실무 차원에서 모색되어야 하는 것이지, 번역이론으로부터 도출되어야 하는 것은 아니다. 이것이 바로 현재의 번역학이며 나는 이를 생산적 번역학이라 부르고자 한다.[185]

위의 글에서 확인할 수 있듯이, 라드미랄은 체스터만의 번역학적 기획이 지나치게 과학성을 확보하는데 치중하고 있으며, 검증 가능성과 반증 가능성을 과학의 기준으로 삼는 후기-포퍼적 방법론을 따르고 있음을 지적하고 있다. 체스터만의 발표 뒤에 이어진 논평에서도 되풀이해 설명하듯, 라드미랄은 자신의 번역학은 과학성이라는 거창한 목표를 가지고 있다기보다는, 보다 소박한 '치유적 담론'을 제시하는 것을 목표로 한다고 설명한다.[186]

소위 '과학적'인 것이라고 불리는 것에 반대하는 것은 쉬운 일이 아니다. 더구나 그것과의 차이를 만들어 내면서 의미 있는 인식론적 장을 번역학내에서 일구어 나간다는 것은 더 어려운 일일 것이다. 라드미랄 자신이 지향하는 생산적 번역학 역시 조만간 그러한 어려움에 직면하게 될지도 모른다.

사실 강력한 객관적 실증주의에 입각해서 대상과 물리적 사실을 중심으로 인식론을 전개하다보면, 번역의 실무와 현장에서 번역을 경험하고 수행하는 주체인 번역자에 대한 구체적 이해에 도달하기가 쉽지 않다. 물론 그러한 실증주의적 연구들이 번역자를 연구 대상에서 배제하지는 않으나, 그것은 번역자가 객관적이고 대상적인 물리적인 사실들을 산출하는 범위 내에서 뿐이다. 입증되지 못하거

185) Israël, 2004, p.150.
186) Israël, 2004, p.51.

나 반증되지 못하는 번역자의 반성적 능력, 혹은 번역이 어쩔 수 없이 함축하는 언어 전반과 문화에 대한 번역자의 윤리적 지향, 더 나아가 막연하지만 번역에 대해 갖는 자신의 과거나 현재 이해나 미래의 이해의 지평을 과학적 방식으로 논하기는 거의 불가능해 보인다. 이러한 점을 간파해내고 지적하고 있다는 것이 바로 라드미랄의 생산적 번역학의 논의에서 우리가 배워야할 점인지도 모른다.

그러나 과학적, 실증적 번역담론과의 차별성을 유지하면서도 반(反)과학적이라는 비판을 피하고, 더 나아가 번역자가 자신의 작업을 수행하면서 겪는 문제나 어려움, 심지어는 콤플렉스를 해결하고 치료하는 생산적 번역학의 영역을 확대해 나가는 일이 수월해 보이지는 않는다. 라드미랄 역시 이 점을 모르지 않는 듯하다. 네 가지 종류의 번역담론 유형을 제시한 글에서, 그 자신이 성급하게 처방적이라고 분류했던 사변적/철학적 번역학을 제5의 번역학으로 추가하면서 서둘러 글을 마무리하고 있기 때문이다.[187)]

이는 체스터만 식의 과학적 객관성의 볼모가 되지 않고, 자신이 지향하는 생산적 번역학을 개진시켜 나갈 여지가 현실적으로 그다지 많지 않음을 알기에, 새로운 동력원으로서 사변적/철학적 번역학에 기대를 걸어 보려는 의도가 아니었을까? 라드미랄이 자신이 제시한 생산적 번역학을 어떤 방식으로 구현해 나갈지 관심 있게 지켜 볼 일이다.

187) Ladmiral, 2003, p.165.

제8장 조르쥬 무냉 (George Mounin)

1. 조르쥬 무냉의 번역학사적 위상

프랑스의 번역학자이자 언어학자 조르쥬 무냉은 종종 프랑스 번역학의 창시자로 언급되는 중요한 인물로 언어학과 번역학의 경계에서 언어학을 통해 번역현상을 체계적으로 설명하고자 노력한 학자이다. 그의 번역학에의 기여는 프랑스 뿐 아니라 국제적으로 인정받고 있다. 나이다는 무냉의 『번역의 이론적 문제점』을 스타이너의 *After Babel*와 더불어 넓은 의미의 문헌학적(philological) 관점에서 번역의 문제를 다룬 의미 있는 저서로 분류한다.[188] 철학자이자 번역학자인 라드미랄 역시 무냉이 작고한지 얼마 뒤 무냉을 프랑스

188) Nida, E. A., Theories of Translation, *TTR,* 4(1), 1991, p.21.

번역학의 창시자로 규정한다.[189]

무냉의 작업을 어떤 식으로 규정하든 무냉의 번역에 대한 관심이 상당했음을 부정할 수는 없다. 그의 주요 저서들이 전부 번역의 문제를 직간접으로 다루고 있는 것만 보아도 이를 알 수 있다. 『부정한 미녀들』(*Les belles infidèles*), 『번역의 이론적 문제점』, 『언어학과 번역』(*Linguistique et traduction*)은 물론이고 심지어 『언어학과 철학』(*Linguistique et philosophie*)까지도 의사소통으로서의 번역의 문제를 다루고 있다.[190] 그런데 이렇듯 번역학계에서 종종 무냉의 이름이 언급되는 것과는 별개로 오늘날 국내는 물론이고 불어권내에서도 무냉에 대한 연구는 상당히 빈약하다.

본 장에서는 무냉이 제시하는 번역학적 테제를 아래의 세 가지로 정리해 보고 그것이 지니는 암묵적 전제들을 비판적으로 성찰해 보고자 한다. 무냉의 테제는 다음과 같이 정리할 수 있겠다.

첫째, 번역을 통해 전해져야 할 것은 무엇보다도 의미 또는 효과이다.

둘째, 번역불가능성은 다양한 종류의 보편소의 발견을 통해 극복가능하다.

셋째, 번역은 의술과 같이 과학에 근거한 예술이며 그 과학이란 다름 아닌 언어(과)학이다.

---

189) Ladmiral, 1995을 참조할 것.

190) 이 중에서 『번역의 이론적 문제점』(이승권 옮김, 고려대학교 출판부, 2002)만이 번역출판되었다. 원서는 Mounin, J., *Les problèmes théorique de la traduction,* Gallimard, 1963이다. 언급된 무냉의 다른 저서들은 아래와 같다. *Les belles infidèles,* Presse Universitaires de Lilles, 1994(1955); *Linguistique et philosophie,* Presse Universitaires de France, 1975; *Linguistique et traduction,* Dessart et Mardaga, 1976.

2. 첫 번째 테제: 번역을 통해 전해져야 할 것은 무엇보다도 의미 또는 효과이다.

프랑스 번역학계의 구도를 설명해보자면, 한쪽에는 베르만, 메쇼닉 등 소위 직역주의 진영이 있고, 다른 쪽에는 라드미랄이나 파리스쿨 등 소위 의역주의 진영이 있다. 무냉의 입장이나 경향은 넓게 보아 후자들의 그것과 유사하거나 그들의 학문적 스승의 위치에 있는 것으로 보인다. 물론 여기서 중요한 것은 무냉이 과연 어떤 의역론자인가의 문제이다. 직역주의를 단순히 단어 대 단어를 옮기는 것으로 규정할 수 없듯이 의역주의 역시 의미전달지상주의로만 규정할 수는 없다. 모든 직역론자들에게는 의역론적 요소가 있으며 이론적으론 직역론을 펴지만 번역 실무에서는 의역을 배제하지 않는 경우가 허다하고 그 반대의 경우도 없지 않기 때문이다.

무냉 역시 자연 언어와 텍스트의 모든 것을 제거한 채 전달 가능한 의미만을 추출해서 전달하며 된다고 주장하는 좁은 의미의 의역론자는 아니다. 무냉은 심지어는 모국어를 낯설게 하는 직역이라도 미학적 통일성이나 시적 동질성을 확보기 위한 것일 경우 기꺼이 수용한다.[191] 따라서 무냉은 넓은 의미에서의 의역론자라고 할 수 있다. 어쨌든 그의 저서들에 흐르는 기본적인 기조는 의미에 방점을 둔 번역론이다. 그는 『부정하나 아름다운 여인들』에서 번역 불가능론을 반박하기 위해, 의미론, 형태론, 음성학, 문체론 등에 기반을 둔 번역 불가능론을 차례로 반박하면서 '채색유리' 대(對) '투명유리'라는 자신의 용어를 통해 전통적인 이항구도를 재정리한 바

191) Mounin, 1994, p.101.

있다. 무냉은 이상적인 번역이란 사람들이 유리가 없다고 믿을 정도로 투명한 유리가 되는 것이라고 말하는데 이는 '외국어의 낯섦을 전혀 배제한 채, 마치 불어로 사유한 다음 바로 불어로 써나가는 듯한 인상을 가지도록, 말 그대로 불어화해서 번역하기'라고 규정한다.[192)]

> 번역이 자신의 유일한 이상(理想)인 이런 투명한 유리가 되기 위해, 번역가는 단어들, 표현법들, 말투들, 심지어는 감정들, 태도들, 풍습의 특징들 등 자신의 독자를 낯설게 할지도 모르는 모든 것들을 감추고, 이동시키고, 제거하게 되는 것이다.[193)]

무냉은 18세기 불어로 번역된 호머 작품을 예로 들면서 "번역이 너무나 완벽하게 투명하게 된 나머지 18세기 독자들은 사소한 몇 가지를 제외한다면 『일리야드』 세계의 존재들과 사물들(사태들)이 당대 불어와 프랑스의 그것들과 실체적으로 동일하다는 인상을 간직하게 되었다"고 말한다.[194)]

한마디로 무냉의 의미중심 번역론을 정리해 보면 아래와 같다.

첫째, 무냉은 원문이 지니는 문화적 및 시·공간적 거리나 차이는 모국어 독자들에 대한 원활한 의미 전달이나 의사소통을 위해 희생될 수도 있는 요소라고 믿고 있다.

둘째, 번역가는 원문이 본래 입고 있던 언어가 그 당대의 독자들

---

192) Mounin, 1994, p.74, 75, 90. 이점에 대한 보다 상세한 논의와 정리는 정혜용, 「직역론의 새로운 갈래와 번역 패러다임의 변화」, 『프랑스학연구』, 33, 2005, pp.269-286를 참조.

193) Mounin, 1994, p.89.

194) Mounin, 1994, p.90.

에게 준 인상이나 효과와 아주 유사하거나 동일한 인상이나 효과를 도착어 독자에게 전달해야 한다. 언어의 형식이나 구조가 중요한 시(詩)를 번역할 때도 출발어 시의 구조나 형식을 그 자체로 옮기는 것이 번역의 관건이 아니라, 원문과 동일한 시적 기능(fonction poétique)을 옮기는 것이 관건이라는 것이다.[195)]

셋째, 따라서 무냉 번역론에서 성공적인 번역의 여부는 출발 언어의 텍스트와 그 당대 독자 사이에 있었던 효과를 번역이 얼마나 재현하느냐에 달려 있다. 무냉이 말하는 번역의 이데아는 원전과 원전의 독자 사이의 관계를 최대한 닮은 번역이라고 할 수 있다.

그런데 번역의 이상(理想)을 이렇게 규정하게 되면 이는 다음과 같은 몇 가지 전제를 함의하게 된다.

첫째, 무냉의 번역론에 따르면, 번역을 통한 모국어의 근본적 변화 내지 변형은 있을 수 없다. 모국어라는 언어 공간은 닫힌 공간이 되며, 이러한 관점에서 번역의 과정에서 모국어에 가해지는 그 어떤 변형도 일종의 질병으로 이해된다. 물론 무냉이 언어 간의 접촉을 통해 어쩔 수 없이 얻어지는 모국어의 확장까지 거부하지는 않았겠지만 여전히 그에게서 자민족/자국어 중심적 번역의 혐의가 배제될 수 없는 것이다.

둘째, 모국어의 독자는 번역을 일종의 커뮤니케이션으로 보고, 이국 텍스트가 가진 낯섦을 번역이 걸러내 주기를 기다리는 존재들로 상정된다. 번역은 독자로 하여금 이국성을 직접적으로 맞닿게 하지 못하게 걸러주는 일종의 예방주사와 같은 역할을 하는 것이다. 이국성이나 낯섦의 순치(順治)가 바로 번역인 것이다.

---

195) Mounin, 1976, p.95, 105.

셋째, 원문 텍스트는 하나의 이데아이며 모델이다. 번역의 목표는 원문의 효과를 도착어 안에서 최대한 반영하거나 재현하는 것으로 상정된다. 시대에 따른 많은 재번역의 경우도 지금의 독자에게 가장 알맞은 복사본을 제공해주는 노력으로 파악된다. 원전보다 훌륭한 번역은 이론적으로 불가능하며, 따라서 원전이 스스로 간과한 가치를 번역이 복원시켜주거나 발견케 할 가능성도 원천적으로 차단된다. 원전은 번역보다 존재론적으로 우월한 것으로 여겨지며, 동일한 원전에 대한 서로 다른 번역들 간에 있을 수 있는 차이는 닮음이나 동화의 상이한 양상을 반영하는 것뿐이다.

위의 전제들이 제기하는 근본적 문제들은 여전히 해결되지 않은 채로 남아 있다. 도착어를 우위에 두게 되면, 이국언어의 낯섦을 수용하자는 것이 자국어에 대한 폭력의 논리로 간주되고, 반면 출발어의 낯섦을 순치하여 자국어에 동화하거나 병합하고자 하는 논리는 출발어와 그 타자성에 대한 폭력이 되고 말 것이기 때문이다.[196)]

3. 두 번째 테제: 번역불가능성은 다양한 종류의 보편소의 발견을 통해 극복가능하다.

무냉이 자신의 주요 저서들을 통해 집요하게 주장한 내용은 아래의 두 가지 정도로 압축된다.

첫째, 무냉은 번역을 전적으로 언어적 현상으로 간주하였고, 따라서 번역이 언어학의 연구대상임을 믿어 의심치 않았다. 언어학은 “이국언어가 주는 현혹이나 번역의 심오한 신비 전부를 해소하지는

196) Ladmiral, 1986, p.39.

못하겠지만 그것들을 기술하고, 한정지으며, 정의하는" 역할을 수행할 수 있다는 것이 그의 입장이었다.[197]

둘째, 번역은 이론적으로나 실제적으로 가능하다는 것이 그의 입장이다. 따라서 번역불가능론은 언어 간 접촉의 빈도나 역사의 문제이지 형이상학적 차원의 문제는 아니다. 번역의 보편소가 자연언어들의 상이성과 차이를 뛰어넘어 번역을 가능케 하는 토대이다.

사실 번역학이 독립된 분과학문으로 서게 된 것은 비교적 최근의 일이고, 번역학의 초창기에 번역현상의 설명에 쓰인 개념들의 상당부분을 언어학으로부터 차용한 것이 사실이므로, 번역을 언어학의 연구대상으로 삼는 것에 대해 이의를 제기할 필요도, 또 그럴 수도 없을 것이다. 다만 무냉이 보여주는 언어학에 보내는 신뢰의 정도는 상당히 강해서, 그의 입장이 다소 언어학 지상주의적으로 비치는 부분이 있는 것도 사실이다.[198] 예를 들어 『언어학과 번역』의 한 논문[199]에서 무냉은 2천년 동안 번역가의 개인적 체험이나 직관에 근거하여 제기되어온 번역불가능성의 문제를 언어과학의 기술적 관점에서 새롭게 접근해보고자 한다. 다시 말해 번역불가능성의 문제를 번역의 과정에서 제기되는 곤혹스런 문제로 대하는 것이 아니라, 구체적 자료에서 찾을 수있는 번역 불가능의 사례로 치환해서 파악하고, 객관적이고 통계적이며 전적으로 양적인 방식으로 접근해보자고 제안한다. 무냉을 따라 통계적 개념으로서의 번역 불가능

197) Mounin, 1976, p.81.
198) Ladmiral, 1986, p.48.
199) 「통계적 개념으로서의 번역불가능성」(L'intradusibilité comme notion statistique)(Mounin 1976, pp.51-56.) 무냉에 따르면 이 논문은 *Babel*, n°3, 1964, pp.122-24에 발표된 바 있다.

성의 예를 살펴보자.

『슬픈 열대』(450쪽, 190000 단어)의 저자 레비스트로스의 경우도 비슷한 결과를 보여 준다. 이 저서에는 라틴어, 이태리어, 포르투갈어, 영어, 남비크와라어(nambikwara) 등의 외국어가 약 300여개 이상 등장한다. 그중 3분의 2는 번역되어 있고, 나머지 중 절반 정도는 맥락을 통해서나 정의(定義)를 해줌으로써 이해에 어려움이 없다. 나머지는 프랑스 독자가 알고 있다고 추정되는 것으로서 차용어들이다 (drug-store, favellas, corn-belt, fazenda, placer 등등). 또 몇몇은 지역(地域)색에 대한 취향을 존중해 번역이 되지 않은 채로 인용이 되면서 애매하게 쓰이고 있지만 맥락을 통해 충분히 파악된다(식물이름, 동물이름 및 물고기이름 등등).[200]

이런 종류의 분석을 몇 개 더 나열한 후 무냉은 번역 불가능성은 신비한 것도 도깨비 같은 것도 아닌 하나의 통계적 개념이라고 결론 내린다.[201] 여기서 언어학은 무냉의 기대에 걸맞는 훌륭한 쓰임을 보여준다. 다시 말해 여기서 "언어학은 문제를 해결하는 것이 아니라 문제를 있는 그대로 보여주고, 문제들을 탈신비화하며, 번역의 계속적인 전진 운동을 증거하고" 있는 것이다.[202]

분명 무냉은 번역 불가능성 문제가 지녔다고 믿어온 형이상학적 압박으로부터의 탈출을 시도하고 있는 것으로 보인다. 여기서 우리가 물어야 할 것은 무냉의 분석의 설득력이 아니라 번역불가능성에 또 다른 차원은 없는지의 문제이다.

베르만은 번역불가능성을 두 가지 차원으로 설명한다. 그에 따르

200) Mounin, 1976, p.55.
201) Mounin, 1976, p.56.
202) Mounin, 1976, p.85,

면, 시가 번역 불가능하다고 말하는 경우 한편으로는 의미와 소리 사이의 무한한 관계 때문에 번역 될 수 없다는 것이고 다른 한편으로는 불가침(不可侵)성으로서의 번역 불가능성이 시의 진리이자 가치이기 때문에 번역되어서는 안 된다는 것을 의미한다고 한다. 베르만은 더 나아가 "번역 불가능성이야 말로 텍스트의 자기긍정 방식들 중의 하나"라고까지 말한다.[203] 아마도 무냉은 전자 차원의 번역 불가능성을 논박하는 것으로 보인다. 그런데 후자의 경우는 어떤가? 독특하고 유일한 '문자'에 들러붙어 있는 시의 시적 의미를 분리하다가는 시를 침해한다는 것이 베르만의 생각이므로 진정한 시는 그 자체로서 번역될 수 없다는 것이다. 번역가이기도 한 베르만이 수행(遂行)적 자기모순을 범하는 것일까? 어쩌면 의미 중심의 의사소통(communication) 번역론이 번역 독자나 수용자에게만 맞추어진 불균형한 의사소통이자 일방적인 의사소통이라고 보는 베르만에게서 후자 차원의 번역 불가능성의 확보야 말로 번역의 균형을 가능하게 하는 요소인지도 모른다.

어쨌든 무냉은 번역불가능성 일반을 논박 가능한 것으로 입론(立論)하고 있는데 이런 논리를 일반화해서 끝까지 밀고나간다면 어떻게 될까? 아마도 자연 언어들 사이에서는 물론이고 한 언어 내에서도 의사소통이나 메시지 전달을 근본적으로 불가능케 하는 메커니즘은 가능하지 않다는 결론에 이르게 될 것이다. 무냉은 번역 불가능성을 이론적으로 반박함으로써 모종의 이상적 의사소통 또는 이상적 메시지 전달 가능성을 전제하고 있는 것은 아닐까? 언어 간 의사불(不)통이나 번역 불가능성이 없다면, 즉 번역 작업의 권한이나

203) Berman, 2011, p.62.

권능을 벗어나는 언어의 영역이 없다면, 언어내적으로도 그런 영역이 없다는 것을 전제하는 것은 아닐까? 하지만 과연 우리가 자국어나 모국어 내에서 매번 이상적 의사소통의 상황에 살고 있는지 자못 궁금하다. 철학자 리쾨르는 다음과 같이 말하고 있다.

> 사실 파울 첼란(Paul Clean)같은 시인의 심오한 시는 서로 다른 언어 간의 차원 차원뿐만 아니라 언어 내적으로 볼 때도 형언할 수 없는 것과 언명할 수 없는 것에 근접해 있으며, 결국은 번역 불가능한 것에 근접해 있다. [......] 우리가 한 언어 내에서 형언불가능함의 영역을 접해보지 않았다면, 우리가 비밀스러움이 무엇인지, 비밀스러운 번역 불가능성이 무엇인지 알 수 있었겠는가? 이러한 영역을 접해 보지 못했다면, 사랑이나 우정과 같은 최고의 교감의 순간에 우리가 비밀스러움과 신중함이라는 자질을 통하여 친밀함속에서도 거리를 유지할 수 있었겠는가? 204)

이미 모국어 내에서 언어의 경계나 한계를 겪는 체험이야말로 이해가능성이나 표현가능성의 끝, 다시 말해 언어 내재적 번역 불가능성을 맛보는 것이 아닐까? 우리가 모국어로는 모든 것을 표현하고 이해할 수 있다고 생각하는 것은 지나치게 순진한 전제에 불과하다. 번역 실무가들이 종종 내놓은 고백은 바로 도착어 즉, 우리말과 글이 더 어렵다는 것이다.

사실 언어학자 무냉은 자신의 주저 『부정하나 아름다운 여인들』에서 뿐 아니라 『번역의 이론적 문제점』에서도 번역 불가능론을 집요하게 반박하고 있다. 번역의 성공적 사례들이 현실적으로 존재하고 또 지금도 번역이 이루어지고 있는데도 불구하고 마치 번역 불

---

204) Ricoeur, 2006a, pp.128-130.

가능론을 논파해야만 번역 작업에 뛰어들 수 있는 것처럼 이 문제에 집착한다. 무냉은 『번역의 이론적 문제점』의 서두부터 번역을 언어 간의 접촉으로 규정하는데, 결국 언어 간 접촉은 모방을 낳고 모방은 언어적 수렴을 생산한다고 설명한다.[205] 무냉은 계속해서 번역불가능성을 반박하기 위해 언어학의 지평을 넘어서 인류학이나 민족지학의 자료를 활용하기 시작한다. 개별 문명과 개별 세계관이 서로 상이함에도 번역이 가능한 것은 언어 내에서 의미 작용의 기초를 이루는 문화적이며 인류학적 보편소 개념 덕분이라는 것이다.[206] 무냉은 5가지 정도의 보편소들을 제시하고 있다.[207] 우주적 보편소(밤과 낮, 비와 바람, 땅과 하늘 등등), 생물학적 보편소(온도, 성(性), 호흡 및 배설, 등등), 심리적 보편소, 언어적 보편소(명사, 동사, 인칭 대명사 등등), 문화적 보편소(셈법, 근친상간, 타부 등등)가 바로 그것이다. 하지만 보편소에 대한 무냉의 다소 과감한 주장들은 다음과 같은 문제제기를 받을 만 하다고 본다.

무냉이 기술하는 보편소 개념을 따라가다 보면 상당히 추상적이고 애매한 수준에서 머문다는 인상을 지울 수 없다. 물론 철학에서 존재 개념이 그렇듯, 보편적 개념일수록 구체성은 결여될 수도 있겠다. 하지만 번역 불가능성 문제를 통계적으로 논박하고 번역 가능성을 이론적, 논리적으로 증명하려는 무냉의 의도에 비추어 보자면 이 보편소 개념은 상당히 개론적이고 설익어 보인다. 다시 말해 보편소가 진정한 보편소가 되려면, 그 보편성의 수준이 지구상 모든 자연언어와 문화를 아우르는 수준이 되어야 하는데 무냉의 보편

205) Mounin, 2002, p.4, 205.
206) Mounin, 2002, p.182.
207) Mounin, 2002, pp.179-207 참조.

소는 아직 그런 인식론적 지위를 가지지 못하고 단지 구상에 머무는 것이 아닌가 하는 의구심이 든다. 무엇인가를 설명해주어야 할 개념이 오히려 여전히 설명대상이 되고 있다.

4. 세 번째 테제: 번역은 의술과 같이 과학에 근거한 예술이며 그 과학이란 다름 아닌 언어과학이다.

무냉에 따르면, 번역은 언어(과)학에 기반을 둔 일종의 예술(또는 기예/기술, art)이므로 번역을 설명할 때 언어학에 대한 참조나 언급은 피할 수 없다는 것이다. 따라서 무냉의 번역론에서 '론'은 언어학적 지식이나 그 체계를 가리킨다. 물론 인류학이나 민족지학에 대한 참조가 나오지만 그것은 다분히 의도적이고 제한적인 것이었다.

그런데 이렇듯 번역을 언어학의 연구대상으로 규정하는 것이 번역담론의 학문적 성격이나 지위를 보장하는 유일한 길인지 자문해볼 필요가 있다. 왜냐하면 번역 현상이나 번역 활동 자체가 단일 학문의 테두리 내에서 고찰해야할 균질적 현상은 아닌 것처럼 보이기 때문이다. 번역이 동질적 대상이 아니라 이질적이고 복수적인 대상이라면 접근의 각도와 그에 이르는 길들도 이질적이고 복수적일 수밖에 없다. 따라서 번역을 하나의 학문으로 설명하려는 시도는 가능하지도 않고 유익하지도 않으며, 또한 다른 모든 관점을 포섭하는 포괄적 이론이나 관점을 도출하는 것도 가능하지 않을 것이다.

언어학의 기세가 등등했던 당시 상황을 감안해야 하겠으나, 무냉은 언어학의 편에 서서 번역 담론의 과학성을 확보하거나 번역담론의 이론으로서의 지위를 획득하려고 노력한다. 그러나 언어학이 아닌 다른 학문에서의 접근, 예를 들어 문학비평, 정신분석학, 철학, 사회학 및 정치학, 계보학 및 문화연구, 정보이론, 인공지능, 컴퓨터 공학 등으로부터의 접근이 불가능한 것은 아니며, 실제로도 이루어지고 있다.

여기서 우리는 번역'이론'이라는 말의 의미를 잠시 되새겨 볼 필요가 있다. 스타이너는 이론 개념을 경계하며 번역 담론, 시학이나 해석학, 미학에서 이론이라는 개념의 쓰임에는 각별한 주의가 필요하며 오히려 "그런 절차들에 대한 기술(記述)" 또는 "문제가 되고 있는 영역에 대한 구체적인 체험을 이야기하는 것, 그런 영역들을 자기 발견적이거나 모범적으로 적시(摘示)하는 작업"이 번역에 더 어울린다고 말한다.[208] 따라서 번역론에서 '론'은 자연과학에서의 이론과 같은 의미로 받아들여져서는 안 된다는 것이다. 베르만 역시 번역이 자신의 번역체험을 바탕으로 자기반성을 하게 될 때 번역학이 성립된다고 말한다.[209] 복수(複數)의 얼굴을 한 번역에게 하나의 가면만을 뒤집어씌우고 강요하는 환원주의적 태도만 피할 수 있다면 번역은 다양한 계기를 통해 다양한 방식으로 자기를 드러낼 것이다. 확고부동한 지식에의 욕망만큼이나 대상 파괴적인 것은 없다.

5. 무냉의 언어학 지상주의를 넘어서

번역철학은 번역에 대한 다양한 지식이나 앎이 존재함을 인정하고 그 종류나 의미와 한계에 대한 논의, 즉 인식론을 포함하지 않을

208) Steiner, 1998, p.21.
209) Berman, 1989, p.675.

수 없다. 무냉은 번역에 대한 언어(과)학적 접근을 자처한 사람이다. 따라서 우리는 그의 접근이 전제하는 인식론적 함의들을 관심을 가지고 살펴볼 필요가 있다.

사실 1975년 무냉은 『언어학과 철학』이라는 저서를 출간함으로써 『언어학과 번역』(1976)과 더불어 언어 및 번역에 대한 지평의 확장에 대한 기대를 불러 일으켰다. 하지만 『번역의 이론적 문제점』(1963)에서 보여준 인류학 영역에 대한 관심과 같은 것이 『언어학과 철학』에서도 생산적으로 반복될 것을 기대한 독자가 있다면 매우 실망하게 될 것이다. 잘 들여다보면 여전히 언어학에 집착하는 그의 태도는 『언어학과 철학』에서도 지속된다. 책 제목이 무색할 정도로 그의 접근은 철학과 무관해 보인다. 프랑스의 내노라하는 철학자들(리쾨르, 알튀세르, 데리다, 들뢰즈 등등)을 짧게 인용하지만 그의 비판은 신랄한 편이다. 무냉은 다음과 같이 말한다.

> 철학의 수행에 내재하는 하나의 직업병이 있는데, 실상 철학자들은 다른 사람들이 이미 형성해 놓은 현실을 바탕으로 작업하기 때문에 추상에 추상을 거듭한다. [......] 자기 자신이 좋은 실험자가 되지 못한다면 실험 과학들에 대해 철학을 수행하는 것은 아마도 불가능할 것이다. 여하간에 언어학과 관련지어서 나의 경험을 말해 본다면, 언어학이 책을 통해서 제공하는 추상물들만 가지고 언어에 대해 합당하게 말한다는 것은 어렵다는 것이다. 충분한 수(數)의 구체적인 경우들에 대한 언어학적 분석을 수행해 봄으로써만이, 엄밀히 말해 이런 유형의 분석에 대한 섬세한 지식을 통해서만이 언어에 대해 철학적으로 반성하는 것이 실제적으로 가능하게 된다.[210]

---

210) Mounin, 1975, pp.8-9.

무냉의 신랄한 지적은 언어학의 문제에 철학자들이 좀 더 친숙해져하고 좀 더 노출되어야 한다는 의미로 이해할 수 있다. 그런데 철학자들의 작업을 비판한 무냉의 말 안에 오히려 철학의 본질적 지향이 담겨져 있다. 즉, 구체를 통해 추상으로 가야 한다는 것이다. 하지만 그렇다고 해서 훌륭한 실험적 배경과 능력을 갖춘 언어학자나 물리학자만이 훌륭한 철학자가 될 수 있는 것일까? 이는 언어학자와 물리학자가 되기 위한 필요충분조건은 될 수 있을지언정, 철학자에게는 여러 개의 필요조건들 중의 하나에 불과하다. 구체와 개별 자체를 강조하는 철학이라도 그것에 머무는 철학은 없다. 철학은 구체와 함께 시작되지만 그것으로 완성되는 것은 아니기 때문이다. 언어학자가 철학자를 구체적인 것으로 초대한다면 철학자는 언어학자를 구체에서 추상으로 초대한다. 따라서 무냉같은 언어학자들도 철학의 초대에 응해야 할 것이다.

제9장

발터 벤야민 (Walter Benjamin)

1. 발터 벤야민의 파격적 번역담론

번역의 긴 역사에서 번역 활동에 대한 이론적 성찰은 늘 있어왔다. 번역 활동을 성찰할 때 시대별로 빼놓을 수 없는 텍스트들이 있게 마련인데 19세기에 슐라이어마허가 있었다면 20세기에는 발터 벤야민이 있었다 해도 과언이 아니다.

발터 벤야민은 「기술복제시대의 예술작품」이라는 텍스트로 널리 알려진 문예 이론가이자 문필가 그리고 재야 철학자이다. 그런데 번역학에서 발터 벤야민에 대해 관심을 가지는 이유는 그가 남긴 한편의 글 때문이다. 이 글은 벤야민이 프랑스 시인 보들레르의 『파리 풍경들』(*Tableaux Parisiens*)을 직접 독일어로 번역하여 출간하면서 서문으로 실었던 일종의 에세이다. 하지만 이 에세이는 훗날 벤야민 전집이 출간될 때, 별도의 부연 설명 없이 독자적으로 실려, 벤야민의 번역론을 대변하는 글로 인정받게 되었다.

그런데 이 단편적이고 압축적인 에세이에 대한 연구서나 주석을 찾아보기란 쉽지 않다. 최근 들어 『아케이드 프로젝트』 등 벤야민의 저서들이 꾸준히 번역되고 있음에도 불구하고, 국내 연구자들의 연구 논문에서는 물론 해외 연구자들에게서도 이 에세이는 집중적 탐구의 대상이 되지 못한 채이다. 벤야민의 번역론은 그의 언어이론이나 언어철학의 하위 범주로 지극히 제한적으로만 언급되고 있을 뿐이다.

「번역가의 과제」[211]는 우리말 번역본으로 15페이지에 불과한 짧은 글이지만, 읽기에 상당히 불친절한 텍스트이다. 「번역가의 과제」의 서두는 아래와 같은, 다소 충격적인 말로 시작된다.

> 어떤 예술작품이나 예술형식을 인식하는데 수용자를 고려하는 일은 결코 생산적이 되지 못한다. [.......] 그러나 정작 실제의 예술작품에서는 인간의 반응은 별로 문제시되고 있지 않은데 그 이유는 그 어떤 시도 독자들을, 그 어떤 그림도 관람자를, 또 그 어떤 심포니도 청중을 겨냥하고 있는 것은 아니기 때문이다.[212]

---

211) 우리는 필요에 따라 벤야민의 「번역가의 과제」의 불어판(*Oeuvres I. Mythe et violence*, trans. by Maurice de Gandillac, Denoel/Les lettres Nouvelles, 1971, pp.244-262)과 영어판(The Task of The Translation: An introduction to the translation of Baudelaire's *Tableaux Parisiens*, trans. by Harry Zohn, in *The Translation Studies Reader*, ed. by Lawrence Venuti, Rouledge, 2000, pp.15-23)을 참조하였다.

212) 『발터 벤야민의 문예이론』, 반성완 편역, 민음사, 1983, p.319.

이 서문을 잘 들여다보면 우리는 번역과정에서 중요하게 등장하는 많은 문제 영역들을 발견하게 된다. 우선 수용자인 독자의 문제가 제기된다. 벤야민이 말하듯 어떤 시(詩)도 독자를 위한 것이 아니라면, 어떤 번역도 독자를 위한 것이 아닐 수밖에 없다. 이 밖에도 위의 선언을 번역에 연관 지어 보면, 번역과 모국어 독자사이의 문제, 원문과 번역문 사이의 존재론적 차이와 위상의 문제, 원문 텍스트의 종류의 문제, 궁극적으로는 번역의 목적과 역할의 문제 등이 파생적으로 제기될 수 있다.

본 장에서는 상당히 난해해 보이는 「번역가의 과제」 라는 텍스트의 중요한 주장들과 테제들을 몇 가지만이라도 해명하여 이 글이 지니는 번역학적 함의와 그 언어철학적 의의를 되짚어보고자 한다.

2. 벤야민의 언어론과 번역론

벤야민의 번역에 대한 성찰을 살펴보기 전에 우선 언어 전반에 대한 그의 입장을 이해할 필요가 있다. 벤야민은 “모든 언어는 자체 내에서 자기 자신을 전달하며 가장 순수한 의미에서 전달의 중간자(das Medium)”라는 말로 자신의 언어관을 압축적으로 정리한다.[213] 단적으로 말해 언어는 다른 사물이나 지시대상을 가리키는 것이 아니라, 무엇보다도 자신을 소통시킨다는 것이 그의 주장이다. 언어가 무엇인가를 말하고 알려주는 매체라 할지라도 언어 그 자체가 의사소통적 기호 체계는 아니라는 것이다. 결국 벤야민은 언어가 단순

213) 김영옥, 「벤야민의 경험이론: 언어철학과 역사철학이 만나는 곳」, 『현대 비평과 이론』, 1994년 봄·여름호, p.163.

한 의사소통의 수단이 아니라고 주장함에 따라 언어에 기반을 둔 번역 활동 또한 의미나 저자의 의도를 전달하는 작업 이상의 것으로 보는 것임에 틀림없다. 또 그렇게 주장해야만 벤야민의 내재적인 논리와 주장에 정합적이라고 볼 수 있을 것이다. 그렇다면 앞서 인용한 「번역가의 과제」의 서두 또한 언어에 대한 벤야민의 생각과 입장에서 보자면 그다지 놀랄만한 입론(立論)은 아닐 수 있는 것이다.

이러한 벤야민의 언어론과 번역론은 언어 기호가 비록 탁월한 기호적 특성을 지녔다하더라도 시니피앙과 시니피에로 구성된 여러 기호중 하나이므로 메시지나 의미를 전달하지 않는 언어 기호란 불가능하다는 전통적인 언어학의 입장과 충돌한다. 여기서 중요한 것은 그의 이러한 언어관이 그의 번역관에 상당부분 반영되고 있다는 점이다. 번역이 두 언어 사이에서 일어나는 의미의 복원이나 의미의 포착[214]이 아니라면, 과연 벤야민은 두 언어 간의 번역에서 무엇을 옮겨야 한다고 믿고 있는 걸까?

그런데 벤야민이 의미중심 번역에 반기를 든다고 해서 그런 번역을 일괄적으로 부정하는 것으로 보기도 어려운 면이 있다. 다만 벤야민은 의미중심 번역은 번역가의 현재적 활동 양상을 지적하는 번역의 한 방식일 뿐이라고 보고 있는 듯하다. 그래서 그의 번역론을 압축해서 보여주는 이 에세이의 제목은 번역가의 과제(임무, Aufgabe)인 것이다. 벤야민은 결국 의미중심 번역에 만족하고 거기에 머무르는 번역, 어떤 지향도 없는 번역에 이의를 제기하는 것이 아닐까? 현실의 번역가가 머무르는 상태, 현실의 번역가가 만족하는 번역의 자족적 수준을 벗어나(auf-), 이를 넘어서는 것이야말로

214) Berman, 2011, p.46.

고유한 의미의 번역가가 지향해야 되는 것이 아닌가라고 벤야민은 묻고 있는 듯하다.

그렇다면 과연 「번역가의 과제」라는 에세이는 번역가의 과제에 대해 일목요연하고 정리된 목록을 보여주는가? 사실 이 질문에 긍정적으로 답하기는 어렵다. 벤야민은 몇 차례 번역가의 과제에 대한 언급을 하지만 대부분은 번역가가 아닌 번역 활동 또는 번역 행위의 과제나 임무에 대해 설명하고 있을 뿐이다. 더욱이 벤야민은 의미중심 번역을 넘어설 것을 주장하면서도 왜 이러한 번역방식을 넘어서야 하는지에 대한 구체적 논거를 제시하고 있지 않다.

3. 의미를 넘어서 어디로?

벤야민의 「번역가의 과제」가 실렸던 보들레르 시(詩)의 독일어 번역서는 겨우 500부만 인쇄되는데 그쳤으며, 이후 벤야민은 소설가 프루스트의 작품에 대한 부분적인 번역을 시도했으나, 성공적 번역가로 명성을 얻지는 못했다. 따라서 그의 「번역가의 과제」가 성공한 번역자의 글이 아니라는 점을 들어 그의 번역론을 거부할 수도 있다. 그러나 벤야민이 자신의 에세이에서 밝힌 번역 성찰이 스스로의 번역 체험에 대한 소회를 밝히는 데서 머무는 것은 아니다.

「번역가의 과제」에서 벤야민은 의사소통이나 정보전달 이상의 어떤 것을 목표로 하는 번역들이 등장하는 시기를 논하면서, 원 작품이 당대나 후대에 살아남아 명성과 명예를 획득하게 될 때 그러한 번역들이 탄생한다고 말한다. 이것은 번역이 원작품의 명성에 의존적이라는 의미로 해석할 수도 있지만, 역으로 원 작품의 명성에 번역이 기여할 수도 있음을 시사한다. 벤야민은 "번역 속에서 원작품의 생명이 거듭 지속적으로 새로워지고, 그 생명이 가장 때늦게 그리고 가장 포괄적으로 자신을 전개"할 수도 있다고 주장한다.[215] 벤야민이 번역을 원문과 동일한 것의 반복으로 보지 않고 원문의 어떤 것을 증폭하고 쇄신할 그 무엇을 담고 있다고 보는 이유는 어디에 있는 걸까? 그 이유는 원작품에서는 명시적으로 드러나지 않던 특정한 함의가 번역을 통해 그리고 번역 안에서 드러날 수 있기 때문이다.[216] 마치 하나의 조형미술작품을 감상할 때 그 작품의 주변을 돌며 다양한 각도와 구도에서 작품을 느끼듯 번역을 통해 원작에 담겨있는 다른 양상을 보게 된다는 것이다.

번역의 지향점과 번역가의 과제로 좀 더 다가가 보자. 벤야민은 에세이의 전반부에서 두 차례에 걸쳐 번역은 하나의 형식이라고 설명한다. 번역과정이 출발언어와 도착언어라는 두 언어를 무미건조하게 등치시키는 작업이 아니며, 두 언어 사이에서 의미의 전달만을 목표로 하는 작업도 아니라고 여기는 벤야민은 번역이 모든 문학 형식들 중에서 원문 언어의 성숙과정과 그 산고(産苦)에 각별하게 주목하는 하나의 문학형식[217]이라고 주장한다. 원문 언어가 세기(世紀)를 거치면서 변화하는데다가 번역자의 모국어 역시 변화하기 때문에 시대를 거쳐 우리 곁에 남은 원작품의 언어가 변화하고 성장한 과정을 음미하고 이를 단련하며 시험해내는 작업이 바로 번역이라는 것이다.

결정적으로 벤야민은 번역가의 과제가 자신이 번역어를 통해 원

215) Benjamin, 2000, pp.247-248.
216) Benjamin, 2000, p.247.
217) Benjamin, 2000, p.250.

문의 메아리를 일깨우는 것인데, 이는 의미의 복원보다는 형식의 복원을 통해서 이루어진다고 주장한다.[218] 벤야민은 여기서의 형식이 도대체 무엇인지를 구체적으로 설명하지는 않는다. 다만 문학의 작품의 본질은 포착할 수 없는 것, 신비로운 것, 시적인 것이라고 말하면서 번역가가 스스로 시작(詩作)하는 시인이어야 그 시적인 것을 복원할 수 있는 것이 아니냐고 반문할 뿐이다.[219] 이를 통해 유추컨대, 벤야민이 언급한 형식이라는 것은 시적인 것과 모종의 연관성을 가진 것으로 보인다. 어쨌든 벤야민은, 번역이 조각난 사기그릇의 파편을 하나씩 주워 그것을 다시 복원하듯 애정을 가지고 그리고 디테일한 부분까지 원문의 표현방식을 번역 언어 속에 체화하도록 해야 한다고 말한다.[220] 역으로 말하자면, 원문이 그 나름의 질적 가치와 위엄을 덜 가질수록 번역은 내용의 측면에서 의미를 전달하는 데 치중하게 되고 그렇게 의미가 번역의 지배적인 요소가 되면 형태적으로 완성도 있는 번역은 어려워진다고 보는 것이다.[221] 결국 벤야민에 따르면 좋은 번역가는 원문의 표현, 이미지, 소리가 서로 결합되는 지점까지 파고들어가는 번역가이다.[222] 이제 우리는 번역은 형식이라는 벤야민의 선언을 부분적으로나마 이해할 수 있게 되었다.

여기서 우리는 한 발 더 나아가 다음과 같이 자문할 수 있을 것이다. 단순하게 의미의 복원을 넘어서 형식의 복원에까지 진척된 번역 활동은 도착언어 또는 번역가의 모국어에는 어떤 영향을 미치는

218) Benjamin, 2000, p.256.
219) Benjamin, 2000, p.245.
220) Benjamin, 2000, p.257.
221) Benjamin, 2000, p.260.
222) Benjamin, 2000, p.260.

걸까?

벤야민의 말대로, 이국의 언어에 담긴 메시지나 의미를 전달하는 데 머무르지 않고 그 언어의 음성적, 운율적, 이미지적, 표현적 특성 등 다양한 형식적 특성들을 번역을 통해 번역가의 모국어 안에서 수용되도록 최대한 노력하는 것이 번역가의 과제라면, 모국어는 번역을 통해 수많은 낯선 언어를 접하게 되고, 그 과정에서 더욱 확장되고 심화되는 것이 아닐까?[223] 이런 의미에서 벤야민은 이미 베누티 같은 번역학자의 이국화(foreignization) 개념을 이미 오래전에 예고하고 있는 것으로 보인다.

결국 번역 활동을 통해 번역자의 모국어는 이국언어의 낯섦과 마주하게 되고, 이를 통해 폐쇄적이고 (악)순환적인 자기 동일성에서 벗어날 수 있는 기회를 제공받게 될지도 모른다는 것이 진정 중요한 사실이다. 물론 이것은 번역가의 과제나 임무가 성공적으로 성취됨에 따라 얻어지는 것이다.

4. 순수 언어의 문제

벤야민의 「번역가의 과제」의 첫 부분을 인용하며 우리는 그 인용문에서 수용자인 독자의 문제, 번역과 (모국어) 독자사이의 문제, 원문과 번역문 사이의 존재론적 차이와 위상의 문제, 원문 텍스트의 종류의 문제, 궁극적으로는 번역의 목적과 역할의 문제 등 다양한 문제에 대한 벤야민의 파격적 암시를 읽어냈다. 하지만 벤야민의 「번역가의 과제」를 읽는 독자들이 가장 곤혹스러워 할 수 있는 부

223) Benjamin, 2000, p.260.

분에 대해서는 아직 언급하지 않았다. 그것은 바로 순수 언어(reine Sprache)의 문제이다. 철학자 리쾨르는 번역이 가져다주는 시련을 언급하면서 완벽한 번역에 대한 염원과 욕망에서 순수 언어 개념을 내세운 벤야민을 비판한다.[224] 벤야민의 순수 언어라는 것이 결국, 메시아에 대한 기다림을 언어적 차원에서 재현한 것에 다름 아니라고 리쾨르는 보고 있다.[225] 순수 언어란 과연 무엇인가?

사실 벤야민의 글에서 이 개념의 앞뒤 문맥을 자세히 들여다보아도 순수 언어 자체에 대한 직접적 설명은 거의 없다. 더구나 독일 문학을 연구하는 국내 문헌들이나 번역학을 소개하는 저서[226]에서도 순수 언어는 언급만 될 뿐, 충분히 설명되지 않는다. 일단 벤야민의 텍스트에서 순수 언어가 언급된 대목들을 살펴보면 다음과 같다.

> 진정한 번역은 투명하다. 진정한 번역은 원문을 은폐하거나 방해하지 않는다. 오히려 그렇기보다는 자기 스스로의 매개를 통해 한층 강화된 순수 언어를 원문위에 보다 더 온전한 방식으로 내려앉도록 한다.

> 무겁고 낯선 의미로부터 순수 언어를 해방시키고 상징화하는 것을 상징된 것으로 만들어 내고 그런 형태를 지닌 순수 언어를 일반 언어의 운동 속에 재통합시키는 것, 바로 이것이 번역의 막중하고 유일한 능력이다.

> 더 이상 아무것도 의미하지도 않고 표현하지 않는 그러나 무표현적이면서도 창조적인 순수 언어........

224) Ricoeur, 2006a, p.87.
225) Ricoeur, 2006a, p.87.
226) Munday, 2006.

번역가의 과제란 다른 언어 속으로 추방당한 순수 언어를 자신의 언어 안으로 되가져오는 것이며, 작품 속에 잡혀 있는 순수 언어를 원작의 재창조를 통해 해방시키는 것이다.[227]

적어도 위의 인용문들에서 파악해낼 수 있는 것은 번역의 지향 또는 번역가의 과제란 두 언어, 다시 말해 출발언어(원문)와 도착언어(모국어)에만 관계되는 일이 아니고 제3의 언어(순수 언어)와 밀접한 관련을 가진다는 점이다.

벤야민이 번역을 상이한 두 언어 간에 의미를 수평적으로 이동시키는 것이라고 보지 않았다는 점을 우리는 여러 차례 강조했었다. 따라서 제 3언어의 수직적 개입이 필요하다는 것이다. 왜 그런 생각에 이르게 되었을까? 언어 기호의 구성 요소 중에 내용, 의미, 시니피에보다는 형식, 소리, 시니피앙에 중요성을 부여하는 벤야민의 번역론은 의미들 간의 보다 일반적이고 보편적인 이동과 전이에만 만족하지 못한다. 그래서 다른 언어들의 형식적 및 형태적 요소에 개방적이고 이를 모국어 안에 수용하려는 의지를 강하게 비춘다고 볼 수 있다. 벤야민은 그리스어나 영어를 독일어화하는 것을 우려하며 오히려 독일어를 힌두어화, 그리스어화[228]할 것을 추천하며, 성서 번역가인 루터, 희랍비극을 번역한 횔덜린을 칭찬하고 있다.

사실 현실의 자연 언어들은 그 의미론적 장 뿐 아니라 소리나 구문도 극도로 다양하여, 이들 중 어떤 부분은 특정 언어로 환원 불가능하다. 따라서 이런 불일치나 불협화음적 요소를 초월적 자리에서 매개하고 조정할 제 3언어를 상정하는 것이야말로 어쩌면 당연한

227) Benjamin, 2000, p.256, 258, 259.
228) Benjamin, 1983, p.331.

발상인지도 모르다. 그래서 순수 언어의 '순수'라는 형용사는, 마치 철학자 칸트(Kant)의 순수이성과도 같이, 그 안에 한 치의 경험적 요소나 사물 대상적 속성을 가지지 않는 어떤 것, 개별 자연 언어의 경험적 의미나 경험적 대상 또는 그런 의사소통을 전혀 포함하지 않는 어떤 것을 의미하는 것으로 보인다. 순수 언어는 아직 인간이 경험적으로 사용해본 언어가 아니며, 만약 사용 했다하더라도 바벨 이전의 언어일 수 있다는 신학적 가정에서 자유롭지 못한 언어일 것이다.

문제는 순수 언어가 어떤 구체적인 과정과 계기를 거쳐 실제의 두 언어 번역에 개입될 수 있을지에 대해 벤야민이 전혀 설명하지 않는다는 것이다. 순수 언어는 번역의 과정에서 외화(外化)되기를 기다리는 잠재적 언어이기도 하면서, 동시에 출발언어와 도착언어 사이의 위대한 조화를 통해 달성되기도 하는 이상적 언어이기도 한 것처럼 보인다.[229] 독일어와 그리스어 사이에서 횔덜린 같이 뛰어난 번역가가 구현해 낼 수 있는 언어가 순수 언어라면 그것은 희귀하고 고귀한 언어임에 틀림없을지라도 그만큼이나 실현해내기 어려운 언어임에 틀림없다.

벤야민이 번역가에게 부여하고자 하는 과제는 무엇이며, 번역가는 무엇 때문에 그러한 과제를 수행해야 하는 것일까? 우리가 삶을 살면서 유토피아를 꿈꾸듯, 벤야민 역시 번역과 번역가가 이를 수 있는 파라다이스를 그려본 것일까? 문제는 벤야민이 우리에게 보물섬에 대한 이야기를 남겼을 뿐, 그 섬에 이르는 지도는 남겨놓지 않았다는 것이다.

229) Benjamin, 1983, p.332.

제10장

조지 스타이너 (George Steiner)

1. 스타이너의 『바벨 이후 *After Babel*』: 가장 많이 언급되고, 가장 덜 읽힌 책

스타이너는 번역학계에서 종종 언급되고 인용되지만 오히려 가장 덜 연구되고 가장 덜 읽힌 저자 중 하나이다. 언뜻 보기에 스타이너의 처지는 발터 벤야민의 그것과 비슷해 보이나, 그 이유는 사뭇 다르다. 스타이너의 주저 *After Babel* [230]은 문학 연구가들 사이에서뿐만 아니라 번역학 연구자들 사이에서도 꼭 읽어야 되는 텍스

230) Steiner, G., *Après Babel: une poétique du dire et de la traduction*, trans. by Lucienne Lotringer & Pierre-Emmanuel Dauzat, Albin Michel, 1998. 영어 원전은 *After Babel: aspects of language & translation*, Oxford University Press, 1998(19751). 이하에서는 불어판의 페이지를 따른다.

트로 언급되고 왕왕 인용되지만 이 저서에 대한 연구서나 논문은 의외로 적을 뿐 아니라, 평가도 극도로 엇갈린다. 무냉이 이 책이 출판된 지 얼마 후에, "언어에 대해서도, 번역에 대해서도 더 이상 쓰여서는 안 될 책의 전형"이라고 혹평한 것 정도를 언급할 수 있겠다.[231] 또한 핌은 2001년 7월 스페인 타라고나(Taragona)에서 열린 세미나에서 스타이너를 두고 "번역을 인간 조건의 빠질 수 없는 한 영역"으로 만든 사람으로 묘사하면서도 "한 인간이 책을 너무 많이 읽었을 때 어떤 일이 일어나는지"를 보여준 사람으로 묘사한다.[232] 어떻게 보면 불어, 영어, 독일어를 모국어처럼 구사하고 해당 문학이나 철학을 그만큼이나 자유롭게 접근하고 활용하는 이 학자의 저서를 읽으면서 독자들이 느끼는 바를 핌이 너무나도 잘 묘사하고 있는지도 모른다.

핌과 무냉의 스타이너에 대한 평가를 한 마디로 요약한다면 자료와 인용과 논증의 방대함으로부터 오는 당혹감이다. 실제로 이 책은 '번역의 시학'이라는 부제를 달고서도 몇 백 페이지나 지나서야 번역에 대한 본격적인 논의와 논증들이 등장하기에, 상당한 인내심이 없이는 읽어내기 어렵다. 이 당혹감이 많은 사람을 침묵하게 했을지도 모른다. 과연 당혹감 이후에 스타이너에 대해 무엇을 이야기할 수 있을까?

본 장에서는 다음의 세 가지 물음을 중심으로 스타이너의 번역학적 성찰을 살펴보고자 한다. 첫째, 스타이너는 언어 일반을 어떻게 이해하고 있는가? 둘째, 스타이너의 성찰이 번역학에 줄 수 있는 시

---

231) Mounin, 1976, pp.259.
232) Pym, A., "Contempory Theories of Translation", Taragona, 2001.

사점은 무엇인가? 셋째, 스타이너의 번역론을 철학적 맥락에서 어떻게 자리매김할 수 있을까?

2. 스타이너는 언어 일반을 어떻게 이해하고 있는가?

이 질문에 답하기 위해서 우리는 *After Babel*의 프랑스어 번역서의 부제를 자세히 들여다 볼 필요가 있다. 이 책의 부제를 한국어로 옮겨보면 '말하기의 시학과 번역의 시학'이다. 여기서 '시학'(詩學)이라 함은 특정 문학 장르에 한정된다기보다는 언어가 사태와 사물을 주조하거나 생성시키는 방식이나 그 관계성을 다루는 분야를 폭넓게 지칭하는 것으로 이해해야 할 것이다. 특히나 시학(poétique)이라는 말의 그리스적 어원이 poeisis, 즉 만들다, 창작하다 라는 의미를 가진다는 점에서 더욱 그렇다. 스타이너의 언어론은 한 마디로, 시학의 특성을 반영하는 것임에 틀림없다. 무리한 일반화의 오류를 무릅쓰고 우리는 그의 언어론을 아래와 같은 두 가지로 정리할 수 있겠다.

첫째, 인간의 언어는 눈앞에 있는 대상을 기술하거나 지시하는 것에 머무르지 않고, 지금 눈앞에 있지 않은 것을 담아 낼 수 있는 능력을 가지고 있다. 스타이너는 이를 세계에 대한 반(反)-사실적 명제 혹은 반(反)-명제를 만들어 내는 인간 언어의 능력이라고 말한다.[233] 스타이너는 인간이 존속할 수 있는 것은, 눈앞의 현실에 대해 '아니오'라고 부정하면서 만약(if)의 세계, 인간이 꿈꾸거나 의지하거나 기대하는 다른 허구들, 타자성의 허구들을 축조할 하는 것

233) Steiner, 1998, p.19, 53.

을 가능케 하는 언어 덕분이라고 주장한다.[234)]

둘째, 인간의 언어는 지극히 다양한 모습으로 존재한다는 것이다.[235)] 사실 매우 평범해 보이는 이 테제는 스타이너로 하여금 촘스키(Chomsky)의 변형생성문법을 줄곧 반박하게 하는 근본적 신념 중의 하나이다. 스타이너는 보편적 언어의 그늘로 회귀하려는 그 어떤 시도도 반대하며 개별 자연 언어의 중요성을 강조하는데 그 이유가 의미심장하다. 스타이너는 "한 언어가 사라진다면 동시에 하나의 가능한 세계가 사라지는 것"이며, "신화, 시, 형이상학적 구축물, 법 등의 이름으로 우리에게 알려진 것을 발견하게 하는 무한한 잠재성, 현실을 재구성하는 무한한 잠재성, 꿈을 표현할 수 있는 무한한 잠재성"을 잃게 될지 모른다고 말한다.[236)]

물론 이상의 주장들로부터 직접적으로 그의 번역관을 도출해 내기는 쉽지 않다. 다만 그가 설명하는 대로, 세계라는 것이 끝나지 않는 경계를 가진 지평(地坪)이고 자연 언어들은 제각기 그 넓디넓은 지평의 한 구역을 그려내는 지도와 같은 것이라면, 하나의 지도와 또 다른 지도 사이의 이해를 매개하는 것이 바로 번역일 것이다.[237)] 지도상의 서로 다른 영역들 간의 소통은 바로 언어 간(間)적 번역에 해당되며, 동일한 영토 내에서 오래 전에 그려진 부분과 최근에 그려진 지도 사이의 독법(讀法)이나 이해는 언어 내(內)적 번역에 해당될 것이다. 따라서 자연 언어들 간의 번역이든 한 언어 안에서의 번역이든 늘 일정한 이해의 운동이 요구된다는 점에서 스타이너는 망

234) Steiner, 1998, p.19.
235) Steiner, 1998, p.19.
236) Steiner, 1998, p.19.
237) Steiner, 1998, p.81.

설임 없이 "이해하는 것이야 말로 바로 번역하는 것이다"[238](Comprendre, c'est traduire)라는 말로 자신의 주저를 시작하고 있는 것이다.

3. 스타이너의 번역론

스타이너의 번역론 전반을 이해하기에 앞서, 우리는 그가 체계적 번역 이론을 제시하는 것을 목표로 삼고 있지 않음을 염두에 둘 필요가 있다. 스타이너는 이론이라는 개념을 경계하며, 자신의 번역론은 자연과학에서의 '이론'과 같은 의미로 받아들여져서는 안 되며 오히려 하나의 정밀예술에 해당하는 것으로 보아야 한다고 주장한다.[239]

과연 정밀예술이란 무엇인가? 사실 스타이너는 이 정밀함의 개념이 철학자 비트겐슈타인(Wittgenstein)으로부터 빌려 온 것이라고 언급할 뿐, 상세한 설명을 제시하지는 않는다. 그런데 자연과학의 명제만이 참인 명제라고 말하기도 했던 비트겐슈타인에게 있어서, 정밀은 자연과학적 의미에서 '필연적'이라거나 '검증을 통과했다'는 의미일 것이다.[240] 하지만 앞서 언급했듯이, 구체적 번역행위나 체험을 더 적절하게 해명하는 것이 스타이너적인 번역론이라면, 이 정밀함의 개념을 번역학이나 번역론에 그대로 적용하기는 어려워

238) *Après Babel* 의 1장 제목이 바로 이것인데 여기서 스타이너는 풍부한 예를 통해 한 언어로 쓰인 텍스트의 소통이나 이해가 번역의 문제와 다르지 않음을 부각시키고 있다.

239) Steiner, 1998, p.401.

240) Wittgenstein, L., 『논리-철학논고』, 이영철 옮김, 책세상, 2006, p.48.

보인다. 우리는 정밀예술로서의 번역론을, 본래의 출발어가 지시하고자 하는 사태(事態)를 가장 고유하고, 가장 적합한 방식으로 묘사하는 번역론 정도로 이해할 수 있겠다.

이제 스타이너 번역론의 핵심 단계로 들어가 보자. 스타이너는 번역을 일종의 해석학적 운동으로 정의하고, 이러한 운동을 신뢰를 토대로 한 도약의 단계, 침략의 단계, 결합의 단계, 상호성 또는 회복의 단계 등 네 단계로 구분하여 설명한다.[241)]

첫 번째 단계인 신뢰를 토대로 한 도약의 단계란 무엇인가? 이는 번역자가 번역 대상이 되는 텍스트 안에 무엇인가가 있음에 틀림없다는 믿음을 가지고 번역 작업에 착수하는 시점을 지칭한다. 달리 말해 번역자는 원문 안에 아직 탐험해보지 못한, '다르게' 말하는 방식이 존재하고 있음을 믿기에 번역을 시작한다는 것이다. 물론 스타이너는 번역가가 텍스트 안에 존재한다고 믿는 그 무엇이 '아무것도 의미하지 않는 것'일 수도 있으며, 반대로 '모든 것'일 수도 있다는 두 가지 위험을 인정한다.[242)]

그런데 여기서 우리는 하나의 의문을 가지게 된다. 위에서 스타이너는 번역 대상이 되는 텍스트를 이해되거나 번역되기를 기다리는 수동적 대상으로 묘사하고 있다. 능동적으로 텍스트에 다가가는 것은 번역자이다. 이러한 관점은 번역자와 번역 대상 텍스트 사이를 지나치게 불균형하게 다룬다는 의심을 받기에 충분하다.[243)] 오히려 텍스트가 번역자를 요구하는 상황을 상상해 볼 수는 없을까?

241) Steiner, 1998, p.401.

242) Steiner, 1998, p.404.

243) Nield, E, Translation is a two-way street: a response to Steiner. *Meta*, 34(2), 1989, p.231.

텍스트와 언어 일반을 포함하는 세계는 이미 의미로 충만한 세계이다. 따라서 이러한 상징적 의미세계는 의미를 탐색하려는 관찰자나 인식자의 인식론적 작업에 선행한다. 관찰자는 오히려 의미 세계에 던져진 존재가 아닐까? 다시 말해 번역가가 텍스트를 발견한다기보다는 텍스트가 번역자를 부르는 것은 아닐까?

두 번째 단계는 침략이다. 이는 텍스트 안으로 침입해 들어가 무엇인가를 추출하는 단계를 의미한다. 텍스트 안의 그 무엇에 폭력을 가하고 병합해 내는 이러한 침략의 단계를 설명하면서, 스타이너는 이 개념을 하이데거의 현존재(Dasein)가 사물을 이해하고 파악하고 해석하는 방식에서 빌려 오고 있다고 밝힌다. 하이데거는 인간 현존재가 하나의 사물을 늘 '...... 으로서'[244] 이해하고 파악한다고 하였는데, 이런 이해 및 파악 그리고 동일시의 과정을 스타이너는 불가피하게 사물에 대한 공격으로 귀결되는 방식이라고 묘사한다. 나와는 다른 실체나 사물을 이해의 과정을 통해 나에게 병합시키는 것이다. 이는 번역의 과정에도 동일하게 적용되어 사람들은 어떤 것을 '....... 으로 번역'한다. 따라서 번역은 어쩔 수 없이 원전에 대한 침략이자 공격인 것이다.[245]

여기서 우리는 스타이너의 하이데거 인용이 상당히 자의적이라는 점에 주목해야 할 것이다. 다시 말해, 하이데거는 사물을 생활세계의 실천적 관심에서 '...... 으로서' 간주하는 것을 공격이나 침입으로 말하기 보다는, 근대 과학기술의 발전이 내포하는 태도를 가리켜 그것이 자연과 사물을 '닦달(Ge-stell)'한다고 말하기 때문이

244) Heidegger, M.,『존재와 시간』, 이기상 옮김, 까치, 1998, p.207.
245) Steiner, 1998, p.405.

다.[246] 이때 닦달은 대상과 존재를 옴짝달싹 못하게 묶어두고 그렇게 단적으로 취급하는 것을 말한다. 또한 닐드(Nield)가 지적한 대로, 텍스트와의 관계가 침입과 병합이 아닌 애정어린 공감(empathy)일 수도 있는 것이다.[247]

세 번째 단계는 결합의 단계이다. 이는 번역자에 의해 탈취된 그 무엇이 도착어 텍스트 속에 동화되고 현지화되는 단계를 가리킨다. 스타이너는 "그 어떤 언어도, 그 어떤 전통적 상징체계도 자기변형의 위험을 감내하지 않고서는 이국의 요소들을 자기화 할 수 없다"고 설명한다.[248] 스타이너가 말하는 변형의 방향은 두 가지이다. 첫째가 성찬(聖餐) 이나 육화(肉化)의 경우처럼 이국의 텍스트를 동화시켜 자신이 풍부해지고 풍요로워지는 변형이다. 두 번째 변형은 '감염'의 경우인데, 이국적인 것에 대한 완전한 거부는 아니지만 모방이나 흉내를 내면서 대응하는 변형이라고 설명하며, 18세기 신(新)고전주의나 동양풍의 영어(pidgin)를 예로 든다.[249] 자국과 이국 텍스트 사이의 변증법이 이상적 균형을 이루는 것은 선험적으로 가능하지 않기 때문에, 이국의 힘과 정서적 자원에 의해 정복당하고 불구가 될 수도 있다는 것이다.[250] 바로 그러한 이유로 해석학적 운동의 마지막 단계인 '보상'이 이루어져야 하는 것이다.

네 번째 단계인 보상은 상호성의 단계 또는 회복의 단계이다. 스타이너는 텍스트들 사이에 균형을 만들어내는 것이야말로, 번역기

246) Heidegger, M., 『기술과 전향』, 이기상 옮김, 1993 참조.
247) Nield, 1989, p.240.
248) Steiner, 1998, p.406.
249) Steiner, 1998, p.406.
250) Steiner, 1998, p.407.

술과 번역윤리의 핵심이라고 주장한다.[251] 원천텍스트는 번역을 통해 어떤 상실이나 파괴를 겪게 되기 때문에 번역에 대해 거부감을 보일 수도 있다. 그러나 어떤 의미에서는, 원천텍스트가 번역될 가치가 있는 텍스트의 반열에 들어선다는 것 자체가 원전에 위엄을 더하게 하기도 한다. 따라서 어쩌면 번역자가 원전을 강탈함으로써, 도착어 텍스트는 원전의 단순한 투사라기보다는 오히려 빛을 발하는 거울과도 같은 역할을 하게 된다고 스타이너는 설명한다.[252]

진정한 번역은 원전이 본래 가지고 있던 내재적 장점들을 돋보이게 한다. 번역문이 원전보다 뛰어난 경우, 우리는 번역문을 통해서 원전 스스로도 자각하지 못했던 보고(寶庫)들을 발견하게 되는 것이다. 물론, '절대적 균형, 동어반복이 아닌 반복'은 결코 도달할 수 없는 없는 이상(理想)으로 고백되지만 이런 이상을 향하는 해석학적 운동의 과정에서 '동등성의 요구'가 보다 분명 드러난다고 할수 있다.[253] 바로 이런 의미에서 원전에 대한 번역이나 해석이 완전에 가까울수록 그것은 반복이자 동시에 혁신이며, 독창적인 반복인 것이다.[254] 결국 스타이너는 반복이 번역의 가장 수순한 본질이라고까지 말한다.[255]

여기서 스타이너는 자신의 독특한 충실성(fidélité) 개념을 다음과 같이 설명한다.

251) Steiner, 1998, p.408.
252) Steiner, 1998, p.409.
253) Steiner, 1998, p.410.
254) Steiner, 1998, p.62.
255) Steiner, 1998, p.526.

번역가, 해석자, 독자가 자신의 텍스트에 충실하게 되고, 이름에 걸맞은 신뢰를 가지게 되는 때는, 텍스트에 대해 병합적인 이해가 불러일으키는 불균형, 즉 (텍스트들 사이의) 힘과 총체적 현전의 불균형을 복원하려고 노력할 때이다.[256]

바로 이런 충실성을 통해 아마도 스타이너는 전통적인 직역/의역, 가독성/충실성의 대립구도에서 벗어나고자 했던 것이 아닐까?

4. 스타이너 번역론의 철학적 함의

사실 본 장에서의 논의는『바벨 이후』의 5장 1부에 대한 논의에 집중되어 있다. 해석학적 운동에 관한 나머지 부분에서 스타이너는 다양한 문학번역의 사례들을 심층적으로 분석해 나간다. 본 장에서는 이 논의를 세세하게 따라가기는 어려우므로, 스타이너의 번역학적 성찰이 가지는 해석학적 측면들을 보다 구체적으로 부각시키는 것으로 만족하고자 한다.

하이데거는 이미 해석학적 '...로서' 구조가 인간 현존재가 가지는 '이해' 활동의 본질임을 아래와 같이 설명한 바 있다.

> 이해된 것은 언제나 이미 그것 자체에서 그것의 '그 무엇으로서'가 두드러지게 부각될 수 있는 방식으로 접근 가능하다. '으로서'가 어떤 이해된 것의 명시성(明視性)을 형성하고 있다. [......] 어떤 것을 다루면서 가장 가까운 사물들을 소박하게 봄은 자체 안에 근원적으로 해석의 구조를 지니고 있기에, 어떤 것을 '으로서' 없이 파악하는 것이 오히려 일정한 태도의 전환이 필요할 정도이다.[257]

256) Steiner, 1998, p.410.

스타이너는 하이데거를 인용하며 “하나의 존재는 타자와 대면함으로써만 자기규정(自己規定)된다”고 말한다.[258] 여기서 우리가 물어야 할 것은 자아와 비(非)자아, 존재와 비존재, 동일자와 타자, (인식)주체와 (인식)대상, 이해하는 자와 이해된 것 등등의 짝 개념군들이 스타이너의 번역론에 어떤 공명을 남기고 있는지이다. 결국 하이데거를 인용한 스타이너를 통해 우리가 묻게 되는 것은 바로 이것이다. 하나의 언어(모국어)는 다른 언어(외국어)를 ‘무엇으로’ 간주하는 것일까? 번역문은 원문을 번역문을 어떻게 받아들이며, 이를 어떤 것으로 간주하고 대우하거나 처리해야하는가?

결론적으로 스타이너는 두 언어 사이의 행 대응 번역이 역사적으로나 실천적 차원에서는 거친 절차일 수밖에 없다고 보지만, 행 대응(번역)이야 말로 해석학적 시도상 최고의, 그러나 달성할 수 없는 목표라고 설정한다.[259] 이런 의미에서 스타이너는 벤야민을 인간 언어의 아담적(adamique) 조화를 간파한 유일한 인물로 말하고, 횔덜린 같은 시인을 그것을 가장 가깝게 실현한 인물로 본다.[260] 에즈라 파운드(Ezra Pound) 역시 중국어를 잘 알지 못한 상태에서도 이런 투명한 번역, 즉 번역문을 통해 원문의 형태와 구조를 그대로 보고 느낄 수 있는 번역을 시도한 인물로 소개된다. 이런 지경에 이르면 실상 번역문은 원문에 ‘필요불가결’하게 된다고 말할 수 있는데,

---

257) Heidegger, 1998, pp.206-207.

258) Steiner, 1998, p.409.

259) Steiner, 1998, p.417. 스타이너의 언급을 이어서 들어보자: “그러나 개념적으로 엄밀하게 착안된 이런 행 대응 및 단어 대 단어 번역은, 비록 우리가 경험적으로 도달할 수 없을지라도, 개별 언어들 사이에서 총제적인 이해와 재생산, 그리고 절대적인 투명성을 구현해 내는 번역인 것이다.”

260) Steiner, 1998, p.417, 439, 452.

스타이너는 파운드 같은 시인이자 번역가가 보여주는 "타자에게로 스며 배어드는 능력이야 말로 번역가적 기예가 지닌 마지막 비밀"[261]이라고 규정한다. 그런데 사실 그런 능력의 비밀을 어떻게 발견하고 배양할 수 있는지야말로 더 중요하지만, 이것은 여전히 비밀로 남아 있으며 스타이너가 침묵하는 바로 그것이다. 반면 그런 다른 언어에서 유래하는 낯섦에 대해 친숙해 지는 정도를 결정하는 요소로서 스타이너는 '선별적 친화성'과 '환원불가능한 저항 요소'라는 두 가지 개념을 제시한다.

우선 '선별적 친화성' 개념이란 일종의 데자뷔(déjà-vu)[262]같은 것인데, 어떤 사람이 다른 나라에 오기도 전에 이미 와본 것처럼 친밀하게 느끼는 것과 같은 것으로 스타이너는 설명한다. 마찬가지로 번역자가 어떤 원문 텍스트를 번역하기로 선택했다면 자의적이거나 임의적인 것이 아니라 어떤 면에서 그 텍스트가 그와 친숙하기 때문이라는 것이다.[263] 그런데 모든 언어와 모든 텍스트와 친숙할 수 없기 때문에 그 친화성이 선별적인 것은 납득할 수 있지만, 왜 하필 '그' 언어와 '그' 텍스트를 친숙하게 느끼는 것인지를 스타이너는 분명하게 설명해 내지는 못하고 있다.

두 번째 개념인 '환원 불가능한 저항적 요소'는, 철학자 들뢰즈의 '차이'인, 타자와 관계하지 않는 차이 그 자체(différence en elle-même) 혹은 즉자적 차이[264]라기보다는 다른 텍스트와 다른 언어와 관계에서 여전히 남은 '상호적'인 차이인 것으로 보인다. 다시

261) Steiner, 1998, p.433, 486.
262) Steiner, 1998, p.512.
263) Steiner, 1998, p.512.
264) Deleuze, 2004, p.85.

말해 이국언어의 낯섦이란 도착언어의 친숙함 안으로 온전히 환원될 수는 없으나, 그 자체로서 낯섦으로 남아 있기 보다는 친숙함과의 변증법을 기꺼이 받아들이는 낯섦인 것이다. 따라서 이 차이는 자국적인 것, 친숙한 것, 내게 속한 고유한 어떤 것을 새롭게 체험하게 하는 차이인 것이다.

여기서 궁금한 것은 스타이너의 번역론을 결정짓는 중요한 요소인 선택적 친화성과 환원 불가능한 저항요소가 서로 어떤 관계를 맺느냐의 문제이다. 스타이너의 말을 직접 들어보자.

> 좋은 번역은 침투불가능성과 침입 사이, 환원 불가능한 낯섦과 자국적인 익숙함 사이의 변증법이 해소되지 않은 채로 존속하되 그것이 여전히 표현되는 번역이다. 가치 있는 번역이 지니는 빛나는 낯섦이란 두 언어 공동체, 두 역사 공동체의 근접성에 따라 변화하는, 저항과 친숙성 사이의 긴장을 자양분으로 한다. 이런 낯섦이 빛의 원천인데, 왜냐하면 우리가 그 낯섦을 인정하기 때문에, 다시 말해 우리 자신의 것으로 재인(re-connaît)하기 때문이다.[265)]

다시 말해 원문은 완전히 지양(止揚, Aufhebung)되지도 않으며 또한 그럴 필요도 없는 것이다. '이해하는 것이 바로 번역하는 것'이라는 스타이너의 근본 테제에 대한 앞서의 설명에서 잠시 보았듯이, 스타이너 역시 하이데거와 마찬가지로 이해나 해석이 인간 인식활동의 일부가 아니라 오히려 존재론적 근본 상황이자 인간 현존재의 우선적 토대라고 인식하고 있다. 이국의 언어는 나의 언어에 의해 늘 '.......으로서' 파악되며, 나의 언어 역시 이국의 언어에게 늘 그렇

265) Steiner, 1998, p.530.

게 파악된다. 스타이너는 이렇듯 다른 하나의 언어로 완전히 환원되지 않으면서 쉼 없이 이해와 번역의 왕복을 하는 것이 언어의 본래적 운명이라고 보고 있다.

제11장

폴 리쾨르 (Paul Ricoeur)

1. 리쾨르의 번역 성찰

프랑스의 대표적 해석학자 리쾨르의 번역에 대한 성찰을 담은 『번역론-번역에 관한 철학적 성찰』[266]의 원전인 *Sur la traduction*[267]은 리쾨르가 1997년과 1999년 그리고 2001년 쓴 세 편의 논문을 묶어서 2004년에 출판한 책이다. 따라서 리쾨르가 본격적으로 번역 문제에 관심을 가지게 된 것이 1990년대 후반부터라고 유추할 수도 있겠으나, 리쾨르에게 번역 활동이 가지는 철학적 의미와 자리를 되새겨본다면 꼭 그렇지만도 않다. 리쾨르 자신이 학자로서의 첫

266) Ricoeur, 2006a.
267) Ricoeur, P., 2004.

발을 내딛은 것이, 후설의 *Ideen I* 에 주석을 달아 번역 출판한 *Idées directrices pour une phénoménologie*[268]였다는 것은 이미 알려진 사실이다. 더구나 리쾨르의 번역작업은 지극히 열악한 조건에서 이루어졌다. 2차 대전 중 독일의 한 수용소에서 후설의 원전 문장 사이사이에 촘촘하게 번역문을 써내려가는 리쾨르의 모습을 상상해 보라.

철학자, 특히 해석학자에게 번역이 왜 그토록 중요했을까? 우리는 번역 활동이 가지는 철학적 지위를 논하기 위해, 우선 번역 활동과 해석활동과의 연관성을 살피는 작업에서 출발하고자 한다. 적어도 현상적 차원에서 우리는 다음의 몇 가지 사실들을 확인할 수 있다.

첫째, 번역학의 연구 대상인 번역행위와 해석학의 연구 대상인 이해 및 해석은 공히 언어 일반 또는 인간의 언어활동에 근거하고 또 그것을 대상으로 하고 있다는 점이다. 다만 번역이나 해석 뿐 아니라 문학 비평이나 언어학 등 다양한 분과들도 언어를 다룬다는 점에서 이 공통점은 좀 더 해명될 할 필요가 있다.

둘째, 음소, 의미소, 형태소와 같이 문장 혹은 담화의 하위 단위를 연구대상에 포함시키는 언어학과 달리 번역학과 해석학은 단어와 문장을 거치되 최종적으로는 텍스트 혹은 작품이라고 말하는 상위의 대상을 관심대상으로 한다. 물론 언어학을 중심으로 번역학에

---

268) 국내에는 『순수 현상학과 현상학적 철학의 이념들』(최경호 옮김, 문학과 지성사, 1997)로 번역되어 나왔고 리쾨르의 불역판은 *Idées directrices pour une phénoménologie* (Gallimard, 1950)라는 이름으로 출간되었다. 본래 이 번역은 리쾨르의 박사학위 논문(*Philosophie de la volonté I*, Aubier, 1950)의 부(副)논문으로 제출되었던 것이다.

접근하는 연구자들은 이견을 제시할 수도 있겠으나, 대체로 번역이라는 행위가 단어나 문장 차원에서만 이루어지는 것이 아니라는 점에 대해서는 점차 합의가 이루어져 가고 있는 것이 사실이다. 아무리 짧은 한 줄의 시(詩)나 경구를 번역하거나 해석한다 해도, 그것은 이미 하나의 독립된 텍스트로서 다루어지는 것이다.

셋째, 번역학과 해석학은 언어나 텍스트를 그 주요 연구대상으로 삼되, 궁극적으로는 언어의 의미, 텍스트의 의미를 그 지평으로 삼는다. 혹자는 여기서 번역학과 해석학이 공히 의미를 대상으로 삼는다는 설명에 반박할 수도 있다. 번역이 주로 두 개 이상의 언어들 사이에서의 일어나는 의미의 전달 문제에 천착하는 반면, 해석은 주로 한 언어 내에서 발생하는 이해의 문제를 다루므로, 두 학문에서 의미의 성격 자체가 다르다고 볼 수도 있다. 실제로 서로 다른 언어들 간의 차이, 그리고 언어 간의 변환에서 발생하는 현상들을 경험과학적으로 설명하려는 시도가 주류를 이루고 있는 오늘날의 번역학은 한 언어 내에서의 의미발생과 그 해명을 기술적(記述的)으로 취급하는 해석학과 어느 정도 거리를 유지해 온 것이 사실이다. 하지만 외국어에서 모국어로 오는 과정을 다루든 혹은 모국어 내에서의 이해 문제들 다루든, 해석이나 이해 과정의 과정을 통과하지 않는 번역활동이나 언어적 표현활동이 불가능하다는 점에서, 번역학과 해석학이 어느 정도의 공통분모를 가진다는 사실은 부정하기 어려워 보인다.

그런데 해석 활동과 번역 활동은 언어, 텍스트, 의미라는 공통의 토대보다 더 근본적인 것을 공유하고 있다. 무엇보다도 두 활동이 언어를 다루는 한, 언어의 지향적(指向的) 상관자들, 즉 언어가 자신을 벗어나 향하는 사물, 대상, 사태 또는 세계와의 관계를 제거하고서는 제대로 이해될 수 없다는 것이다. 따라서 언어의 의미, 텍스트의 의미가 도달하고자하는 최종적 지향점을 고려해보고, 언어 사용자인 인간으로 하여금 새로운 언어 사용의 영역과 장(場)을 부추기고 자극하는 것이 무엇인지를 고민해 볼 필요가 있다. 본 장에서는 이를 위해, 리쾨르가 자신의 『번역론』에서 여러 번 언급한 하나의 문장을 곱씹어 보고자 한다.

리쾨르는 『번역론』에서 여러 차례에 걸쳐, 번역 행위를 '같은 것을 다르게 말하는 것'[269](dire la même chose autrement)이라고 설명한다. 과연 같은 것은 무엇이며, 다른 것은 무엇인가? 그리고 같은 것을 다르게 말한다는 것은 어떤 의미인가?[270]

2. '같은 것'과 번역

문학 언어와 같이 예외적인 경우, 언어가 외부의 어떤 것을 지시하지 않고, 스스로 안에만 머무는 자기지시(自己指示)적 속성을 가질 수도 있다. 그러나 일반적으로 언어는 항상 무엇에 대한 언어일 수

269) Ricoeur, 2006a, p.121, Ricoeur, 2004, p.45.

270) 움베르토 에코(Umberto Eco)가 2006년 이와 유사한 제목의 저서 *Dire presque la même chose-Expérience de traduction* (Editions Grasset & Fasquelle)을 출판한다. '거의 같은 것을 말하기'라는 제목의 이 책 서문(p.7)에서 에코는 흔히 번역을 다른 언어로 같은 것을 말하는 것으로 규정하는데 이의를 제기하며, '같은'도 '것'도, 심지어 '말하기'조차도 그 의미하는 바를 규정하기 어렵다고 주장한다. 참고문헌에 리쾨르의 『번역론』이 있는 것을 보면, 에코는 리쾨르와 유사한 문제의식을 공유하는 것으로 보인다. 더욱이 그가 '충실성'의 문제를 '단어 대 단어'의 문제가 아니라 그 단어들이 열어주는 '세계 대 세계'의 문제로 보는 것은 리쾨르나 베르만의 그것과 상당히 유사하다.

밖에 없으며 언어 외부에 존재하는 실재와 완벽하게 단절된 언어를 상상하기란 어렵다. 따라서 언어를 기반으로 하는 해석이나 번역 역시 언어 외부에 존재하는 그 무엇과 모종의 관계를 가질 수밖에 없다. 물론 이 관계는 검증의 관계일수도 대응의 관계일 수도, 일치의 관계일수도, 더 나아가 유비나 발견, 창안의 관계일 수도 있다. 여하튼 번역을 '같은 것을 다르게 말하는 것'이라고 할 때 '같은 것'은 앞서 언급한 언어 외부의 사물, 대상, 사태 또는 세계를 의미하는 것이라고 이해할 수 있겠다. 사물, 대상, 사태 또는 세계라는 개념들 사이에 존재하는 미묘한 철학적 거리에 대한 논의는 칸트를 비롯한 많은 서양 근대 철학자들뿐만 아니라 비트겐슈타인과 하이데거 같은 현대 철학자들을 참조할 수 있겠지만 여기서는 일단 보류하자. 이것들 모두는 불어의 chose, 영어로는 thing[271)]에 해당하는 절묘한 우리말 번역어 '것' 안에 다 포섭될 수 있을 것이다. 문제는 '같은'이라는 형용사이다.

눈앞에 동일한 하나의 사과를 두고, 한국인들은 '사과', 영어권 화자는 'apple', 프랑스어권 화자는 'pomme'라는 서로 다른 기표를 사용한다. 이러한 직접적 지칭의 상황에서 세 화자는 서로 같은 것에 대해 말한다는 것을 의심하지 않으며, 이 경우 사과를 apple 로, 혹은 pomme를 사과로 번역하면 대다수의 번역이 목표하는 효율적 의사소통에도 큰 문제가 없어 보인다.

그러나 즉물적, 직접적 지시의 차원이 아닌 다른 차원, 예를 들어 그 사과를 보고 생기는 느낌이나 인상, 감흥을 서술하는 차원에서

271) Ricoeur, 2004의 영어판 *On Translation* (trans. by Eileen Brennan, Routledge, 2006), p.25을 참조.

그 사과는 우리에게 '같은 것'으로 현상하지 않는다. 같은 것이 없다고 말하기는 어렵지만, 그렇다고 같은 것이 누구에게나 같은 방식으로 나타난다고 말하기도 어려운 것이다. 따라서 우리가 같은 것을 이렇듯 다르게 말할 수밖에 없는 이유는 같은 것이 존재하지 않기 때문이라기보다는 같은 것의 존재 방식 또는 현상의 방식이 각자에게 다르기 때문이다. 이렇듯 그 방식이 매번, 매 순간, 그것도 각자에게 다르다면 우리가 다르게 말하고, 다르게 해석하고 심지어는 다르게 번역하는 것은 지극히 당연한 것이 아닐까? 하나의 사물을 관찰하게 될 때 사물의 속성들 자체는 변함이 없다고 해도, 그 사물이 우리에게 현상하는 특징들은 매 순간 다를 것이기 때문이다.

그렇다면 사물들이 매 순간 우리에게 다르게 인식되는 이유는 무엇일까? 어쩌면 사물 안에 없던 어떤 것이 갑자기 생겨난다기보다는, 그동안 주의를 끌지 못했던 어떤 것이 우리에게 새로이 다가오는 것이 아닐까? 언젠가 가보았던 장소를 다시 찾아갔을 때 느끼는 색다름, 예전에는 무심하게 들었던 교향곡의 한 소절을 다시 들었을 때의 새로운 느낌 등을 떠올려 보자. 하나의 풍경도, 한 소절의 음악도, 하나의 그림도, 단번에 그 모든 양상들과 측면들을 드러내지는 않는다. 그래서 리쾨르는 세계와 대상이 무궁무진[272]하며 우리의 현재적 지각을 넘어선다고 말했던 것이다.

세계가 무궁무진하다면 하나의 대상에 대한 이해와 해석 역시 무궁무진할 수밖에 없다. 프로이트는 좀 다른 맥락에서 '끝없는 분석'을 말한 바 있고, 가다머 또한 사후에 수정되거나 재고될 수는 있을지언정 '선입견' 또한 긴 이해의 첫 단초 혹은 전제와 같은 것이라

272) Ricoeur, 1950, p.147.

고 말한 바 있다. 하나의 선입견은 이후 우리의 이해가 달라지면서 다른 판단으로 끝없이 대체된다는 것이다. 그렇다면 해석이나 번역의 대상으로서의 텍스트 또한 번역자나 해석자가 단번에 파악할 수 있는 대상은 아닐 것이다. 동일한 텍스트에 대한 재번역과 재해석이 부단히 시도되고 있는 이유는 과거의 번역이나 해석이 불완전했기 때문이라기보다는, 텍스트가 번역자나 해석자에게 내보이는 애매성이나 중의성(重義性) 때문일 것이다. 외부의 사태가 우리에게 나타나는 방식이 매 순간 각자에게 다르다면, 그것에 대해 기술해 놓은 언어적 집적물로서의 텍스트는 가중(加重)적으로 중의적일 수밖에 없지 않을까? 본래 다의(多義)적인 사태와 세계를 역시 다의적 그물코인 언어로 기술하려 할 때, 복잡성은 가중될 수밖에 없는 것이다. 하지만 여러 층위의 다의성에도 불구하고 세계에 대한 이해와 해석이 늘 이루어지고 또 부단히 그 언어적 표현물인 텍스트에 대해 번역이 이루어지고 있다는 것은 그 다의성들이 의사소통이나 메시지 전달을 불가능하게 하는 조건으로 작동하는 것이 아니라 의사소통의 일방성이나 폐쇄적 자족성을 제한하고 규제하는 조건으로 기능한다는 반증이 아닐까? 오히려 이러한 다의성이 의사소통 자체에 구조적으로 부재한 여백과 빈자리를 마련해주는 것은 아닐까?

이상에서 설명한 것처럼, 번역 활동의 최종적인 심급이 세계의 다의성에 근거하고 있다고 전제한다면, 적어도 시간의 발생적 차원에서는, 세계 > 언어를 통한 그 이해와 해석 > 자연 언어들 간 번역이라는 부등호 관계가 설정될 수도 있겠다. 하지만 이런 주장을 뒤집어서 역방향의 논증이 가능할 수도 있다. 다시 말해 궁극적으로는 하나의 자연언어로 번역되거나 표현되지 않는 탈(脫) 언어적 이해나 해석은 없으며, 그런 이해와 해석을 틀에 담지 않는 세계의 양상이나 현상들은 없을 것이며, 있다 해도 우리가 인식하거나 파악할 수는 없다는 논증도 가능하다는 것이다.

다시 우리의 주제로 돌아가 보면, 번역이 같은 것을 다르게 말하는 것이라 할 때, 같은 것이라 함은 그 자체로 자명한 것은 아닐지언정, 없는 것 또는 있지 않은 것은 아니다. 하지만 있는 것 또는 존재하는 것과는 다른 것, 다시 말해 존재하지 않는 것도 허다한 것이 우리가 사는 이 세계가 아닌가? 예를 들어 거짓말은 없는 것을 꾸며낸 말이고, 상상력 또한 없는 것 또는 현존하지 않는 것에 대한 능동적인 구성능력에 다름 아니다. 따라서 같은 것의 범주에 즉자적으로 현존하는 대상만을 포함시킬 수는 없을 것이다. 이렇게 되면 이해나 해석 또는 번역의 장은 훨씬 복잡해지고 광범위해진다.

3. '다르게'와 번역

번역이 같은 것을 '다르게' 말한다 함은 구체적으로는 '다른 언어로' 말함을 의미한다. 우리는 어쩌면 같은 것을 지구상에 존재하는 자연 언어의 수만큼 다양하게 (혹은 다르게) 말할 수 있을 것이다. 그리고 이러한 언어의 다양성이야말로 번역이라는 활동이 현상의 차원에서 존재하게 된 근본적 배경일수도 있다. 또한 언어의 다양성으로 인해, 번역은 우리에게 하나의 의무나 과제로 부과된다. 다시 말해 누군가 왜 번역이 필요하냐고 물으면, 우리는 서로 다른 언어들이 존재하기 때문이라고 답할 수 있을 것이다.

이제 이러한 언어적 다양성이 함의하는 철학적 의미를 좀 살펴보고자 한다.

개별적 종(種)에 속한 동물들도 나름의 언어(혹은 기호)를 가지고 소통한다는 점은 이미 많은 연구들에 의해 증명되었다. 더 이상 동물들이 주고받는 소리를 소음으로 간주하는 사람은 없다. 인간 언어의 다양성과 이에 따른 필연적인 번역 활동을 동물 언어와 짤막하게 비교하고 있는 한 학자(Marcel Hénaff)의 주장은 주목할 만하다. 그에 따르면 침팬지같은 동물의 경우 다른 지역에서 살다온 이방 침팬지가 토착의 수용 그룹의 침팬지들과 거의 시간차 없이 바로 소통이 가능하다고 한다. 또한 이방 침팬지가 토착 그룹의 관용적 신호들을 빠르게 자신의 것으로 채택함으로써 새로운 환경에 언어적 문제없이 쉽게 정착한다고 한다.[273] 이를 통해 우리는 적어도 단일한 동물 종 안에서 그들이 사용하는 언어들은 비교적 단일하고 보편적이라고 유추할 수 있다. 만일 이 가정이 사실이라면, 생물학적 존속과 욕구 충족에 필요한 적응 외에, 별도의 번역행위는 동물들에게는 없다고 봐야만 할 것이다. 다시 말해 인간의 다양한 언어들이 서로 소통 될 때 겪는 다의성이나 애매함, 또는 낯선 언어가 주는 시련 따위는 그들에게 없다는 것이다.

인간세계와 대비되는 이러한 동물 언어의 단일성은 언어적 타자나 문화적 타자의 낯섦에 끝없이 부딪히며 살아가야 하는 우리 인간들의 현실과 대조를 이룬다. 사실, 인간은 언어나 문화가 이질적인 한 지역이나 국가의 사람들을 절멸시키고 말살시키려는 충동을

273) Hénaff, M., La condition brisée des langues: diversité humaine, altérité et traduction, *Esprit*, 323, Mars-Avril, 2006, p.77.

역사를 통해 수차례 드러내 보였다. 그런 의미에서, 여러 언어가 만나고 여러 문화가 다양한 층위에서 대립하고 만나는 현재의 지구촌 상황에서 보자면 해석이나 번역이 지닐 수 있는 윤리적 지평 또는 정치적인 역할을 조심스럽게 모색해야 하는 때가 바로 지금인지도 모른다.

그동안 많은 학자들은 지구상에 이토록 많은 언어들이 존재해야 하는 이유를 궁금히 여겨 왔다. 생물학적 종으로서의 인간은 서로 현저한 개별성과 차이를 보여주지 않음에도 불구하고, 현재 지구상에는 오육천 개의 언어가 존재한다.[274] 하나의 보편 언어가 가져다줄 편리함을 부정하듯, 그토록 많은 언어들이 존재하는 이유는 무엇일까? 지배적인 외국어를 배우기 위해 비주류 언어권의 사람들이 들이는 노력과 수고를 생각해보면 이렇듯 수많은 언어의 존재는 확실히 비효율적이고 비생산적이다. 그래서 보편적이고 완전한 언어에 대한 탐구를 통해 완벽한 번역에 대한 이상이나 꿈을 시도해 본 사람들이 적지 않았다. 성경 속 바벨 이야기를 두고 인간에 대한 신의 저주 또는 분노로 해석하는 사람들이 동경하는 것 역시 그런 원초적 언어가 아닐까? 하지만 리쾨르는 성경에서 문제의 대목을 자세히 언급하면서 그 어디에도 그런 다양한 언어의 확산을 언어적 재앙이나 신의 처벌로서 기술하고 있지 않다고 반박한다.[275] 언어적 분화와 분산에 대한 어떤 비난이나 통탄, 비판[276]도 담겨져 있지 않다는 것이다. 따라서 인간의 언어가 그다지도 많이 다양하게 나누어지게 된 것은 흔히 생각하듯 인간의 도전에 대한 신의 분노 때

274) Steiner, 1998, p.92.
275) Ricoeur, 2006a, pp.109-113.
276) Ricoeur, 2006a, p.113.

문이 아니라 삶의 본래적 모습이 그와 같이 되어 있다는 것이다. 이런 의미에서 번역은 오래전부터 있어왔던 것이기도 하지만 앞으로 계속 이루어져야할 하나의 과제인 것이다.

다르게 말한다는 것은 결국, 일차적으로는 서로 다른 두 언어가 대면하는 사태를 표현하는 것이기도 하고, 이차적으로는 한 언어가 가지는 최소한의 자기 동일성이 다른 언어의 이타성을 어떻게 대우하느냐를 언급하는 것이기도 하며, 마지막으로는 이국언어가 주는 체험이 수용언어인 모국어에 어떤 지평을 열어나가는지에 대한 것일 것이다.

따라서 우리는 그것이 자연언어이건 인공 언어이건 혹은 원초적 언어이건 하나의 독점적이고 지배적인 언어의 출현에 반대한다. 왜냐하면 이것은 '다르게' 말하는 것을 포기하고, '한 가지 방식으로만' 말하게 되는 파국으로 우리를 데려갈 것이기 때문이다.

4. '말하는 것'과 번역

같은 것을 다르게 '말한다'고 할 때, '말하다'라는 동사의 의미를 글이 아닌 '말'을 하다라는 의미로만 설명하기는 어렵다. 번역은 통역의 상황과는 다르므로 여기서의 말하기는 오히려 문어로서의 말하기[277]에 더 가까워보인다. 구어로서의 말하기와 문어로서의 말하기는 번역 상황에서 뿐만 아니라 해석의 상황에서도 큰 차이를 보

277) 정확히 말하면 이때 말하기란 인간 고유의 능력으로서 사물과 대상 또는 세계를 언어기호 일반과 연결시키고 이를 언어적으로 표상하거나 재현시키는 능력 전반을 가리키는 것으로 간주해야 할 것이다.

인다. 그것은 구어에서 화자의 의도와 발언의 의미는 문어에서 저자의 의도와 텍스트의 의미와는 다른 위상을 점하기 때문이다.

우선 서로 다른 화자들이 직접 서로 말을 나누는 상황에 대해 생각해 보자. 이런 상황에서는 이해의 어려움을 불러일으키는 단어나 표현은 대화자들 사이에서 몇 번이고 다시 해명될 수 있다. 따라서 발화자의 의도는 그 발화의 언어적 의미를 해석하거나 파악하는데 결정적인 역할을 하게 된다. '제가 말하려던 것은 그게 아니라' 라고 다시 설명하면 된다. 한마디로 발화자의 의도는 발화 내용의 의미를 결정하는 최종적 심급으로 여겨지며 일반적으로 대화에 참여하는 사람은 발화자의 의도와 발언의 언어적 의미 사이에 일치와 동일성이 전제되어 있다고 믿는다. 이러한 전제가 없이는 화자들이 서로를 신뢰할만한 대화 상대자라고 여기지 않을 것이며 결국 대화 자체가 어려워 질것이기 때문이다. 그래서 구어의 상황 속의 발화자 A와 발화자 B사이의 의미 문제는 그 발화를 통해 그들이 말하고자 하는 바와 원칙적으로 다르지 않다. 물론 구어의 상황에서 오해와 이해 그리고 그 사이의 순환 같은 것이 존재하지 않는 것은 아니다. 하지만 대화의 상황에서 있을 수 있는 오해는 화자와 청자의 직접적 대면과 지체 없는 물음 및 답변의 교환을 통해 원칙적으로 풀릴 수 있다.

말이 아닌 글로 된 텍스트의 경우 사정은 달라진다. 특히 서로 다른 언어 체계에 속하는 시니피앙들을 다루는 번역의 상황은 문어로서의 글이 가지는 해석학적 문제를 비껴갈 수 없다.

번역에서의 '말하기'와 관련하여 우리는 몇 가지 핵심 개념들을 검토해 보고자 한다.

첫째는 '저자의 의도'라는 개념이다. 번역학이나 해석학에서 종종 우리가 '말해야' 하는 것은 텍스트에 담겨 있는 저자의 의도라는 설명을 만나게 된다. 번역자와 해석자가 텍스트를 번역 혹은 해석하는 과정에서 저자의 의도를 완전히 파악하여야 한다고 말하는 것은 기본적으로 저자의 의도를 텍스트의 의미와 동일한 것으로 보는 것이다. 그런데 이러한 전제는 단지 작업가설에 불과하다. 많은 경우 저자의 의도는 명확히 규명되기 어려우며, 설령 저자의 의도를 밝혀낼 수 있다 하더라도, 텍스트를 단지 저자의 의도에 따라 번역하거나 해석하는 것은 텍스트가 가지고 있는 시·공간적 거리의 문제, 그리고 최종적 의미 부여자인 독자의 지위나 역할을 간과하는 것이 된다. 새로운 삶의 자리(Sitz im leben)에서 새로운 번역이나 해석이 요구되는 것은 너무도 당연한 것이 아닌가? 재번역이나 재해석의 빈번한 출현은 그런 배경에서 이해되어야 하지 않을까? 번역해야 할, 또는 해석해야 할 텍스트는 저자(의 의도)로부터 끊임없이 탈(脫)맥락화하면서 번역자나 독자의 상황 속으로 재(再)맥락화되어야 하는 것이 아닐까? 저자에 반하는 해석이나 번역을 해야 한다는 것이 아니라 그것과는 다른 의미를 텍스트가 지닐 수밖에 없는 문제의 상황에 정직하게 대응해야 하지 않을까?

둘째는 텍스트의 '의미'라고 말할 때 의미라는 말이 가지는 함의이다. 의미라는 것의 철학적 위상을 설명해 내는 작업은 간단치 않다. 하나의 텍스트 안에서 특정 단어가 가지는 의미는 그 시니피앙을 포함한 훨씬 포괄적인 맥락에 의존한다. 이는 해당 단어가 속해 있는 문장이나 문단일 수도 있고, 해당 텍스트 전체 혹은 세계라고 부르는 맥락 전체일 수도 있다. 이러한 부분과 전체의 해석학적 순환은 이해의 과정에서 뿐만 아니라 번역의 과정에도 마찬가지로 적용된다. 따라서 번역에서의 의미라는 것도 단어나 문장의 차원에서만 결정되는 것은 아니다. 물론 텍스트가 고유하게 가지고 있는 개별적 구조들은 해석에서건 번역에서건 꼭 밝혀내야 할 중요한 것이다. 리쾨르 역시 텍스트 해석에서 텍스트의 구조적 측면과 텍스트를 이루는 담론적 형식이나 형태들에 대한 분석의 필요성을 여러 차례 강조하고 있다.[278] 그러나 우리가 간과하지 말아야 할 것은, 의미라는 것이 시공간의 변화에도 불구하고 변하지 않는 그 무엇으로 남는 이데아 같은 것은 아니라는 것이다. 의미는 손실되기도 하고 증감되기도 하고 억압되기도 하고 훼손되기도 하고 발굴되기도 하고 심지어는 부재하거나 비어있기도 한 어떤 것이다. 게다가 두 언어 사이에서 메시지나 의미의 전달을 번역의 진정한 본질로 간주한다면 본래 그 시니피에가 뿌리박혀 있던 시니피앙은 별 고려의 대상이 되지 못한다. 의미와 시니피에가 시공간적으로 보편적인 차원에서 보존되고 구현된다는 입장에서는 하나의 자연언어가 지니는 특정의 요소들, 특히 형식적 및 형태적 요소들은 도외시 되는 것이다. 그래서 베르만이나 벤야민은 번역의 진정한 대상은 의미 자체가 아니라 그 의미와 분리 불가능하면서도 그것의 담지자인 시니피앙, 문자(lettre)라고 말한다.[279] 이런 접근은 의미가 주어지고 결정되는 또 다른 중요한 차원을 보여준다는 점에서 큰 의의가 있다.

---

278) Ricoeur, P., *Du texte à l'action-essai d'herméneutique II*, Seuil, 1986, pp.120-123. 『텍스트에서 행동으로』, 박병수·남기영 편역, 아카넷, 2002, p.135 이하 참조. 보다 자세한 논의는 윤성우, 2004의 제4장(언어와 주체: 텍스트 해석학을 중심으로)을 참조할 것.

279) 특히 Berman, 2011을 참조할 것.

하나의 텍스트는 애초의 환경과 다른 세계에서 읽혀지고 번역되기 마련이다. 저자가 글을 쓰는 순간 독자가 부재하듯이, 텍스트의 해석이나 번역의 순간에 저자는 종종 부재한다. 몇 세기 전에 쓰인 텍스트를 읽는 경우, 그 텍스트가 본래 가지고 있었던 직접적 지시관계는 모두 사라져 버리고, 텍스트를 마주한 독자나 번역자는 그들이 속해 있는 새로운 현실 안에서 텍스트의 의미를 추적한다. 그리고 그 새로운 현실 안에는 번역자나 해석자 뿐 아니라 번역발주자, 출판사나 고객, 기관 등 다양한 주체들이 개입하여 번역과 해석 작업에 영향을 미친다.

결국, 같은 것을 다르게 말한다는 것은 같은 것을 독창적으로 반복'[280](répétition originale)하는 것이다. 그런데 왜 우리는 해석자나 번역자에게 '저자'로서의 권위를 부여하기를 꺼리는 것일까? 이것은 원문이 번역문보다 존재론적으로 우월하다는 모종의 전제 때문이 아닐까? 그리고 해석이 존재론적 질서에서 창작보다 못한 것으로 간주하는 믿음 때문이 아닐까? 이 믿음은 원문이나 창작물 외의 모든 것을 그것의 복제품이나 모방으로 여기는 플라톤주의적인 입장에서 못 벗어나는 것이 아닐까? 하나의 사물이 그 자신 이외에 다른 것이 될 수 없다는 세계관에서는 번역이나 해석은 고유한 자리를 차지하기 어려울 것이다. 그런데 과연 사물이 우리에게 주어지는 그 순간, 자신이 가진 모든 측면과 양상을 일거에 드러내는 것일까? 하나의 텍스트가 가지는 의미가 독자나 번역자에게 단번에 종결(終決)적으로 주어지는 것일까? 사물이든 텍스트이든 그 의미는 이해의 순환 안에서 감추어지기도 하고 드러나기도 하는 생성과 성

280) Steiner, 1988, p.62.

장의 과정을 겪어 나가는 것이 아닐까?

5. 번역과 해석, 그 같음과 다름

우리는 본 장에서 번역과 해석 사이의 관계를 분명하게 구별하지 않고 서로 밀접한 관련이 있는 활동으로 간주하고 논의를 전개 시켜 왔다. 번역과 해석은 얼마나 같고 얼마나 다른가?

리쾨르는 미국 시카고 신학대학의 교수이자 구약성서학자인 앙드레 라콕(André LaCoque)과의 대화를 담아 *Penser La Bible* 281)라는 제목의 책을 펴낸 바 있다. 동일한 성서 원문에 대해 출애굽기 3장 14절 "ehyeh aser ehyeh" (I Am Who I Am/ sum qui sum)에 대한 라콕의 주석에 리쾨르는 다음과 같이 답변을 시작한다.

> 순수한 번역이란 없다. 내 말은 본문의 수용 역사, 즉 역사 스스로가 곧 해석의 역사라는 사실을 피할 수는 없다는 것이다. 번역은 이미 해석이다. 이것은 올브라이트, 챠일즈, ... 라콕 자신도 피해나갈 수 없는 한계이다. 이들은 모두 읽기와 해석의 긴 역사에 참여한다. 여기서 우리가 명확히 해야 할 것은 이런 주장이 꼭 학문적인 주석에 대한 비판은 아니라는 점이다. 반대로 다른 번역, 다른 해석을 위한 노력은 수없이 많은 전승과의 씨름을 통하여 그 힘을 이끌어 낸다. 현대의 주석학자들은 우리와 같은 사람들이다. 그들은 역사의 끝자락에서 연구하고 심사숙고 한다. 이런 점에서 주석이 전통적인 해석의 중재 없이도 본문의 원래적인 중요성, 심지어 저자의 추정된

281) Ricoeur, P., *Penser La Bible*, Seuil, 2003. 우리나라에서는 이 저서의 영문판(*Thinking biblically : exegetical and hermeneutical studies*, The university of Chicago Press, 1988)이 『성서의 새로운 이해: 주석학과 해석학의 대화』(김창주 옮김, 살림, 2006)라는 제목으로 번역되어 나왔다.

의도와 일치할 수 있다고 믿는 것은 주석의 순진한 주장일 것이다.[282)]

모든 번역은 이미 해석을 포함하고 있다는 의미에서, 번역은 순수하지 않다. 다시 말해 선입견이나 오해가 전혀 없는 번역이란 존재하지 않는다는 것이다. 해석의 긴 역사에 동참하지 않는 번역이란 있을 수 없을 것이다. 하나의 개념에 대한 이해, 예를 들어 존재(einai, esse, être, sein)라는 개념이 단순히 존재자를 의미하는 것인지, 존재자의 존재(존재하는 것들의 '있음')를 가리키는지, 존재의 방식을 뜻하는 것인지, 혹은 중세 시대의 최고 존재자인 신(神)을 뜻하는 것인지는 그 개념을 둘러싼 긴 해석의 역사에 참여하지 않고서는 진정으로 이해되지도 번역되지도 못할 것이다.

282) Ricoeur, 1988, p.336.

제12장 앙트완 베르만 (Antoine Berman)

1. 베르만은 왜 플라톤주의를 비판하는가

본 장에서는 프랑스의 번역철학자 앙트완 베르만[283]의 언어론와 번역론을 다루고자 한다. 특히 베르만이 번역이라는 현상을 통해 언어의 본질에 어떤 식으로 다가갔는지를 보여주고 이것이 가지는 함의를 철학적, 번역학적으로 음미해보고자 한다.

베르만의 작업을 철학적 사유 혹은 번역철학으로 규정하는 것에

283) 베르만은 앞서 소개한 저서(『낯선 것으로부터 오는 시련: 독일낭만주의 문화와 번역』, 『문자와 번역: 먼 것의 거처』)외에 유고작인 *Pour une critique des traductions: John Donne* (Gallimard, 1995)을 출간한 바 있고, 슐라이어마허의 1823년 강연인 *Des différentes méthodes du traduire* (Seuil, 1999)를 번역한 바 있으며, 이외의 다수의 논문들과 번역물이 있다.

반대할 이는 별로 없을 듯하다. 반면 언어철학이라는 명칭은 어떤가? 언어철학을 언어에 대한 일관되고 체계적인 성찰과 사유로 정의한다면 그의 사유를 언어철학으로 규정하기에 큰 무리는 없어 보인다.

베르만의 언어에 대한 성찰은 1986년 번역학 전문학술지 *Meta* 에 발표된 그의 논문[284]에 잘 드러난다. 프랑스어로 쓰여진 이 논문의 제목은 '번역의 플라톤주의적 본질'이다. 이 논문의 제목만 보고 플라톤이 번역에 대해 명시적으로 논했을 것이라고 추측해서는 안된다. 베르만은 감각계와 가지(可知)계, 개별자와 보편자를 구분하는 플라톤의 형이상학이 오늘날의 언어관 및 번역관에 지대한 영향을 미치고 있다고 보고, 번역에 대한 이러한 플라톤적 입장을 강도높이 비판하고 있다.

베르만은 플라톤 형이상학에서 바라보는 언어와 번역을 다음과 같이 설명하고 있다. 우선 플라톤의 형이상학은 감각적인 것과 비감각적인 것, 개별적인 것과 보편적인 것, 신체와 영혼을 구분한다. 플라톤에게서 철학함의 본질은 전자에서 후자로 이행하는 것이다. 플라토니즘을 언어에 적용시켜 보면, 모든 자연언어 역시 감각적인 부분과 비감각적인 부분으로 구분된다. 언어에서 감각적인 부분이란 소리와 문자일 것이고, 비감각적인 부분이란 의미작용과 의미가 된다.[285] 사실 언어의 구성요소를 이렇게 구분하는 것 자체가 문제는 아니다. 문제는 플라토니즘의 본질이 비감각적인 것에 존재론적 우위를 둔다는 데에 있다. 따라서 의미는 소리나 문자보다 더 많은

---

284) Berman, A., L'essence platonicienne de la traduction, *Revue d'Esthétique*, 12, 1986, pp.63-73.

285) Berman, 1986, p.64.

존재성을 가진 것으로 파악되며, 자연언어의 복수성에도 불구하고 변하지 않고 영원한 것은 의미이지 소리나 문자가 아니라는 시각이 바로 플라토니즘에서 파생되는 것이다.

보편자와 불변자를 추구하는 플라토니즘에 따르자면 언어와 그 구성요소에서 본질적인 것은 명백하다. 시니피앙은 언어마다 다 다르고 개별적이어서 진정한 고려의 대상이 되지 못한다. 개별언어들로부터 독립적으로 존재하는 시니피에만이 동일하며 보편적으로 존재하는 것으로 여겨진다. 심지어 언어기호는 동일한 시니피에를 간직하면서도 상이한 여러 시니피앙들을 대체하거나 교환할 수 있는 성질을 가지는 것으로 여겨지기도 한다. 이것이 플라토니즘에 입각한 언어론이라고 볼 수 있다.

사실 이상에서 개괄한 베르만의 플라톤적 언어관 분석은 그 자체로 새로운 것은 아니다. 오히려 중요한 것은 이러한 언어관이 번역에 어떤 함의를 가지는지를 베르만이 포착해 냈다는 데에 있다. 플라토니즘에 따르면 의미(비감각적인 것)는 문자(감각적인 것)로부터 분리될 수 있으며, 또 그래야만 언어에서 참되고 본질적인 요소인 의미가 변화하지 않고 보존된다. 그런데 이러한 플라톤적 구분 덕택에 번역이 가능해진다. 즉, 다양한 자연 언어적 외피들이나 외관들은 사멸할 수밖에 없지만, 인간 언어를 언어이게 하는 불변적 요소는 의미이기에 번역은 서로 다른 언어들의 상이성을 무시하고 이 불변적 요소들만 옮겨내면 되는 것이다. 다시 말해 언어 차원에서 모든 개별적이고 우연적인 요소를 제거하고 남는 불변적이고 보편적인 것을 다른 언어로 옮기는 작업이 바로 번역의 본질이 되는 것이다. 이제 우리는 베르만이 이러한 관점을 왜 '형-이상학적

(meta-physique) 운동으로서의 번역'으로 규정했는지를 이해하게 된다. 플라톤주의적 언어관으로 번역을 바라보게 되면, 번역의 소임은 특정언어의 개별성이나 특이성에 주목하는 것이 아니라, 그것들을 넘어서서(meta, trans, tra, Über) 개별언어 간 소통이나 전달을 가능하게 하는 보편적인 의미를 찾는 것이 되고 그 귀결은 바로 의미중심적 번역론이 되는 것이다.

번역의 맥락에서 언어를 논할 때, 언어는 의미와 문자, 기의와 기표라는 양상 말고도 출발어와 도착어라는 또 다른 중요한 양상을 가지게 된다. 그런데 플라토니즘에 기반한 의미 중심적 번역에서는 출발언어와 도착언어에서 의미-문자 관계, 기의-기표 관계는 다르게 나타난다. 즉 출발언어에서 의미는 문자에 밀착되어 있다.[286] 왜냐하면 원전에서 의미가 문자와 맺는 관계는 고유하고도 일회적인 것이기 때문이다. 예를 들어 셰익스피어의 『햄릿』에서 의미와 문자 사이의 관계는 워낙 밀착되어 있어서 또 다른 『햄릿』을 꿈꾸기란 불가능하다. 카프가의 『변신』 역시, 저자에 의해 단 한번 유일하게 쓰여졌을 뿐이다. 따라서 베르만의 표현을 빌자면, 출발언어에서 우리는 문자의 법칙의 지배를 받는 것이다.

반면, 도착언어, 번역언어에서는 의미와 문자는 출발언어에서처럼 밀착되어 있지는 않아서 원칙적으로 언제든 재번역이 가능하다. 번역은 어떤 경우에도 원전이 갖는 유일회성, 대체불가능성의 지위는 얻지는 못하는 것이다. 베르만이 설명하듯, 우리가 카프카를 재번역할 수 있고, 또 그래야 하지만 그의 작품을 다시 쓸 수는 없으며 그래서도 안된다.[287] 따라서 플라토니즘에 입각한 번역론에서

286) Berman, 1986, p.66.

도착언어는 의미의 전달을 위한 담지자의 역할을 하는 것이지, 출발어에서 의미가 거주하는 문자의 담지자의 역할을 하는 것이 아닌 것이다. 특히 도착언어의 차원에서 보자면, 보편자로서의 의미만이 구원되어야 하고 개별자로서의 문자는 열등한 것이므로 포기해야 할 대상이 되는 것이다.

물론 모든 텍스트(원전)에서 의미가 문자에 밀착되어 있는 것은 아니다. 베르만이 염두에 두고 있는 원전은 주로 문학적, 미학적 텍스트, 한마디로 작품들이다. 플라톤적 입장에서는 이러한 작품으로서의 텍스트는 거의 이데아(eidos)와 유사한 지위를 가지게 된다. 이데아가 그러하듯, 원작도 항구성 또는 비사멸성, 불가침성, 유일성, 불변적 존재성[288]을 가지는 것이다. 반면 이데아의 지위에 오르지 못한 감각적인 것들의 속성이 그러하듯, 원작의 번역은 원전과는 반대로, 사멸적이고, 변형가능하며, 가변적인 어떤 것으로 간주된다. 한마디로 원작으로서의 작품은 본받아야 할 모델로서 불변의 우월한 지위를 누리는 반면, 원작의 번역으로서의 작품은 단지 번역이라는 이유로, 원전의 투사나, 모사품, 복제품으로 간주된다는 것이다. 바로 이러한 인식이, 번역이 원문보다 존재론적으로 열등하다는 오랜 믿음을 낳았던 것이다. 그리고 이러한 믿음은 심지어 넓게는 서양의 번역담론, 좁게는 번역학 내부에서도 계승되어, 번역물 자체가 가지는 존재론적 자율성은 종종 무시되고, 번역은 원전에 종속적이고 부차적인 산물로 여겨지게 된다. 문화사는 물론이고 문학사에서도 그동안 번역이 가졌던 주변적 위상이나 암묵적 평가절

287) Berman, 1986, p.67.
288) Berman, 1986, p.72.

하가 플라톤적인 번역론과 무관하지 않음을 밝혀낸 것이 바로 베르만의 작업이 가지는 의의라 할 수 있겠다.

2. 베르만의 언어철학과 번역철학

앞서 우리는 베르만이 플라톤주의에 입각한 번역론을 어떻게 비판하는지를 살펴보았다. 이제 우리는 베르만이 이런 공격과 비판을 통해 어떤 번역론을 제시하는지 물어야 할 것이다. 베르만은 구체적 개별자의 복권을 주장한 아리스토텔레스적 번역론을 제안하고자 하는 것인가? 이러한 물음에 대한 답변의 방식은 여러 갈래일 수 있겠으나, 본 장에서는 베르만이 플라톤적인 언어론과 번역론을 논하면서 지적했던 중요한 논점들을 염두에 두고 이에 대응하는 방식으로 베르만의 번역론을 개괄해보고자 한다.

베르만 번역론의 첫 번째 특징은 기표와 기의의 이분법에 대한 이의제기이다. 이미 리쾨르는 베르만을 현대기호학의 성과를 수용한 연구자로 인정하고 있다.[289] 리쾨르에 따르면 현대기호학은 의미와 소리, 시니피에와 시니피앙의 통일성(unicité)을 밝혀내었다. 다시 말해 의미란 소리부터 쉽게 분리되어 떠돌아다닐 수 있는 것이 아니라 그것과 일체를 이루고 있다는 것이다. 소리는 단순한 의미의 담지자가 아니며, 오히려 그 소리나 시니피앙을 통해서만이 의미의 실현과 보존이 가능하다는 것이다. 시적 언어의 경우가 잘 보여주듯, 특정 시니피앙을 통해서만 구현되는 시니피에가 있다는 것이다. 하지만 이런 주장을 시를 포함한 특정 문학 장르의 번역불가

289) Ricoeur, 1986, p.155.

능성을 위한 논변으로 오해해서는 안 된다. 그보다는 시니피앙과 시니피에가 서로 유리된 존재가 아닌 공고히 결합된 존재라는 것이 논의의 핵심이다.

그렇다면 과연 이러한 의미와 소리의 통일성을 어떤 방식으로 번역의 실천에서 구현해 내야 하는가? 베르만은 문자 번역[290](traduction-de-la-lettre)이라는 개념으로 이 질문에 답한다. 플라토니즘에 입각한 번역론이 시니피에 혹은 의미를 문자 혹은 시니피앙으로부터 분리 가능한 것으로 보고 보편적으로 구현 가능한 의미를 위해 시니피앙을 포기하는 방향으로 나아간다면, 베르만의 문자 번역론은 의미를 포기하지 않으면서도 오히려 그 의미의 번역이 문자의 번역을 통해 가능하다고 본다. 베르만은 문자의 번역을 "모사도 복제도 아닌 시니피앙들 간의 유희에 주목하는 것"[291]이라고 설명한다. 시니피앙의 유희가 처음으로 일어나는 장소는 원문, 출발어라는 공간이다. 번역자는 우선 원문언어의 시니피에가 굳게 결속되어 있는 시니피앙의 양상들(formes)을 주목해야 한다는 것이다. 그 의미가 굳게 결속된 시니피앙들의 특성을 도착어안에 옮겨놓는 것이 바로 문자번역의 핵심이다. 그렇다면 구체적으로 문자를 번역한다는 것은 어떤 의미인가? 아쉽게도 베르만은 문자 번역론을 체계적으로 상세히 정리한 적이 없다. 다만 베르만은 자신의 주저 『번역과 문자: 먼 것의 거처』[292]에서 횔덜린이나 클로소프스키 등이 수행한 번역들을 문자적 번역의 훌륭한 예로 제시하고 있을 뿐이다.

베르만 번역론의 두 번째 특징은 전통적 언어관에 대한 이의제기

290) Berman, 2011, p.31.
291) Berman, 2011, p.18.
292) Berman, 2011. 특히 4장과 5장 그리고 6장을 참조할 것.

이다. 그 어디에서도 베르만은 언어 자체 또는 이데아로서의 언어의 본질을 다룬 적이 없다. 다만 우리는 베르만이 늘 복수로서의 언어들에 관심을 가져 왔음에 주목한다. 베르만은 언어를 단순히 의사소통 체계로 보는 것에 반대하며, 언어의 두께와 시니피앙스(signifiance), 즉 말하는 힘을 상실하는 것, "구어적 창의성의 빈곤화, 방언의 죽음"[293] 등에 대한 심각한 우려를 나타낸다. 그렇다고 해서 들뢰즈처럼 언어를 힘과 권력들이 지배하는 투쟁의 공간[294]으로 보지는 않는다. 베르만에게서 유일한 언어란 없으며, 다수의 개별 언어들이 있을 뿐이다. 하나의 언어는 다른 언어와 다르다. 이 다름과 차이를 옹호하는 일이야말로 베르만이 고민하는 것들 중 하나이다. 그에게서 낯선 것의 시련이 반드시 고통이나 장애만은 아닌 게 분명하다. 낯선 것은 오히려 자족적이고 폐쇄적인 경향을 막아주는 어떤 것이며, 우리에게 부족한 것을 환기시켜주고 채워주는 어떤 것이다. 모든 낯선 것이 좋은 것인가의 문제가 제기될 수 있지만, 적어도 베르만에게서는 낯선 것이라는 이유에서 그 자체를 억압하거나 배타적으로 대해서는 안 된다는 점은 명백하다.

결국 베르만의 문자의 번역은, 개별 언어의 다양성에 천착하는 베르만의 언어론과 상당히 유사해 보인다. 시니피에는 시니피앙과 분리되거나 단절될 수 없다는 논점은 원전의 언어를 구성하는 요소들 사이에서의 굳은 결속관계를 보여주는 것이지 이런 결속성을 다른 언어에서 구현하는 작업인 번역이 불가능함을 보여주는 것은 아니다.

293) Berman, 2009, p.366.
294) Deleuze & Guattari, 2001, pp.204-205 참조.

언어에서 가장 감각적이고 살적인 요소를 적극적으로 담아내고자 하는 베르만 번역론은 보편적인 의미의 과잉을 통해 살적 존재의 결여를 보충하고자 하는 플라톤적 번역론과는 좋은 대조를 이룬다. 의미중심의 언어 이해와 번역 이해는 모든 언어를 관통해서 보편적인 언어 요소를 찾고자하는 제국주의적 욕망에는 어울릴지도 모른다. 하나의 언어가 다른 언어를 만나 친숙해지고, 대화하고, 깊은 관계를 맺는 것 그리고 이를 통해 스스로 깊은 변화를 받아들이려는 것이 번역의 본질이라면 플라톤적인 번역관은 의미중심의 번역으로서, 한 언어의 진정한 모습 전체를 받아들이기보다는 자신의 모습은 변하지 않은 채로 타언어의 특정요소만을 한정적으로 수용하는 것이기 때문에 동일자의 논리(la logique du même)를 번역의 공간에서 재현하는 것에 불과한 것이 아닌가?

반면, 감각적인 것의 복원을 지향하는 문자 중심적 번역론은 도착언어 내에서 출발언어의 본질적 측면을 가능한 한 살려내고 수용하려는 번역론인 만큼 타자의 복수성과 다원성을 인정하고 타자를 있는 그대로 받아들이면서 그 차이를 향유하는 차이의 논리, 타자의 논리(la logique de l'autre)를 따르는 번역론이라고 볼 수 있다.

타자의 낯섦과 차이를 존중하는 번역론은 감히 모든 낯선 것이 번역가능하다고 주장하지 않는다. 그러한 주장은 결국 한 언어가 다른 언어로 온전히 환원가능하다는 환원주의적 주장에 이를 것이기 때문이다. 오히려 이러한 번역론은 다른 언어로 환원 불가능한 것들이 존재함을 인정하고 받아들이고자 한다. 그렇다고 해서 일반적 의미의 번역 불가능론을 주장하는 것은 아니다. 다만 어떤 언어도 세계의 모습을 단독적으로 온전하게 담아낼 수 없음을 인정하고,

세상을 다르게 바라보는 언어의 존재를 그 자체로 감사한 것으로 바라보는 것이다. 그리고 이러한 서로 다른 언어를 관계 맺게 하는 작업이 바로 번역인 것이다.

따라서 베르만의 번역론은 번역으로 담아내지 못하는 차이의 존재를 인정하는 자세, 그리고 다른 한편으로 낯섦을 받아들이려는 개방의 자세 간의 긴장된 평형을 유지고자 하는 번역론이라고 볼 수 있을 것이다.

제13장 베르만과 리쾨르

1. 리쾨르와 베르만, 해석학자와 번역학자의 만남

우리는 앞에서 리쾨르와 베르만을 각각 그 자신들의 학문적 분야에서 번역을 다룬 저자로 논의한 바 있다. 둘은 각각 프랑스의 현대 해석학과 프랑스의 번역학을 대표하는 학자들로 알려져 있다. 그런데 리쾨르의 경우, 의미의 문제, 텍스트 해석의 문제, 자기/타자의 문제를 통해 번역을 자기 철학의 마지막 주제로 삼았다는 점에서 넓은 의미에서 번역학자라 할 수 있다. 한편 베르만은 슐라이어마허, 벤야민, 하이데거, 데리다 등 다양한 철학자들의 번역에 대한 사유를 현재의 번역학적 담론 안으로 끌어와 번역학의 새로운 연구 방향과 영역을 제안했다는 점에서 번역학에 대한 철학적 성찰, 즉

'번역철학'을 개진한 저자로 볼 수 있다. 서로 별개의 영역에서 번역학과 해석학에 매진해온 두 학자가 번역이라는 공통분모를 가지고 있는 것이다. 두 학자 사이의 교류는 번역 문제를 다룬 각자의 주저에서 상대방을 꾸준히 인용하고 참조하는 방식으로 구체화된다. 베르만은 자신의 주저에서 리쾨르 해석학을 끝없이 참조하고 있으며, 리쾨르 역시 자신의 지적 여정의 마지막 주제로 번역의 문제를 다룰 때 베르만을 중점적으로 언급하고 있다.[295]

본 연구는 무엇이 이들 두 저자로 하여금 서로를 참조하게 만들었는가에 대한 호기심에서 출발하였다. 따라서 두 저자의 개별적 사상세계를 독립적으로 조망하기보다는 오히려 베르만과 리쾨르의 성찰들의 접점에 위치한 몇 가지 테마들을 살펴보는 일에 초점을 맞추고자 한다. 보다 구체적으로는 텍스트를 바라보는 두 사람의 입장과 관점이 번역과 해석의 차원에서 어느 지점에서 수렴하고 어느 지점에서 분기하는지를 성찰해 보고자 한다.

2. 첫 번째 수렴점: 해석학과 번역학은 공히 혼질적이고 비과학적이다.

베르만과 리쾨르는 공히 번역학과 해석학에서의 인식, 또는 앎이

295) 베르만이 리쾨르를 인용한 주저들은 아래와 같다. 2009년에 우리말(『낯선 것으로부터 오는 시련: 독일낭만주의 문화와 번역』)로 번역된 *L'épreuve de l'étranger : Culture et traduction dans l'Allemagne romantique* (Gallimard, 1984), 특히 1995년의 유작출판물인 *Pour une critique des traductions : John Donne* 또 그의 대표적 논문 중에 하나인 La traduction et ses discours(in *Meta*, 34(4), 1989, 676-679)에서이다. 한편 리쾨르는 2006년에 우리말(『번역론: 번역에 관한 철학적 성찰』)로 번역된 *Sur la traduction* (Bayard, 2004)에서 베르만을 중점적으로 다룬다.

어떠한 성격의 것이어야 하는지에 대해 명백하고 분명한 입장을 피력한다. 우선 베르만은 번역학을 텍스트 번역이라는 독특한 체험에 대한 반성적 작업으로 정의한다.296) 이러한 '반성적' 번역학은 기술공학과 정보과학에 근거한 번역론을 구축하고자 하는 번역공학과 대비되는 개념으로 읽힌다. 베르만은 예를 들어 한 문화가 다른 문화와 번역을 통하여 만나고 이를 통해 스스로 고양되고자 하는 충동을 번역공학만으로 해명하거나 기술할 수 없다고 믿는다. 따라서 번역학이 "번역활동을 전체적으로 다루는 유일한 이론이 가능하다고 상정하는 것은 번역의 공간이 결정적으로 복수적이고, 혼질적이며, 통합불가능하다는 점을 간과하는 것이다"라고 설명한다.297) 오직 번역이라는 체험을 통해서만 드러나는 텍스트의 진리와 가치를 객관적이고 과학적인 접근을 통해 분석해 내기는 어렵다는 사실을 환기시키는 이러한 베르만의 주장은 자칫 경험주의적, 과학주의적 담론으로 치우칠 위험을 내포하고 있는 오늘날의 번역담론에 대한 엄중한 경고로 읽힌다.

그런데 이러한 베르만의 입장은 해석에 대한 리쾨르의 입장과 놀라우리만치 유사하다. 리쾨르 역시 해석에 대한 일반적이고 전반적인 규칙들을 세우는 것은 불가능하다고 설명한다. 리쾨르에 따르면 일반 해석학이라는 것은 존재할 수 없으며 서로 대립된, 다양한 해석의 법칙들이 존재할 뿐이다.298)

---

296) Berman, 1989, p.676.

297) Berman, 1989, p.676.

298) Ricoeur, P., *Freud and Philosophy: An essay on Interpretation*, trans. Denis Savage, Yale University Press, 1970, pp.26-27, p.55. 물론 이런 리쾨르의 주장은 (종교적) 상징 언어의 다양한 층위를 논하는 *La Symbolique du mal* (Aubier, 1960)에서, 그리고 프로이트 정신분석학에 등장하는

한마디로 베르만과 리쾨르는 공히 번역학이나 해석학이 과학적이어야 한다고 생각하지 않는다. 물론 과학성을 지향하지 않는다는 것이 그 자체로 반과학적, 주관적, 편파적인 것을 지향한다는 의미는 아니다.[299] 그보다는 철학이나 해석학에서의 해석이, 그리고 번역학에서의 번역이 경험과학이나 실험과학에서 실험을 하거나 검증하는 작업과 다르며, 따라서 해석학이나 번역학은 엄밀한 의미에서 과학적일수도, 또 그럴 필요도 없다는 의미로 이해해야 할 것이다.

3. 두 번째 수렴점: 우회없는 텍스트 읽기는 불가능하다

그렇다면 감히 자신들이 속한 담론들의 분야가 과학적일 필요는 없다고 주장하는 리쾨르와 베르만이 도달하고자 하는 곳은 어디인가? 이 질문에 답하기 위해서는 리쾨르와 베르만이 번역의 대상이자 해석의 대상인 텍스트를 어떠한 시선으로 바라보는가를 이해해야 할 것이다. 분명한 것은 이 두 저자는 텍스트가 그 텍스트를 다루는 주체와 별개로 존재하는 객관적(혹은 즉자적) 대상이라고 믿

욕망의 상징 언어를 다루는 *Freud and Philosophy* 에서 주로 등장하는 입장이긴 하다. 상징 언어들에 대한 해석을 넘어서서 텍스트 해석을 논하는 *From the text to the action* (trans. Katheleen Blamey & John b. Thompson, Northwestern University press, 1991)에서는 여러 해석들 간의 갈등이나 투쟁은 드러나지 않는다. 이런 맥락에서 볼 때 1969년에 나온 리쾨르의 주저 중 하나인 *Le conflit des interprétations* (Seuil)은 그 제목만으로도 시사하는 바가 크다.

299) 특히 리쾨르가 갈등하는 해석들을 중재하거나 타협시키는 일반적이거나 포괄적인 해석이론체계가 없다고 주장한다고 해서, 그런 해석을 통해 발견된 '의미'가 아무런 진리치나 가치가 없다고 말하는 것으로 오해해서는 안 될 것이다.

지 않는다는 점이다. 읽는 자, 번역하는 자, 해석하는 자와 무관하게 독립적으로 존재하는 텍스트, 혹은 읽기와 번역과 해석에 닫혀 있는 텍스트는 번역학과 해석학의 대상이 되지 못하며, 읽거나 번역하거나 해석하는 주체와의 관계 하에서 그 진정한 의미를 드러내는 텍스트들이야말로 번역과 해석의 대상이 된다고 믿는다. 바로 이러한 이유로, 앞서 언급한 바와 같이 해석학과 번역학은 혼질적, 비과학적 성격의 담론이 될 수밖에 없는 것이다.

리쾨르와 베르만은 공히 텍스트의 번역 및 해석 작업이 단순한 의미의 포착을 넘어서는 어떤 것으로 상정한다. 베르만이 "번역가는 자신을 분석대상으로 놓고, 자신의 번역 실천을 위협하며 자신의 언어적 및 문헌적 선택에 무의식적으로 영향을 끼치는 왜곡체계들을 식별해 내야한다"[300]고 말할 때, 그리고 그러한 왜곡체계를 분석해 내는 작업을 일종의 분석론이라 말할 때, 번역가의 눈앞에 놓인 텍스트는 단순한 의미포착의 대상이 아니다.

여기서의 핵심은 텍스트에 대한 순진하고 도그마적인 태도로부터 벗어나 독자가 일정한 우회(detour)를 통해 접근한다는 것을 인정해야 한다는 것인데, 이러한 우회의 개념은 리쾨르 역시 상징의 해석에서 텍스트의 해석에까지 이르는 학문적 여정에서 텍스트에 대한 '비판적 계기'라는 이름으로 시종일관 사용한 바 있다. 다시 말해 상징 언어의 의미를 순수하게 그리고 아무런 입장을 전제하지 않고 무구(無垢)하게 읽을 수 없다는 것이다.[301] 상징 언어에서 텍스트 차

300) Berman, 2009, p.22. 그리고 Berman, 2011, p.69 이하 참조.

301) 리쾨르는 *La Symbolique du mal* 에서 주로 이중적 의미가 담긴 언어 표현인 상징 언어를 '성스러운 것의 드러남'이라는 하나의 방향에서만 읽는 태도를 고수하였으나 *Freud and Philosophy* 에서는 상징을 해석

원으로의 분명한 전이를 보여준 리쾨르의 저서 *From the text to the action* 에서는 훨씬 명백하게 우회를 통한 텍스트 해석의 전략을 천명한다. 이 전략은 텍스트를 이해하는데 있어 설명의 방법을 도입하는 것인데 이와 관련하여 리쾨르는 "더 많이 설명할수록, 더 잘 이해한다"[302]라고까지 말한다. 리쾨르는 여기서의 설명이 자연과학적 의미에서의 설명이 아니라, 언어학적 설명, 구조적 설명이라고 규정한다.[303] 즉 하나의 대상을 그것을 구성하는 요소와 그 요소들 간의 특징적 관계와 성격을 통해 설명하는 것이다.

물론 베르만과 리쾨르가 텍스트에 접근하는 방법을 위와 같이 단순 비교하는 데에는 몇 가지 위험이 있다. 두 저자에게 있어서 텍스트의 범주가 서로 다르기 때문이다. 베르만에게 텍스트란 원전 뿐 아니라 원전에 대한 다양한 번역본을 포함한다. 따라서 여기서의 텍스트 읽기는 "원전의 읽기와 다시 읽기, 원전 안에서 문체론적 예시들의 선별, 번역본의 읽기"[304] 등을 모두 포괄한다.

한편 리쾨르의 경우, 주로 성경이나 프로이트 같은 정전(canon)과 고전의 위치를 점한 텍스트에 대한 해석의 문제를 다루는 것이 사실이다. 또한 리쾨르가 제안한 '구조적 설명'이라는 것도, 저자의 의도를 파악하는 것으로 만족하는 텍스트 해석의 경향을 넘어서기 위한 리쾨르의 방법적 해석학의 범주에서 이해되어야 하는 것이 사실

하는 경향들 간의 갈등, 또는 각각의 이론적 경향들 내에서의 파편화(fragmentation)를 언급한다.

302) Ricoeur, 1991, p.9. 하지만 지금 인용한 문장이 들어 있는 해당문단만 영어번역에서 누락되어 있어서 리쾨르의 원문을 보려면 Ricoeur, 1986, p.22를 참조할 것.

303) Ricoeur, 1991, p.112.

304) Berman, 1995, p.70.

이다.

그러나 리쾨르가 이러한 객관적 설명을 텍스트 해석의 전부로 간주하지 않음은 자명하다. 예를 들어 신화의 경우 신화소(mythème)의 배치, 정렬 관계 등이 중요한 것은 사실이나, 그렇다고 해서 신화의 철학적, 실존론적 중요성을 간과해서는 안된다는 것 또한 리쾨르의 입장이다.

결론적으로 리쾨르와 베르만은 번역과 해석의 장(場)에서 우회 없는 텍스트 읽기가 불가능하다는 데에 공감한다. 그렇다면 우회적 읽기는 어떻게 가능한가? 그것은 비판적 매개나 중재를 통하여 가능하다. 비판적으로 원전 텍스트에 접근한다 함은 보다 의식적이고 성찰적인 읽기를 의미한다. 다른 번역, 다른 해석에 대한 참조 없이, 번역과 해석의 대상이 되는 텍스트의 내재적 구조나 형식에 대한 참조 없이, 온당한 번역이나 해석은 불가능하다는 것이다.

4. 세 번째 수렴점: 번역과 해석의 대상은 의미만이 아니다.

번역과 해석의 대상(objet) 문제, 다시 말해 무엇을 번역 혹은 해석할 것인가의 문제에 대한 두 철학자의 입장을 살펴보면 또 하나의 수렴점이 발견된다.

번역의 대상이 원문 텍스트에 담겨있는 의미라는 믿음은 번역이 원문을 모르는 독자들을 위해 존재한다는 믿음만큼이나 널리 받아들여지고 있다. 그런데 베르만은 벤야민을 계승하며, 의미의 포착에 집착하는 번역론을 여러 차원에서 비판한다.[305] 베르만은 번역의 대상이 의미에 국한되지 않는다고 믿는다. 그렇다면 무엇을 번역해야 하는가? 베르만은 진정한 번역의 작업이 시니피앙들 간의 놀이에 주목하고, 의미를 넘어선 문자를 번역하는 것이어야 한다고 설명하였음을 우리는 앞서 살펴보았다. 문제는 의미를 넘어서서 번역의 대상으로 떠오른 문자가 무엇인가에 대해 베르만이 상세하게 설명하지 않는다는 점이다. 다만 베르만은 단지 문자 번역을 방해하는 부정적 요소들을 언급함으로써 번역의 대상으로서의 문자가 무엇인지를 우회적으로 설명하고 있을 뿐이다.[306)]

리쾨르의 해석학 역시 언어의 장(場)에서 이루어지는 작업인 만큼 의미에 대한 논의를 배제하기 어려운 것이 사실이다. 그러나 리쾨르 또한 해석의 대상을 의미로 한정하지는 않았다. *Freud and Philosophy*에서, 욕망의 의미론에 기반을 둔 상징 언어의 의미를 드러내는 해석을 주장했을 때조차, 의미는 소위 해석이론(Théorie interprétative)에서의 '의미'는 아니었다. [307)]

당시 리쾨르가 말한 의미란 프로이트의 욕망의 의미론과 엘리아데(M.Eiade)같은 종교학자들의 화두였던 성(聖)스러움의 의미론 사이에서 공통적으로 발견되는 상징적 의미를 가리킨다.[308)] 이때 의미란 다분히 시니피앙적 토대를 가지면서도 그 상징적 의미를 이해하고 발견하는 해석자에게 새로운 삶의 지표와 방향을 제시하는 실

---

305) Berman, 2011, p.46 이하 참조. 우리가 앞서 중요하게 언급한 벤야민의 글인 「번역가의 과제」와 이를 다룬 제9장을 참조.

306) Berman, 2011, pp.69-97 참조.

307) 이 점에 관해서는 해석이론의 창시자인 Marianne Lederer 의 중요 저서 중의 하나인 『번역의 오늘: 해석이론』(전성기 옮김, 고려대학교 출판부, 2001)을 살펴 볼 것. 그 원전은 *La traduction aujourd'hui : le modèle interprétatif*, Hachette, 1994. 영어판으로는 *Translation : The Interpretative model*, trans. by Ninon Larche, St Jerome, 2003을 참조할 것.

308) Ricoeur, 1970의 서론 및 제 1장을 참조할 것.

존적 및 존재론적 성격을 가진 의미이다.

베르만과 리쾨르, 두 사람 모두 의미를 넘어선 무엇인가를 찾는 공통점을 보여준다면 그들이 찾는 것이 무엇인가를 밝혀야 할 필요가 있을 것이다. 이런 맥락에서 우리는 하나의 질문을 던져볼 수 있다. 베르만의 문자에 해당하는 무엇인가를 리쾨르에게서 발견할 수 있는가? 완벽하게 일치한다고 볼 수는 없으나, 리쾨르의 담론의 형태(formes du discours) 개념이 하나의 답이 될 수 있을 듯하다. 리쾨르에게서 텍스트 해석은 그 텍스트를 구성하는 담론의 형태에 대한 해명없이는 이루어질 수 없다. 리쾨르는 프로이트 텍스트들을 해석할 때에도 프로이트 담론의 텍스츄어 혹은 구조[309)]가 자신의 중요한 관심사라고 말했고, 본질적으로 프로이트의 담론이 힘의 언어와 의미의 언어의 혼합 담론(mixed discourse)[310)]임을 주장하고 있다. 리쾨르는 "담론 형태들에 대한 구조적 설명이라는 긴 우회로를 거치지 않고서는 의미들(significations)들을 해석하는 것은 불가능하다"[311)]고 설명한다. 예를 들어 성경이 어떤 담화형태(잠언, 시, 산문, 역사 등등)를 가지느냐에 따라 야훼의 존재나 성경 메시지의 의미가 달라진다는 것이다.

한쪽에는 문자가 또 다른 쪽에는 담화 형태가 번역과 해석의 대상으로 자리 잡는다. 그렇다면, 문자의 번역과 담화 형태의 해석을 거치면서 번역과 해석이 궁극적으로 지향하는 곳은 어디인가?

---

309) Ricoeur, 1970, p.xii.
310) Ricoeur, 1970, p.65.
311) Ricoeur, 1991, p.93.

5. 네 번째 수렴점: 번역과 해석은 의미를 넘어서 하나의 세계로 우리를 이끈다.

베르만과 리쾨르가 각자의 영역에서 추구해온 번역과 해석이 궁극적으로 이르게 되는 지점은 작품 혹은 텍스트의 '세계(world)'라는 지점이라고 볼 수 있다. 사실 작품의 세계는 독자가 작품을 읽기 이전에, 그리고 번역과 해석이라는 활동 이전에 그 자체로 존재한다. 그러나 번역과 해석의 개입이 없다면 결코 드러나지 않았을 텍스트의 어떤 양상이나 측면이 존재함을 부정할 수는 없다. 번역과 해석의 작업이 없다면, 우리가 '텍스트의 세계'라 부르는 측면은 잠재적 상태로 존재할 뿐인 것이다. 이 세계는 한편에서는 번역의 수고로움을 거치지 않고서는 출발어의 원전을 읽는 것만으로는 드러나지 않으며, 또 다른 한편에서는 객관적 설명의 계기들을 요구하는 해석의 작업 없이는 드러나지 않는다.

베르만에 따르면, 작품은 어떤 세계에 대한 체험을 열어주며, 작품 안에서는 하나의 세계가 그 전체 속에서 매번 다르게 드러난다.[312] 베르만이 세계의 드러남을 작품의 핵심으로 정의함에 따라, 번역은 작품에서 드러난 것을 다시 드러낸 것(manifestation d'une manifestation)으로 규정된다. 텍스트 세계와 관련하여 베르만의 번역관은 분명하다. 즉, 원문이 어떤 세계를 드러낸다면, 그 원문의 번역은 그 드러낸 것을 다시금 드러내주는 것, 더 나아가 매번 다르게 드러내주는 것에 그 진정한 가치가 있다는 것이다. 번역만이 드러내주는 텍스트의 고유한 양상이 존재한다는 것이다.

312) Berman, 2011, p.100, 110.

리쾨르의 저작에 친숙한 독자들이라면 베르만이 말하는 번역을 통한 작품 세계의 드러남이 리쾨르가 말한 텍스트의 세계(world of the text), 또는 그가 가다머의 말을 빌려 표현한 텍스트의 사태(la chose du texte)와 같은 것이 아닌가 하는 의문을 가지게 될 것이다. 1970년대에 이르러 '텍스트의 의미론적 자율성' 개념을 이야기하면서부터, 리쾨르는 텍스트의 의미 혹은 저자의 의도 같은 개념들을 강도 높게 비판하기 시작한다. 리쾨르는 의미에 대한 논의가, 음소나 형태소, 의미소 등에서 벗어나 보다 상위의 언어 단위인 문장이나 텍스트 차원으로 옮겨가야 한다고 주장하면서 의미라는 단어 대신 텍스트의 세계라는 표현을 더 즐겨 사용하기 시작한다. 리쾨르는 여러 차례에 걸쳐 텍스트의 세계를 다양한 방식으로 정의한다. "텍스트가 열어주는 의미의 제안들"313) 또는 "텍스트가 열어주고 발견케 하는 세계"314), "조작 가능한(manipulable) 대상들의 총체로서가 아니라 우리 삶과 우리의 기획의 지평으로서의 세계"315), "내가 거주하며 그 안에서 내 자신의 가장 고유한 존재가능성들 중의 하나를 기획 투사할 수 있게끔 제안된 세계"316) 등이 그것이다.

리쾨르는 텍스트에 대한 구조적 설명, 즉 담화형태의 분석을 통해 해석이 텍스트의 세계를 발견하고 그것을 보여주어야 한다고 말한다. 이런 측면에서 볼 때, 리쾨르에게 있어서 해석의 지향은 결국 텍스트 세계의 발견이다.

번역과 해석이 언어의 중요한 층위인 텍스트와 본질적으로 관계

313) Ricoeur, 1991, p.37.
314) Ricoeur, 1991, p.52.
315) Ricoeur, 1991, p.52.
316) Ricoeur, 1991, p.86.

하는 만큼, 베르만과 리쾨르가 비슷한 관점을 가지고 있는 것은 어찌 보면 그리 놀라운 일은 아니다. 베르만이나 리쾨르는 공히 언어, 특히 텍스트가 자기충족적 영역에 갇혀 있지 않고, 자신을 넘어서 어딘가를 향해 움직이고 있다고 확신하고 있는 것처럼 보인다. 다시 말해 두 철학자 모두 언어를 본질적으로 지향적(指向的)인 것으로 보고 있다. 가시적 방식으로건 그렇지 않건, 언어는 끊임없이 무엇인가에 대해 이야기한다는 것이 이들의 입장이다. 번역과 해석을 통해 각각 발견된 이 세계가 과연 동일한 것일지는 별개의 문제이다. 텍스트는 번역과 해석을 통해서만이 드러나는 자신만의 세계를 품고 있음에 틀림없다.

6. 첫 번째 분기점: 번역 주체와 해석 주체

앞서 살펴본 바와 같이, 두 철학자가 해석학과 번역학의 교집합인 번역이라는 공통의 영역에서 어떤 가교(架橋)를 놓은 것은 분명해 보인다. 그러나 이들이 각각 서로 다른 학문 영역에서 자신들의 이론을 전개해 온 만큼, 어떻게 보면 수렴점보다 분기점들에 대한 논의가 훨씬 다양한 방식으로 전개될 수 있을 것이다.

우선 첫 번째 분기점으로 언급될 수 있는 것은 번역 주체와 해석 주체를 둘러싼 입장의 차이이다.

리쾨르 철학에서 주체(主體) 개념은 그의 철학적 여정의 중심적 주제이다. 특히 상징 해석이나 텍스트 해석을 말할 때 리쾨르는 해석하는 주체의 문제를 중점적으로 언급하지 않은 적이 없었다. 그런데 베르만의 경우, 적어도 그의 주저에서 번역 주체의 문제가 깊이 있게 다루어졌다고 보기는 어렵다. 베르만은 번역 활동을 하는 주체로서의 번역자를 망각하지는 않으나, 그보다는 오히려 번역 주체가 만들어내는 번역 혹은 그 과정을 통해 하나의 문학이, 하나의 언어가, 하나의 문화가, 어떻게 다른 문학, 다른 언어, 다른 문화와 관계 맺는지에 대해 더 관심을 가진다. 그가 『낯선 것으로부터 오는 시련: 독일 낭만주의 문화와 번역』의 초반부에서 자주 사용하는 빌둥(Bildung) 개념은 본래 독일 낭만주의에서 한 주체나 개인의 세계관적 인식의 고양과 확장을 지칭하는 개념이지만, 베르만은 오히려 한 언어와 문화의 빌둥에 방점을 둔다. 베르만이 강조하는 괴테의 '세계문학' 개념, 횔덜린의 '무한한 넘나듦'[317] 역시 번역을 통한, 언어 간 문화 간 만남의 본질을 밝혀내기 위한 개념들이다. 클로소프스키, 횔덜린 등 구체적 저자들이 수행한 실제 번역들을 분석할 때에도, 베르만은 개별 번역자보다는 그들이 생산해 낸 번역이 담보하는 세계, 혹은 그 번역의 역사적 의의에 촛점을 맞춘다. 그의 관심사는 그들이 일구어낸 번역의 새로운 양상들이지, 번역을 수행하는 주체 자체는 아니었던 것이다.[318]

그런데 1995년에 발간된 베르만의 유고작인 *Pour une critique des traductions*에 이르러 상황은 조금 달라진다. 베르만은 번역 해석학(herméneutique traductive)이라는 개념을 사용하면서 그것의 과제 중의 하나는 번역 주체를 위한 발판을 마련하는 것이며, 어떤 번역에 마주할 때 우리는 반드시 번역자는 누구인가 라는 물음을 제기하여

317) Berman, 2009의 제4장과 제5장을 참조할 것.

318) 이러한 측면은 베르만의 주저들인 『낯선 것으로부터 오는 시련: 독일 낭만주의 문화와 번역』과 『번역과 문자: 먼 것의 거처』에서 공히 발견된다.

야 한다고 말한다.[319] 물론 그러한 물음이 어떤 방식으로 제기되어야 하는가에 대해서는 구체적 설명이 제시되지는 않는다. 하지만 베르만은 번역가를 단지 "사회적 담화의 규범들의 중개자(relais) 및 그 규범들을 확립하고 인준하는 제도의 중개자"[320]로 환원시키는 아니 브리세[321](Annie Brisset)같은 학자들에 동조하기를 거부한다. 어쨌든 베르만이 후반기에 이르러 번역 주체(sujet traduisant)라는 복합적인 개념 안에서 주체에 좀 더 비중을 두는 경향은 분명해 보인다.

그러나 베르만은 번역 상황이나 번역 행위와 관련하여 주체 개념이 어떻게 논의되어야 할지에 대해서 거의 언급이 없다. 다만 "인간의 실존활동은 본질적으로 작품 안에서의, 그리고 작품을 통한 실존활동이다"[322]라고 설명하며 선언적 차원에 머물고 있는 것으로 보인다. 베르만은 주체 개념의 3대 요소들, 즉 개별화(모든 주체는 개별적 주체이다), 자유(모든 주체는 자기 스스로에 대해 책임을 질 수 있다), 반성(모든 주체는 자기 자신과 관계하는 존재이다)[323]에 대한 짤막한 철학적 해명을 덧붙이는 것 말고는 더 이상 논의를 진전시키지 못하고 있다. 특히 번역 주체의 문제와 분리해서 생각하기 어려운 재번역 문제를 논하는 과정에서, 더구나 번역자의 개별성과 고유성이 반영된 번역물 및 재번역물에 대한 논의를 할 때에

319) Berman, 1995, p.73.

320) Berman, 1995, p.59, 81.

321) 아니 브리세(Annie Brisset)는 캐나다 오타와 대학교 번역학과 교수로 *Sociocritique de la traduction: théâtre et altérité au Québec* (1968-1988), Editions du Préambule, 1990의 저자이다.

322) Berman, 1995, p.39.

323) Berman, 1995, p.60.

는, 재번역 과정에서 번역가가 스스로를 어떻게 자리매김하며, 궁극적으로는 번역가가 한 문학, 한 언어, 한 문화, 한 시대를 어떻게 감당하는지를 좀 더 해명했어야 한다는 아쉬움이 남는다.

반면 리쾨르의 경우, 베르만이 개략적으로만 언급하고 넘어간 주체의 3대 요소들을 자신의 긴 철학적 여정에서 빠짐없이 논의하고 있다. 특히 개별화의 경우, 베르만도 1995년 유작에서 인용하듯, 리쾨르는 "문체(Style)라고 하는 것은 하나의 개별적 주체를 생산해내는 개별화의 작업이다. 그래서 문체는 거꾸로 그 저자가 누구인지를 잘 지시해주는 것"[324]이라고 분명히 밝히고 있다. 한편 자유 개념(즉 책임지는 주체 개념)의 경우는 사실 리쾨르가 자신의 전(全)철학적 여정에서 수시로 언급하고 있는 문제이기에 그 일부를 발췌해서 말하기조차 어려울 정도이다.[325] 간단히 말하자면 몸을 가진(혹은 몸인) 주체는 다양한 동기에 근거하여 자신의 의사나 결정을 실행하며, 세계 안에서의 이러한 행위를 자신에게 귀속시킴으로써 자신을 책임지는 주체로 간주하게 된다는 것이다. 뒤이어 텍스트를 해석하는 주체의 자기이해 문제, 즉 베르만이 말하는 주체의 반성성 문제야말로 리쾨르가 가장 천착했던 주제 중 하나이다. 리쾨르에게 있어 "이해한다는 것은 텍스트 앞에서 자기 자신을 이해하는 것"이며, 이때 주체는 자신을 텍스트에 노출시켜 그것으로부터 보다 넓어진 자기를 수용하며, 바로 그렇게 함으로써 주체는 텍스트에 의해 제안된 세계를 가장 적절하게 감당하는 실존"이 되는 것이

---

324) Ricoeur, 1991, p.82.

325) 이와 관련하여 1950년 저작인 *Philosophie de la volonté I* (Aubier)과 1990년 저작인 *Soi même comme un autre* (Seuil)를 핵심 저작으로 꼽을 수 있다.

다.[326]

여기서 핵심적 요소는 텍스트 해석을 통해 발견된 텍스트의 세계를 독자(해석 주체)가 수용하되, 자기 자신을 직관적으로 그리고 직접적으로 이해하는 것이 아니라 텍스트의 해석이라는 과정과 매개를 거쳐 이해한다는 것이다. 그렇다면 가장 주의 깊은 독자인 번역자 역시 원칙적으로 자신이 번역하는 텍스트를 통한 자기이해에 도달할 수 있는가? 만일 그렇다면 이러한 번역가의 자기이해는 해석이나 읽기를 수행하는 사람의 그것과 동일한 것인가? 혹은 그 나름의 고유성을 가지는가? 이는 추후 연구과제로 남는다.

7. 두 번째 분기점: 번역으로 유발되는 변화에 대한 관점 차이

베르만과 리쾨르를 비교하는 과정에서 언급할 수 있는 또 하나의 요소는 바로 번역과 해석을 거치는 과정에서 텍스트가 어떤 변화를 겪게 되는가의 문제이다. 베르만은 "번역가는 저자(author)이지만, 원저자(The Author)는 절대로 될 수 없으며, 번역가의 작품은 하나의 작품(work)에 불과할 뿐 원작품(The Work)이 될 수는 없다"[327]라고 말한다. 일견 번역가와 번역된 작품의 지위를 원저자와 원작의 그것보다 열등한 것으로 간주하는 듯한 인상을 주기에 충분한 발언이다. 하지만 이러한 오해는 그가 번역이 원작에 미치는 영향을 설명하는 대목에 이르러 해소된다. 베르만은 원작이 번역되고 나면, 그

326) Ricoeur, 1991, p.88.
327) Berman, 2009, pp.21-22.

번역의 과정을 통하여 원작에게도 어떤 변화가 일어나게 되어 원작의 지속성, 생명력, 가치에도 영향을 끼친다고 설명한다. 분명 번역은 원작보다 시간적으로 뒤에 있으며, 따라서 작품이 차후에 번역되는지 여부와 상관없이 원작의 작품성이 독립적으로 결정될 것 같아 보인다. 그러나 베르만은 경험적 차원에서 번역의 실제적인 가능성을 말하는 번역가능성(linguistic translatability, traductibilité) 보다는 번역됨직함(translatability, tradusibilité, Übersetzbarkeit)이라는 개념에 특별히 주목하는데, 이 번역됨직함을 가지고 있는 원작은 애초에 그것이 쓰였을 때부터 번역을 요청한다고 주장한다.[328] 역으로 설명한다면, 번역됨직하지 않은 원작, 번역을 요청하지 못하는 원작은 원전으로서의 가치도 그다지 높지 않다고 말할 수 있다. 결국 베르만은 번역이 원작이 될 수 있다고 생각하지는 않지만, 원작이 번역과 무관한 것은 아니며, 번역은 원작의 변신[329](métamorphose)이라고 주장한다. 따라서 베르만에게서 원작과 번역의 관계는 일방적이거나 위계적이거나 혹은 배타적이지 않다. 번역이 없어도 좋을 만큼 뛰어난 원전이 없다는 점에서 원전의 존재론적 우위를 단정하기는 어려우며, 원전과 번역본은 서로간의 차이와 독특성을 무시하거나 간과해도 좋은 일방적, 배타적 관계가 아닌, 근본적으로 상보적인 관계라는 것이다.

베르만이 번역된 텍스트와 원전 사이의 관계에 대한 근본적인 성찰에 초점을 맞추고 있다면, 리쾨르는 원 텍스트와 그것을 해석해 놓은 텍스트[330] 사이의 차이나 관계에 대한 성찰을 명시적으로 제

---

328) Berman, 2009, p.370. 동일한 쪽에 역주를 참조할 것.

329) Berman, 1995, p.42.

330) 로이트의 원전들과 이를 리쾨르가 해석한 1970년 작품 *Freud and Philosophy*

안하는 것 같지는 않다. 여기에는 여러 가지 이유가 있을 수 있다.

첫째는 번역의 결과물과 해석의 결과물이 존재하는 방식이 다르기 때문이다. 번역활동이 완수되면, 그 결과 독자적 읽기와 해석의 대상이 되는 번역 텍스트가 생산된다. 다시 말해 원 텍스트 이해의 완성도와 무관하게 번역문은 원 텍스트에 대해 현실태적으로 존재한다. 반면 어떤 텍스트에 대한 해석이 반드시 새로운 텍스트의 생산을 낳지는 않는다. 해석은 논문, 비평, 주석, 심지어 번역(재번역) 등의 형태로 제시될 수도 있지만, 경우에 따라 현실화 되지 않고, 잠재적 상태에 머무를 수도 있다.[331]

둘째, 리쾨르는 텍스트 해석을 통해, 그 텍스트와 관계 맺는 새로운 텍스트의 생산이나 그 성격을 묻기보다는 "텍스트의 제자로서 자기"[332](le soi, disciple du texte)를 얻는 방향에 더 비중을 둔다. 즉, 해석을 통해 텍스트의 위상에 생기는 변화를 추적하기보다는 그 텍스트 해석이 해석 주체를 어떻게 변화시키는지가 리쾨르의 주된 관심사인 것이다. 해석의 주체는 해석의 대상이 된 텍스트와 무관하게 살아가는 것이 아니라, 그 텍스트에 대한 해석으로부터 좀 더 나은 삶의 전망과 관점들에 대한 가르침을 받는 제자가 되어야 한다는 것이다.

결론적으로 베르만의 경우 번역이 원전의 변신을 가능케 한다면,

(원전은 1965년 출판) 사이의 관계를 떠올려 보자.

331) 리쾨르는 자신의 『번역론-번역에 관한 철학적 성찰』 제3장에서 '등가' 개념이라는 것이 추정(推定)되고, 생산(生産)되는 것임을 강조하고, 번역문과 원문 사이의 의미적 동일성을 확정지을 궁극적 기준이 부재한다고 설명하고 있다. 이를 통해 리쾨르가 번역텍스트를 하나의 새로운, 독립적인 텍스트로 인정하는 것으로 추론할 수도 있겠다.

332) Ricoeur, P., *Réflexion faite-autobiographie intellectuelle*, Esprit, 1995, p.57.

리쾨르에게서 텍스트 해석은 해석 주체의 변신을 가능케 한다.

8. 세 번째 분기점: 좋은 번역과 나쁜 번역, 좋은 해석과 나쁜 해석

베르만은 자신의 저작들에서 어떤 것이 좋은 번역이며 또한 번역을 어떻게 평가해야 하는지에 대해 자신의 관점을 밝히고 있다. 베르만은 자민족중심적 번역, 하이퍼텍스트적번역 등 우리가 피해야 하는 번역들을 제시하는 우회적 방식으로 자신이 지향하는 번역이 무엇인지를 드러내기도 하나[333], 다른 한편으로는 좋은 번역이 갖추어야 할 요건으로 시학(詩學)성(poeticité)과 윤리성(ethicité)이라는 두 가지 잣대를 구체적으로 제시하기도 한다.[334]

베르만에게 있어 번역의 시학성은 번역자가 원전의 텍스트다움(textualité)에 밀착하여 진정한 텍스트를 생산해 냈는지에 근거하는 것이다. 이는 결국 그의 핵심개념인 문자의 번역 즉, 시니피앙들 간의 놀이에 철저히 주목하는 번역과도 연결된다. 한편 윤리성은 원전에 대한 일종의 존중을 의미한다. 나쁜 번역이 '메시지 전달'이라는 미명 아래 이국 작품의 낯섦을 철저히 부정하는 번역이라면, 윤리적 번역이란 결국 그 낯섦을 긍정하는 번역이 될 것이다. 베르만은 이 두 기준이야말로 원전과 그 언어에 상응하는 번역, 혹은 그런 상응 속에서 (번역이라는)작품을 만들어 내는 것[335]을 가능케 하는

333) Berman, 2011, p.37 이하 참조.
334) Berman, 1995, pp.92-93.
335) Berman, 1995, p.94.

기준이라고 설명한다.

좋은 번역의 기준을 비교적 명료한 방식으로 제시하는 베르만과는 달리, 리쾨르의 경우 좋은 해석의 기준을 명료하게 제시하지는 않는다. 따라서 베르만의 그것과 의미 있는 비교가 가능한지 여부에 대해 의문을 제기할 수도 있겠다. 그렇다고 해서 리쾨르의 설명이 소위 나쁜 해석과 좋은 해석을 구분하기 어려울 정도로 불투명하지는 않다. 기존의 해석학에 대한 비판적 개진 속에서 리쾨르에게서 나쁜 해석이 무엇인지를 유추해 낼 수 있으며, 다른 한편으로 리쾨르가 개진하는 해석의 시도들 속에서 좋은 해석에 대한 그의 입장을 읽어낼 수 있기 때문이다.

리쾨르에게 있어서 나쁜 해석이란 텍스트를 해석에 열린 공간이 아닌 닫힌 공간으로 간주하는 해석이다. 사실 텍스트 해석의 역사를 살펴보면, 텍스트 생산자인 저자가 텍스트 해석에 있어서 줄곧 독점적이고 우월한 지위를 누려 왔던 것이 사실이다. 하지만 리쾨르는 텍스트가 저자만의 독특한 주체성의 표식이라는 점을 충분히 인정하면서도 텍스트 해석은 저자와 그 저자의 의도와는 일정한 거리를 유지해야 하며, 심지어 책을 읽는다는 것은 그 저자가 이미 사망한 것으로 간주하는 것이라고까지 말한다.[336] 텍스트의 해석을 저자의 의도로부터 철저하게 분리시키고자 하는, '텍스트의 의미론적 자율성' 개념과도 연결되는 대목이다. 저자의 의도에 얽매인 해석이 나쁜 해석이라면, 좋은 해석은 무엇인가?

우선 좋은 해석이라는 표현에 리쾨르가 선뜻 동의할 지는 의문이나, 어쨌든 리쾨르가 지향했던 해석을 잠정적으로 좋은 해석이라

336) Ricoeur, 1991, p.107.

부르기로 한다면, 우리는 좋은 해석에 대한 단서를, 리쾨르 스스로 자신의 해석학의 특징으로 규정한 방법적 해석학(herméneutique méthodique) 개념 속에서 찾아볼 수 있겠다. 앞의 논의에서 어느 정도 설명한 바대로 이것은 텍스트에 내재하는 담화의 형태나 구성 법칙을 찾아냄으로써, 텍스트에 대한 주관적이고 직관적인 접근을 가능한 한 배제하려는 시도이다. 방법적 해석학이란 결국 텍스트 스스로가 말하고 보여주는 텍스트의 세계를 독자나 해석자가 경청하고 발견하며 그것을 따르는 해석이다.

그렇다면 리쾨르의 방법적 해석학은 베르만의 윤리적, 시학적 번역과 어떻게 조우하는가? 방법적 해석의 궁극적 도달점은 앞서 언급한대로, 인간 주체의 자기 이해의 새로운 길을 열어 나가는 것이다. 따라서 우리는 그러한 자기 이해가 얼마나 윤리적인지 또는 시학적인지를 물을 수 있을 것이다. 리쾨르는 텍스트가 "주체 스스로 하여금 새로운 가능성들에게 열리도록 공격력"[337]을 제공해주기 때문에, "인간 실존의 시학은 담화의 시학에 연동되어 반응한다"[338]고 말한다. 즉, 텍스트에 담긴 담화가 제공해주는 시학적 가능성에 대해 주체는 그 텍스트에 대한 해석을 통해, 자신의 실존에 대한 시학적 가능성을 모색하는 것으로 응답한다는 것이다. 이는 해석이 가지는 시학적 성격을 넘어서, 텍스트 자체가 실존의 시학을 가능케 하는 힘을 가진다는 말이다. 또 다른 측면에서 텍스트 앞에서의 자기 이해가 나의 세계와 텍스트의 세계 사이의 만남이나 충돌을 상정한다면, 주체는 자신이 아닌 타자에 의한, 타자를 통한

337) Ricoeur, 1991, p.101.
338) Ricoeur, 1991, p.101.

자기 이해를 선택했다는 점에서 이미 타자에 대한 명백한 존중을 보여주는 것이고, 이런 측면에서 텍스트 앞에서의 자기 이해는 윤리적 차원을 가지게 된다.

결국 베르만과 리쾨르는 분명 좋은 번역이나 좋은 해석이 충족시켜야 하는 기준으로 텍스트가 주는 시학성과 윤리성을 공통적으로 강조하고 중시한다고 볼 수 있으나, 그 두 요소가 충족되는 방식이나 위상은 서로 상이함에 틀림없다.

9. 해석학과 번역학의 상호침투를 위하여

앞서 우리는 베르만과 리쾨르가 어느 지점에서 만나고 어느 지점에서 서로 다른 길을 걷는지를 개략적으로 살펴보았다. 번역과 해석, 넓게는 번역학과 해석학이 어떤 지점에서 서로 수렴하고 분기하는지를 성찰해보는 본 연구를 통하여 우리는 두 학문 분과의 개별 영역에서는 드러나지 않았던 몇 가지 측면들이 드러남을 확인하였다.

베르만은 번역의 본질을 열림, 대화, 혼혈, 탈중심이라는 점증적(漸增的) 강도의 개념으로 설명하며 결국 번역은 관계 맺음 이외에 아무것도 아니라는 말로 끝맺는다.[339] 역으로 말하면 관계 맺음이라는 것이 열림과 대화, 혼혈과 탈중심을 통하여 가능하다고 볼 수 있다. 자민족중심적 번역에 대한 베르만의 비판을 떠올려 보면 출발언어와 도착언어 사이의 관계들이 무엇을 지향하는지 충분히 짐작할 수 있다. 모국어는 우선 낯선 언어에로 열려야 하고, 대화를 나

339) Berman, 2009, p.18.

누어야 하며, 새로운 수혈과 몸섞기를 통해 자신이 변형되는 것을 감내해야 하며, 결국 자신의 중심에서 벗어나야 하고, 자신이 중심이라는 소박한 믿음에서 벗어나야 한다는 것이다.

번역이 한 언어와 다른 언어들 간의 관계 맺음을 지향한다면, 해석은 텍스트 해석에 의해 주어진 텍스트 세계가 한 주체로 하여금 자기 자신에 대한 직관적이고 직접적이며 주관적인 인식을 탈피하게 하고 매개적이고 간접적이며 객관적인 인식을 얻도록 돕는 것이라고 할 수 있다. 앞서 텍스트는 주체에게 가르침을 주는 스승이고, 그것을 해석하는 주체는 제자로서 그 가르침을 전수받는다고 말하지 않았던가? 번역의 본질이 언어들 간의 관계 맺음이라면, 해석을 통하여 분명 기존의 자기 이해와 텍스트 해석을 통한 새로운 자기 이해 사이의 관계 맺음이 가능해 진다고 볼 수 있다. 더 나아가 베르만이 언급한 번역의 관계 맺음이, 언어 간의 그것을 넘어서서, 문화 간, 세계 간의 관계 맺음으로까지 확장되는 것처럼, 리쾨르의 해석 역시 하나의 자기 이해와 또 다른 자기 이해 사이의 관계 맺음에 머물지 않고, 한 주체와 다른 주체간의 관계 맺음으로 확장될 수 있음이 이미 리쾨르의 다른 논의들에서 언급된 바 있다.[340)]

결국 관계 맺음이란 번역에서의 경우처럼 언어 사이에서건, 해석의 경우처럼 자기 이해들 사이에서건 고대로부터 철학을 움직이게 한 근본적 물음, 즉 동일자와 타자 문제의 현대적 부활에 다름 아니라고 주장한다면 과장일까?

---

340) 이미 이런 생각의 상당 부분이 리쾨르가 *Soi-même comme un autre* (Seuil, 1990)에서 전개되고 있는데, 본질적으로 하나의 자기(un soi)와 또 다른 자기(un autre soi) 사이의 변증법을 주장하고 있다.

번역에 관해 리쾨르가 베르만을 주요 저자로 참고하는 이상, 또 베르만이 자신의 번역해석학의 사상적 근원으로 리쾨르 해석학을 지목하는 이상, 두 저자에 대한 보다 심층적 비교 연구가 필요해 보인다.

제14장

베르만과 하이데거

1. 베르만은 하이데거의 제자인가?

프랑스를 대표하는 번역학자 앙트완 베르만은 독일어, 스페인어, 영어로 쓰여진 다양한 장르의 저작들을 불어로 옮긴 번역가로 잘 알려져 있을 뿐 아니라, 번역에 대한 성찰을 철학적 수준으로 끌어올린 중요한 번역철학자로 인정받고 있다. 번역을 원작에 종속되는 것이 아닌, 진정한 앎과 사유의 대상으로 부각시키려 노력했다는 점에서, 베르만은 번역이론가라기보다는 번역의 사유자에 가까워 보인다. 베르만의 성찰이 가지는 이러한 특징을 감안할 때, 베르만이 번역학 내부에서뿐 아니라, 문학, 철학 등 인접 학문 분야에서도 종종 중요한 저자로 언급되는 것은 놀라운 일이 아니다.

본 연구는 베르만의 마지막 저서이자 유고작[341]의 독서 중에 떠오른 하나의 물음에서 시작되었다. 크게 세 부분으로 이루어진 이 저작의 첫 번째 장에서 베르만은 몇 차례에 걸쳐 번역해석학[342]을 언급하며, 자신의 번역철학의 기원으로 하이데거와 리쾨르를 언급한다. 이는 베르만의 다른 저서에서는 찾아볼 수 없는 이례적 변화이다. 1984년 프랑스어로 출판된 베르만의 첫 저서 『낯선 것으로부터 오는 시련: 독일 낭만주의 문화와 번역』에서는 슐라이어마허나 스타이너에 대한 언급[343]이 있긴 했으나, 리쾨르나 하이데거 같은 현대 해석학에 대한 언급이나 참조는 거의 없었다. 1년 후인 1985년 출판된 두 번째 저서 『번역과 문자: 먼 것의 거처』에서는 하이데거가 인용되기 시작하지만 그것은 해석학과 번역학을 명시적으로 연관시키는 맥락에서 인용한 것은 아니었다. 그런데 베르만은 자신의 마지막 저서에서 왜 갑자기 하이데거와 리쾨르를 자신이 추구하는 번역해석학의 기원으로 수차례나 언급했을까? 혹시 베르만의 번역학적 성찰 속에 모종의 해석학적 전환의 기획이 담겨 있는 것은 아닐까? 만일 그렇다면 베르만이 가지고 있던 이런 해석학적 기획의 방향과 의미는 무엇인가? 우리는 번역과 해석이라는 주제로 이미 앞서 베르만과 리쾨르를 비교한 바 있기 때문에 여기서는 베르만과 하이데거를 중심으로 새로운 논의의 장(場)을 펼치고자 한다. 이러

---

341) Berman, 1995, *Pour une critique des traductions: John Donne,* 이 저서의 영어판은 다음과 같다. Berman, A., *Toward a Translation Criticism: John Donne*, trans. by Françoise Massardier-Kenney, The Kent State University Press, 2009.

342) Berman, 1995, p.15, 79, 81. 이 저작의 II, III부는 영국 시인 John Donne (1572-1631)의 작품을 언어별 다양하게 옮긴 번역물에 대한 Part I의 이론적 적용이기에 여기서는 다루지 않기로 한다.

343) Berman, 2009, 제10장, 특히 pp.313-315을 참조할 것.

한 물음들에 대한 답을 찾기 위해, 아래의 두 가지 주제를 중심으로 논의를 전개하고자 한다.

첫째, 우선 우리는 베르만의 생애 말기에 일어났던 일종의 해석학적 전환(hermeneutical turn)의 전반적 내용을 살펴보고자 한다.

둘째, 하이데거가 베르만의 해석학적 전환에 어떤 방식으로 영향을 미쳤는지를 고찰해 보고자 한다.

2. 베르만의 해석학적 전환

앞서 언급한 대로, 우리의 목적은 베르만의 유고작에 드러난 해석학적 전환의 성격을 해명하는 것이다. 이는 쉽지 않은 작업이다. 왜냐하면 베르만 스스로 자신의 기획을 해석학적인 것으로 규정하지만, 그것이 구체적으로 어떤 의미인지를 친절하게 밝히지는 않기 때문이다.

베르만의 유작을 읽는 독자들은 이 책이 이전의 두 저서에 비해 훨씬 회고적이면서도 방법적인 성격을 띠고 있음을 느끼게 된다. 회고적인 이유는 이 책이 단순히 베르만의 마지막 저작이기 때문이 아니라, 이 책의 여러 군데[344]에서 베르만이 자신의 과거 작업에 대한 후회에 가까운 회고를 하고 있기 때문이다. 방법적이라 함은 번역 비평이나 번역 분석에 대한 인식론적 논의가 이 책에서 가장 체계적으로 전개되기 때문이다. 베르만이 처음으로 '인식론적'[345]이란 용어를 사용한 것도 이 저작에서이며, 번역 분석의 방법[346]에 대

344) 이 책의 p.18의 각주 5, p.40의 각주 16, p.68의 각주 68을 참조할 것.
345) Berman, 2009, p.13.

한 관심이 가장 명시적으로 드러난 것도 이 책이다.

사실 첫 번째 저서와 두 번째 저서에서 베르만은 번역활동 자체에 대한 새로운 가치평가를 통해 번역이 원전에 맞먹는 가치를 지닐 수 있음을 드러내는 데 주력하고 있다. 반면 세 번째 저서에서 저자의 관심은 텍스트로서의 번역물, 그리고 비평의 대상으로서의 번역물로 옮겨간다. 그가 책의 제목에서부터 언급하는 번역의 비평이나 분석 개념 등은 기본적으로 번역된 텍스트를 대상으로 하고 있는 것이다.

물론 예민한 독자들은 이미 첫 번째 저서에서 베르만이 번역비평[347)]을 언급한다는 점을 지적할지도 모르겠다. 하지만 이 책에서 텍스트를 대상으로 하는 비평은 개략적으로 언급될 뿐 구체적으로 설명되지는 않으며, 특히 번역비평에 대한 인식론적 혹은 방법론적 성찰의 징후는 보이지 않는다.

베르만이 늘 번역물의 지위, 위상에 관심을 두었음을 감안할 때, 원전 텍스트는 문학 비평과 분석의 대상이 되는데 왜 번역물이 그런 비평이나 분석의 대상이 되지 못할까라는 물음에 이르게 된 것은 번역학자로서 어찌 보면 당연한 귀결일 수도 있다. 그렇다면 우리는 여기서 중요한 하나의 물음을 만나게 된다. 베르만이 자신의 마지막 저작에 이르러 번역물에 대한 체계적 비평의 방법을 성찰하는 과정에서 하이데거의 해석학을 참조하게 된 계기는 무엇인가? 다시 말해 베르만이 말년에 일종의 해석학적 전환에 이르게 된 계기는 무엇인가?

---

346) Berman, 2009, p.12.
347) Berman, 2009, p.23.

우리는 이 질문에 답하기 위하여 베르만 자신이 유고작에서 빈번히 인용하고 있는 하이데거의 해석학을 통하여 이 질문에 대한 답을 찾아보고자 한다.

사실 베르만은 그 스스로도 자신의 번역비평 기획이 하이데거(와 리쾨르)의 해석학과 관련이 있음을 밝히고 있다.

> 이 책의 I부의 제3장은 내 고유한 비평적 기획을 개진하는데 할애하고 있는데, 하이데거의 『존재와 시간』에서 출발해서 리쾨르와 야우스가 발전시킨 해석학을 원용(援用)하고 있다. 이는 메쇼닉이 자신의 시학을 위하여 훔볼트, 소쉬르, 벤베니스트 등을 인물들을 원용하는 것과 같다. 또한 아니 브리세가 다양한 기호학적, 사회학적, 그리고 구조주적 담론들(그레마스, 푸코, 두비노, 야콥슨 등등)에 기초를 두고 있는 것과도 같은 것이다. 나 역시 이런 현대적인 해석학에 근거를 두고자 한다. 이것은 나의 선택이다. 리쾨르와 야우스에게서 보이는 절제된 형태의 현대 해석학은 번역자로서, 번역물의 독자로서, 번역 분석가로서, 그리고 심지어는 번역사가로서 내 자신의 체험을 해명하게끔 해준다.[348)]

위의 인용문에서 베르만은 리쾨르, 야우스, 하이데거, 메쇼닉, 소쉬르 등 다양한 저자들을 언급하고 있다. 하지만 보다 주목할 점은 하이데거를 인용할 때에 베르만이 하이데거의 『존재와 시간』을 구체적으로 거명하고 자신의 비평 기획이 이 저작에 토대를 두고 있음을 강조한다는 것이다. 따라서 우리는 하이데거의 전기(前期)해석학이 베르만의 번역해석학에 어떻게 영향을 미쳤는지를 추적해보고자 한다.

---

348) Berman, 1995, p.15.

3. 베르만과 하이데거

먼저 우리는 베르만과 하이데거간의 연관성을 모색하는 방향타(方向舵)로서 세 가지의 주제와 개념을 제시하고자 한다. 이 개념들은 베르만의 하이데거 인용에서 착상한 것이기도 하고, 베르만의 번역 개념에 대한 우리의 입장과 선행논의에서 오는 것이기도 하다.

첫 번째 키워드로 '체험/경험'(expérience) 을 채택하고자 한다. 베르만은 자신의 화두인 번역이란 주제를 다음과 같이 (하이데거의) '체험' 개념과 연관시킨다.

> 번역이란 성찰 속에서 자신을 열고, (재)포착해나가는 하나의 체험이다.349)

> 번역학이란 번역체험의 본성에 토대로 이루어지는 번역의 번역 스스로에 대한 반성이다.350)

체험으로서의 번역에 대한 성찰은 이미 그의 첫 번째 저서에서 핵심적인 것으로 언급되고 있다. 일단 베르만의 첫 번째 저작의 제목을 떠올려 보자. *L'épreuve de l'étranger* 라는 프랑스어 원제는 베르만이 횔덜린의 시에서 영감을 받아 지은 것으로 밝히고 있다. 여기서 프랑스어의 épreuve은 expérience과 동의어로 쓰여진다. 이 책의 영어판의 제목이 *The Experience of the Foreign* 인 것만 보아도 알 수 있다. 두 번째 저서에서 베르만은 체험(경험)의 본질을 설명하기 위해 하이데거의 『언어로의 도상』(*Unterwegs zur Sprache*) 의 일

349) 베르만, 2011, p.16.
350) 베르만, 2011, p.20.

부를 인용한다.

> 어떤 것을 체험한다는 것은 [.....] 그것이 우리를 상처 입히든, 우리 위로 갑자기 들이닥치든, 우리를 전복시키든, 혹은 우리를 다른 존재로 만들어 놓든, 그것이 우리에게 도래하도록 내버려 두는 것을 의미한다. 체험'하다'에서 '하다'의 의미는 결코 우리 자신이 그 체험의 집행자라는 의미는 아니다. 여기서 '하다'는 '병을 치르다'라고 말하듯, 어떤 것을 관통해가면서, 그로 인하여 온전히 아파하고 견디어내고, 우리에게 다가온 것에 스스로를 내맡긴 채 기꺼이 맞아들이는 것이다. 351)

하이데거의 이 의미심장한 대목은 베르만에게서 번역이라는 체험의 목적이자 대상인 낯선 것, 다시 말해 다른 외국어, 다른 문학, 다른 언어와의 관계 전체를 규정하고 있다. 낯선 것을 체험한다는 것은 그것이 우리 존재를 관통하도록 두는 것이라는 하이데거의 실존론적 입장은 낯선 것을 맞이하는 시련으로서의 번역에도 그대로 적용된다. 적어도 이 대목에서 베르만은 분명 하이데거의 제자이다. 이때 두 (철)학자에게 있어서 낯선 것은 단순히 친숙한 것으로 바뀌어 파악되어야 하는 대상이 아닌, 현존재 혹은 번역하는 주체로 하여금 스스로의 존재 전체를 문제 삼게 만드는 어떤 것이다.

베르만이 하이데거로부터 먼저 영향을 받았는지, 혹은 루터와 횔덜린을 포함한 독일 낭만주의에 관심을 가진 후에 하이데거를 만나

---

351) Heidegger, M., 『언어로의 도상』, 신상희 옮김, 나남, 2012, p.209. 우리는 『번역과 문자: 먼 것의 거처』의 원전인 *La traduction et la lettre ou l'auberge du lointain* (p.16) 에서 불어판인 *Acheminement vers la parole* (trans. F. Fédier, Gallimard, 1984, p.143) 인용하고 있기에 이를 주로 참조하고, 영어본 *On The Way To Language* (trans. Peter D. Hertz, Harper & Row Publishers, 1971, p.57.)를 부수적으로 참조하여 수정 번역하였다.

게 되었는지를 밝혀내기는 어렵다. 그러나 최소한 우리는 낯선 것과 관계 맺음에 대한 베르만과 횔덜린, 하이데거 간의 공통점을 확인할 수 있다. 바로 고유한 것 또는 자신의 것(the proper)에 대한 관심이다.

낯선 것과의 대면이나 관계 맺음의 방식을 고찰하다 보면, 일반적으로는 낯선 것 자체의 본질이나 특징이 부각되기 마련이다. 그런데 횔덜린은 "낯선 것뿐 만 아니라 자신의 것 역시 배워야한다"[352]고 말한바 있고, 횔덜린의 시 『기억』(Remembrance)에 대한 주석에서 하이데거는 "식민지란 낯선 것이다. 그러나 이 낯선 것이야말로 우리로 하여금 동시에 조국에 대해 생각하게 해주는 것이다"[353]이라고 말한바 있다. 이렇듯 고유한 것이나 친숙한 것과 낯선 것이 가지는 해석학적 순환은 독일 낭만주의 전체를 가로지르는 빌둥의 이념과 일치하는 것이다. 베르만이 번역의 공간을 동일자의 논리를 수용하는 공간이 아닌, 다른 언어와의 작업을 통해 타자로부터 영향 받을 수 있는 공간, 타자를 있는 그대로 받아들이면서 그 차이를 향유하는 차이의 논리, 타자의 논리를 수용하는 공간으로 바라볼 때, 그 근본적 아이디어를 하이데거로부터 차용했음을 부정하기는 어려워 보인다.

베르만과 하이데거를 연결시켜주는 두 번째 키워드는 '진리'(Wahrheit)이다.

베르만의 1995년 유고작을 영어로 번역한 번역자(Françoise Massardier-Kenney)는 베르만이 번역을 "인간 존재, 즉 언어-내-존재

352) Berman, 2009, p.325.
353) Berman, 2009, p.332의 각주 31.

로서의 핵심적 체험"[354] 로 여긴다고 말하면서 이는 진리를 "탈(脫)은폐"(드러냄, unveiling)로 여기는 하이데거 해석학과 연관되어 있다고 말한 바 있다.[355] 이는 적절하고도 유효한 지적이다. 어쩌면 베르만은 번역의 진리에 대해 논하는 거의 유일한 번역학자일 것이다.

번역을 통해 원 텍스트의 어떤 숨겨진 양상이 드러난다는 베르만의 관점은, 전통적인 진리 개념인 지성과 사물의 일치를 비판하면서 이미 『존재와 시간』에서부터 '알레테이아'[356]로서 새로운 진리(Wahrheit)개념[357]을 내세운 하이데거의 시각과 일맥상통한다. 베르만이 번역의 작업을 통해서가 아니라면 드러낼 수 없는 원전의 어떤 것을 밝혀 드러내는 것이 바로 번역이라고 설명할 때, 이 점은 더욱 분명해진다.

세 번째 키워드는 언어에 대한 반성과 물음이다.

사실 번역에 대한 반성과 물음은 결국 언어에 대한 반성과 물음

---

354) Massardier-Kenney, F., Antoine Berman's way-making to translation as a creative and critical act, *Translation studies*, 2(3), 2010, Routledge, p.261.

355) 베르만은 『번역과 문자: 먼 것의 거처』(p.24)에서 하이데거를 인용하면서 자신의 입장을 밝힌 바 있다. "모든 번역은 그 자체로 하나의 해석이다. 번역의 존재 안에는 번역의 기원에서 발견되었던 해석의 모든 근거들, 열림들, 층위들이 목소리를 내지 않은 채 담겨 있다. 결국 해석은 여전히 침묵하고 있는 번역을 완성한 것에 불과하다. 그 본질에 비추어 보면 해석과 번역은 하나이며 동일한 것에 다름 아니다"(*Martin Heidegger. Les Cahiers du l'Herne*, ed. by Michel Harr, L'Herne, 1984, p.456에서 베르만이 재인용한 것임)

356) Heidegger, 1998, 44절 이하, p.287 이하 참조.

357) 베르만에서 텍스트의 진리 개념은 『번역과 문자: 먼 것의 거처』에서뿐만 아니라 이미 『낯선 것으로부터 오는 시련: 독일 낭만주의 문화와 번역』에서도 어느 정도 그 윤곽을 드러냈었다. "다시 말해, 원문의 언어에서 드러나지 않았던 원 작품의 속의 무언가가 번역을 통해 드러나게 된다는 것이다. 번역은 원전을 다른 각도에서 돌려보게 만듦으로써, 원전의 이면(裏面)을 밝혀 드러내준다." Berman, 2009, p.23.

으로 이어질 수밖에 없다. 하이데거와의 연관성을 논하기 전에 우리는 베르만이 벤야민 및 독일 낭만주의의 언어관에 깊이 경도되어 있었음을 기억하지 않을 수 없다.[358] 이 영향관계를 한 마디로 규정하기엔 무리가 있으나 개괄의 오류를 무릅쓰고 설명하자면 벤야민과 베르만에게 있어서 단순하게 외부의 사물을 지시하거나 말하는 이의 의사소통을 위한 수단이나 도구로서의 언어는 진정한 언어가 아니다. 물론 여기서의 언어란 일상에서 사물들을 가리키는 자연언어를 바탕으로 조탁하여 만든 추상적 시어들로 베르만이 예술언어라 부른 것이다.[359] 그리고 하이데거 역시 언어의 이런 비도구적 성격에 공감한다.[360] 인간의 언어는 눈앞에 있는 대상을 기술하거나 지시하는 정도에 머무는 것이 아니라, 지금 눈앞에 있지 않은 것을 담아내고 표명할 수 있다는 것이 하이데거와 베르만의 기본 생각이다.

언어는 단순한 도구가 아니라, 인간 실존의 어떤 측면을 열어 밝히고 해명해 내는 역할을 한다는 것이 하이데거의 생각이라면, 개별 언어들 간의 열림이자 대화, 혼혈이자 탈중심인 번역도 다른 언어로 된 작품의 세계를 열어나간다고 말할 수 있는 것이다.[361]

이상의 논의를 통해 우리는 베르만의 번역해석학의 원천으로 하이데거 해석학을 지명하는 것이 과장이 아님을 알 수 있다.

---

358) 이점에 대해서는 베르만이 벤야민 해석가로서 쓴 탁월한 작품인 *L'âge de la traduction: "La tâche du traducteur" de Walter Benjamin, un commentaire*, Presses Universitaires de Vincennes, 2008을 반드시 참조할 것.

359) Berman, 2009, 제6장(자연언어와 예술언어), p.175 이하 참조.

360) 후기 하이데거에서 존재의 집으로 불리는 언어(Language, Sprache)에 근원적 의미가 부여되었다면, 전기의 『존재와 시간』에서는 언어보다는 말(Discourse, Rede)에 역점을 둔다.

361) 이와 관련하여서는 Berman, 2011, pp.109-110을 참조.

4. 미완의 해석학적 기획

우리는 베르만 번역철학이 가지는 해석학적 전환의 성격을 하이데거를 통해 어느 정도 살펴보고자 했다. 베르만은 『번역과 문자 : 먼 것의 거처』에서 다음과 같이 말한 바 있다.

> 위대한 번역치고 사유가 아닌 번역, 사유에 의해 지탱되지 않은 번역은 없었다. 번역은 그에 대한 이론 없이 존재할 수 있을지는 모르나, 그에 대한 사유 없이는 존재할 수 없다.[362)]

베르만의 유고작을 토대로 볼 때, 여기서의 사유(pensée)는 해석학적 사유를 의미하는 것이다. 진리와 언어에 대한 하이데거의 독특한 해석학은 베르만의 번역개념 전반에 영향을 미쳤으며, 더 나아가 번역의 진리와 언어의 계시적(啓示的) 능력에 대한 베르만의 성찰에 큰 영향을 미쳤다. 이런 점에서 베르만의 번역해석학[363)]은 하이데거에 토대를 두고 있는 것으로 볼 수 있다.

하이데거와 베르만은 공히 인간이 언어-내-존재임을 인정하고 받아들인다. 다만 하이데거에게서 언어란 특정 개별 언어나 언어학의 연구대상으로서의 언어가 아니라, 세계와 인간 실존 이해와 해명의 근본적 장소(topos)로서의 포괄적 언어 일반을 가리킨다. 반면 베르만에게서 언어는 번역과 관련되는 텍스트의 언어를 가리킨다. 따라서 번역 주체는 여타의 언어-내-존재들보다 '특수한 성격을 지닌 언어내적 존재'[364)]일 것이다. 그러나 베르만은 번역 주체가 어떤 점에

362) Berman, 2011, p.21.
363) Berman, 1995, p.82.
364) Berman, 1995, p.75. 이런 개념을 베르만이 사용하고 있는 것을 보면,

서 특수한지를 충분히 밝혀 내지 못하고 우리 곁을 떠났다. 따라서 베르만의 해석학적 기획은 여전히 미완 상태임에 틀림없다. 여기서 미완은 실패나 좌절을 의미하는 것이 아니라 수많은 번역분석을 통해 그가 가야 했을, 그러나 가지 못한 남은 여정에 대한 아쉬움의 표현일 뿐이다.

베르만의 번역해석학에는 비록 충분히 전개되지는 못했으나, 번역인간학(Anthropology of translation)의 지향점이 내재하고 있다고 볼 수 있을 것이다.

찾아보기

ㅅ

ㅇ

ㅈ

ㅊ

A

참고문헌

김건환, 1995, 「현대 독일어 형성과 마르틴 루터의 역할」, 『인문과학논총』, 27, 33-51.

김선희, 2000, 「복제인격와 인격의 문제」, 『철학연구』, 49, 253-272.

김용옥·최영애, 1991, 『도올 논문집』, 통나무.

김영옥, 1994, 「벤야민의 경험이론: 언어철학과 역사철학이 만나는 곳」, 『현대 비평과 이론』, 1994년 봄·여름호, 156-178.

김윤진, 2000, 「'충실하지 못한 미녀들'과 프랑스 고전주의」, 원윤수 편, 『언어와 근대정신: 16·17세기 프랑스의 경우』, 서울대학교출판부.

김지원, 2000, 「번역 연구의 발전과 번역학의 현황」, 『번역학연구』, 1, 9-29.

김효중, 2004, 『새로운 번역을 위한 패러다임』, 푸른 사상.

박용삼, 2005, 「번역활동에서의 번역가능성과 번역불가능성: 영원한 미해결의 문제인가?」, 『독일문학』, 96, 324-343.

배주옥, 2008, 「전복의 힘으로서 번역: 한국번역과 개화기 접경지역의 탈영토화를 중심으로」, 『번역학연구』, 9(3), 47-71.

서동욱, 2008, 「들뢰즈 문학론은 일관성을 가지고 있는가: 프루스트론과 카프카론을 중심으로」, 『철학과 현상학 연구』, 38, 101-124.

유명우, 2000, 「한국의 번역과 번역학」, 『번역학연구』, 1, 229-247.

윤동구, 2003, 『비재현적 번역 이론의 가능성: 들뢰즈(G. Deleuze)의 이론을 중심으로』, 연세대 비교문학협동과정 석사 논문.

윤성우, 2009, 「조르쥬 무냉(Georges Mounin) 번역론의 몇 가지 철학적 전제들에 관한 소고」, 『번역학연구』, 10(1), 103-120.

______, 2007, 「발터 벤야민(W. Benjamin)의 번역론에 관한 소고」, 『번역학연구』, 8(1), 175-191.

______, 2006,「번역(학)과 해석(학): 철학적 접근 가능성에 대한 한 연구」,『프랑스연구』, 37,
______, 2004a,『재현의 문제와 들뢰즈, 그리고 다른 철학자들』, 철학과현실사.
______, 2004b,『폴 리쾨르의 철학』, 철학과현실사.
이기상, 2002,『철학노트』, 까치.
이명현, 1977,「Quine의 원초적 번역의 불확정성론: 그 비판적 검토」,『철학연구』, 9, 10-20.
이승권, 2003,「번역의 언어문제에 관한 고찰」,『한국프랑스학논집』, 43, 175-188.
______, 2001,「번역 단위란 무엇인가?」,『불어불문학연구』, 45, 261-286.
이창남, 2004,「발터 벤야민의 언어이론적 인식론과 독서 개념」,『독일문학, 92, 232-252.
이 향, 2011,「번역학과 메타담론」,『번역학연구』, 12(1), 191-210.
______, 2009,「해석이론의 특징과 한계」,『번역학연구』, 10(1), 121-140.
______, 2007,「Snell-Hornby를 중심으로 살펴본 번역학에서의 학제성 개념 고찰」.『국제회의 통역과 번역』, 9(1), 55-72.
정선태, 2006,「근대계몽기의 번역론과 번역 사상」, 한기형 외,『근대어·근대매체·근대문학: 근대 매체와 근대 언어질서의 상관성』, 성균관대학교 대동문화연구원, 43-66.
정혜용, 2006,「베르만과 메쇼닉의 번역이론 이해를 위하여: 속담번역의 상징적 위치」,『불어불문학연구』, 66, 239-255.
______, 2005.「직역론의 새로운 갈래와 번역 패러다임의 변화」,『프랑스학연구』, 33, 269-286.
조재룡, 2003,「메쇼닉(H. Meschonnic)에서의 '리듬'(rythme)의 개념」,『불어불문학연구』, 54, 631-661.
최성만, 1996,「언어, 번역, 미메시스: 벤야민의 언어 철학과 유사성론 고찰」, 『문예미학』, 2, 289-320.
최신한, 2007, 「이해의 한계와 번역불가능성의 문제」, 『해석학연구』, 19, 29-57.
탁석산, 2001, 『한국의 정체성』, 책세상.

Arendt, H., 1996, 『인간의 조건』, 이진우·태정호 옮김, 한길사.
Baker, M., 2009, 『라우트리지 번역학 백과사전』, 한국번역학회 옮김, 한신문화사.
Benjamin, W., 2008, 『언어일반과 인간 언어에 대하여/번역자의 과제 외』, 최성만 옮김, 도서출판 길.
______, 2007, 「번역가의 과제」, 황현산·김영옥 옮김, 『번역비평』, 창간호(2007년 가을), 고려대학교출판부.
______, 2000, 『발터 벤야민: 예술, 종교, 역사철학』, 김득룡 옮김, 서광사.
______, 1988, 『발터 벤야민의 문예이론』, 반성완 옮김, 민음사.
Benuti, L., 2006, 『번역윤리: 차이의 미학을 위하여』, 임호경 옮김, 열린책들.
Berman, A., 2011, 『번역과 문자: 먼 것의 거처』, 윤성우·이향 옮김, 철학과 현실사.
______, 2009, 『낯선 것으로부터 오는 시련: 독일 낭만주의 문화와 번역』, 윤성우·이향 옮김, 철학과현실사.
Brodersen, M., 2006, 『발터 벤야민』, 이순예 옮김, 인물과 사상사.
Chesterman, A. & Wagner, E., 2009, 『번역사와 번역학: 소통의 시도』(정연일·남원준 옮김, 한국외국어대학교.
Chesterman, A. & Williams, J., 2006, 『번역학 연구의 길잡이』, 정연일 옮김, 이지북스.
Cronin, M., 2010, 『번역과 정체성』, 김용규·황혜령 옮김, 동인.
Deleuze, G., 2004, 『차이와 반복』, 김상환 옮김, 민음사.
Deleuze, G. & Guattari, F., 2001, 『카프카: 소수적인 문학을 위하여』,

이진경 옮김, 동문선.
_______, 2001, 『천 개의 고원: 자본주의와 분열증 2』, 김재인 옮김, 새물결.
Gadamer, H.-G., 2012, 『진리와 방법』, 임홍배 옮김, 문학동네.
Hegel, G. W. F., 1998, 『헤겔 미학 III: 개별 예술들의 변증법적 발전』, 두행숙 옮김, 나남출판.
Heidegger, M., 2012, 『언어로의 도상』, 신상희 옮김, 나남.
______, 1998, 『존재와 시간』, 이기상 옮김, 까치.
Hempel, C. G., 1981, 『자연과학철학』, 곽강제 옮김, 양영각.
Husserl, E., 1997, 『순수 현상학과 현상학적 철학의 이념들』, 최경호 옮김, 문학과 지성사.
Israel, F. (ed.), 2004, 『통번역과 등가: 번역적 관계이론』, 이향·편혜원·김도훈 옮김, 한국문화사.
Jakobson, R., 1989, 『일반언어학이론』, 권재일 옮김, 민음사.
Lederer, M., 1994, 『번역의 오늘: 해석이론』, 전성기 옮김, 고려대학교 출판부.
Meschonnic, H., 2004, 『시학을 위하여』, 조재룡 옮김, 새물결.
______, 1999, 『모데르니테 모데르니테』, 김다은 옮김, 동문선.
Munday, J., 2006, 『번역학 입문: 이론과 적용』, 정연일·남원준 옮김, 한국외국어대 출판부.
Mounin, G., 2002, 『번역의 이론적 문제점』, 이승권 옮김, 고려대학교 출판부.
Nietzsche, F. W., 1989, 『즐거운 지식』, 권영숙 옮김, 청하.
Nord, C., 2005, 『번역행위의 목적성』, 정연일·주진국 옮김, 한국외국어대학교출판부.
Palmer, R. H., 1988, 『해석학이란 무엇인가』, 이한우 옮김, 문예출판사.
Ricoeur, P., 2006a, 『번역론: 번역에 관한 철학적 성찰』, 윤성우·이향 공역, 철학과현실사.

______, 2006b, 『성서의 새로운 이해: 주석학과 해석학의 대화』, 김창주 옮김, 살림.

______, 2006c, 『타자로서 자기 자신』, 김웅권 옮김, 동문선.

______, 2002, 『텍스트에서 행동으로』, 박병수·남기영 편역, 아카넷.

______, 2000, 『시간과 이야기 2: 허구이야기에서의 형상화』, 김한식·이경래 옮김, 문학과지성사.

Venuti, L., 2006, 『번역의 윤리: 차이의 미학을 위하여』, 임호경 옮김, 열린책들.

Von Wright, G. H., 1995, 『설명과 이해』, 배철영 옮김, 서광사.

Wittgenstein, L., 2006, 『논리-철학논고』, 이영철 옮김, 책세상.

Zima, p.V., 2001. 『데리다와 예일 학파』, 김혜진 옮김, 문학동네.

Augustine, 1984, *City of God*, trans. John O'Meara, Penguin.

Balliu, C., 2004. Jean-René Ladmiral : une certaine philosophie de la traduction, *Transversalité : Revue de l'institut catholique de Paris*, 92, 51-57.

Benjamin, W., 2000, The Task of The Translation : An introduction to the translation of Baudelaire's *Tableaux Parisiens*, trans. by Harry Zohn, in *The Translation Studies Reader*, ed. by Lawrence Venuti, Routledge, 15-23.

______, 1991, *Gesammelte Schriften*, Bd. VI.

______, 1971, *Oeuvres I. Mythe et violence*, trans. by Maurice de Gandillac, Denoel/Les lettres Nouvelles.

Berman, A., 2009, *Toward a Tranlation Criticism: John Donne,* trans. by Françoise Massardier-Kenney, The Kent State University Press.

______, 2008, *L'âge de la traduction - «La tâche du Traducteur» de Walter Benjamin, un commentaire*, Presses Universitaires de Vincennes.

______, 1999, *La traduction et la lettre ou l'auberge du lointain.* Seuil.

______, 1995, *Pour une critique des traductions: John Donne*, Gallimard.

______, 1992, *The Experience of the Foreign: Culture and Translation in Romantic Germany*, trans. by S. Heyvaert, State University of New York Press.

______, 1989, La traduction et ses discours, *Meta,* 34(4), 672-679.

______, 1986, L'essence platonienne de la traduction, *Revue d'esthétique*, 12, 63-73.

______, 1985, La traduction et la langue française, *Meta*, 30(4), 341-342.

______, 1984, *L'épreuve de l'étranger : Culture et traduction dans l'Allemagne romantique*, Gallimard.

Bolz, N. & van Reijen, W., 1991, *Walter Benjamin*, Campus Verlag.

Brodersen, M., 2005, *Walter Benjamin*, Suhrkamp Verlag.

Catford, J. C., 1965, *A Linguistic theory of translation*, Oxford University Press.

Chesterman, A., 2001, Empirical research methods in Translation Studies, *Erikoiskielet ja käännösteoria (VAKKI-symposiumi XX)*, 27, 9-22.

______, 2000, What constitutes "progress" in Translation Studies?, in ed. by Birgitta Englund Dimitrova, *Översättning och tolkning*, Rapport från ASLA:s höstsymposium, Stockholm, 5-6 november 1998, Uppsala: ASLA, 33-49,

______, 1997, *Memes of translation : The spread of ideas in translatin theory*, John Benjamins Publishing company.

______, 1994, From 'Is' to 'Ought': Laws, Norms and Strategies in

Translation Studies, *Target*, 5(1), 1-20.

Cherterman, A. & Arrojo, R., 2000, Shared ground in translation studies. *Target*, 12(1). 151-160.

Chesterman, A. & Williams, J., 2002, *The Map: A Beginner's Guide to Doing Research in Translation Studies*, St. Jerome Publishing.

Deleuze, G., 1993a, *Difference and Repetition*, trans. by Paul Patton, Columbia University Press.

______, 1993b, *Critique et clinique*, Minuit.

______, 1968, *Différence et Répétition*, PUF.

Derrida, J., 1985, Des tours de Babel, in *Difference in Translation*, Cornell University Press.

______, 2001, What is a "Relevant" Translation, in *Critical Inquiry*, 27(2), 2001, The University of Chicago.

Eco, U., 2007, *Dire presque la même chose : Expériences de traduction de Umberto Eco*, Grasset & Fasquelle.

Edwards, P.,(ed.), 1972, *The Encyclopedia of Philosophy*, 4, Macmillan.

Gadamer, H.-G., 1996, *Verité et méthode*, trans. by Pierre Fruchon, Jean Grondin , Gilbert Merlio, Seuil.

______, 1990, *Wahrheit und Methode*, ed. by J. C. B. Mohr, Paul Siebeck, 1960.

Harr, M., 1984, *Martin Heidegger. Les Cahiers du l'Herne*, Herne.

Hegel, G. W. F., 1975, *Hegel's Aesthetics : Lectures on Fine*, 2 volumes, trans. by T. M. Knox, Oxford University Press.

Heidegger, M., 1996, *Being and Time*, trans. by Joan Stambaugh, State University of New York Press.

______, 1984, *Acheminement vers la parole*, trans. F. Fédier, Gallimard.

______, 1971, *On The Way To Language*, trans. Peter D. Hertz, Harper & Row Publishers,.

Hénaff, M., 2006, La condition brisée des langues : diversité humaine, altérité et traduction, *Esprit*, n°3-4, 68-83.

Hempel, C. G., 1952, *Fundamentals of concept formation in empirical science*, University of Chicago Press.

Holmes, J. S., 1988, The name and nature of Translation studies, in *Translated!: Papers on literary translation and translation studies*, Rodopi, 66-80.

Israel, F. (ed.), 2003, *Identité, Altérité, Equivalence?: la traduction comme relation*, Actes du Colloque International tenu à l'ESIT les 24, 25, et 26 mai 2000 en hommage à Marianne Lederer, Lettres Modernes Minard.

Koutsivitis, V., 1993, Pour une théorie de l'essence de la traduction, *Meta*, 38(3), 468-472.

Ladmiral, J.-R., 2010a, Sur le discours méta-traductif de la traductologie, *Meta*, 55(1), 4-14.

______, 2010b, La traduction, phénomène interculturel et psychorelationnel, *Meta*, 55(4), 626-641.

______, 2003, Épistémologie de la traduction, in *Traduire la langue, traduire la culture,* ed. by Salah Mejri et al, Maisonneuve & Larose, 147-165.

______, 1995, A partir de Goerges Mounin: esquisse archéologique, *TTR*, 8(1), 35-64.

______, 1994, *Traduire: théorèmes pour la traduction*, Gallimard, 1979.

______, 1986, Sourciers et ciblistes, *Revue d'esthétique* 12, 33-42.

Lao-tseu, 2003, *Tao Te King*, trans. by Marcel Conche, PUF.

______, 2000, *Tao-tö-king*, trans. by Liou kia-hway, follio.

______, 1962, *Tao Te King*, trans. by Jaques Lionnet, Adrein-Maisonneuve.

Lee, H. & Yun, S.-W., 2011, Antoine Berman's Philosophical Reflections on Language and Translation : the Possibility of Translating without Platonism, *Filozofia*, 66(4), 336-346.

Luther, M., 1964, *Oeuvres VI.* Labor et Fides, Genèves.

Massardier-Kenney, F., 2010, Antoine Berman's way-making to translation as a creative and critical act, *Translation studies*, 2(3), Routledge, 259-217.

Mounin, G., 1994, *Les Belles infidèles,* Presses Universitaires de Lille, 1955.

______, 1976, *Linguistique et traduction*, Gallimard.

______, 1975, *Linguistique et philosophie*, PUF.

______, 1963, *Les problèmes théoriques de la traduction*, Gallimard.

Munday, J., 2001, *Introducing Translation Studies: theories & Applications*, Routledge.

Nida, E. A., 1991, Theories of Translation, *TTR*, 4(1), 19-32.

______, 1964, *Towards a science of Translating : With special reference to principles and procedures involved in bible translating*, Brill.

Nida, E. A. & Taber, C. R., 1974, *The Theory and Practice of Translation*, American Bible Society.

Nield, E., 1989, Translation is a two-way street : a response to Steiner, *Meta*, 34(2), 238-241.

Nietzsche, F. W., 1967, *Le gai savoir*, trans. by Patrick Wotling, Gallimard.

Pym, A., 2002a, *Translation studies as social problem-solving*, Paper based on an exchange at the conference Translating in the 21st century: Trends and prospects, Tehssaloniki, Greece, 27-29 September, 2002.

______, 2002b, Translation Studies and Western Philosophy, http://usuaris.tinet.cat/apym/on-line/translation/philosophy.pdf.

______, 2001, Contempory Theories of Translation, Taragona.

______, 1993, *Epistemiological problems in translation and its teaching*. Caminade.

______, 1997, *Pour une éthique du traducteur*, Collection “Traductologie”, Artois Presses Université. Collection “Pédagogie de la traduction”, Presses de l'Université d’Ottawa.

Rabaté, J.-M., 2002, *The Future of Theory*, Wiley-Blackwell.

Rey, A. (ed.), 1998, *Dictionnaire historique de la langue française*, I-III, Le Robert.

Ricoeur, P., 2006, *On translation*, trans. by Eileen Brennan, Routledge.

______, 2004, *Sur la traduction*, Bayard.

______, 2003, *Penser La Bible*, Seuil.

______, 1995, *Réflexion faite, autobiographie intellectuelle*, Esprit.

______, 1991, *From Text to Action*, trans. by Katheleen Blamey & John B. Thompson, Northwestern University Press.

______, 1990, *Soi-même comme un autre*, Seuil.

______, 1989, Eloge de la lecture et de l’écriture, *Etudes théologiques et religieux*, 3, 395-405.

______, 1988, *Thinking biblically : exegetical and hermeneutical studies*, trans. by David Pellauer, The university of Chicago Press, 1988

______, 1986, *Du texte à l’action : essai d'herméneutique II*, Seuil.

______, 1985, *Time and narrative II*, trans. by Kathleen

McLaughlin & David Pellauer, The University of Chicago Press.

______, 1971, Langage(philosophie du), in *Encyclopedia Universalis*, 434-445.

______, 1970, *Freud and Philosophy: An Essay on Interpretation*, trans. by Denis Savage, Yale University Press.

______, 1969, *Le conflit des interprétations*, Seuil.

______, 1965, *De l'interprétation: essai du Freud*, Seuil.

______, 1950, *Philosophie de la volonté I*, Aubier.

Robinson, D., 2002, *Western translation theory : from Herodotus to Nietzsche*, St. Jerome Publishing.

Roman J., 1963, *Essais de linguistique générale*, Minuit.

Schleiermacher, F., 1999, *Des différentes méthodes du traduire et autre texte*, trans. by Antoine Berman, Seuil.

______, 1838, *Über die verschiedenen Methoden des Übersezens (1813)* in *Friedrich Schleiermacher's sämmtliche Werke. Dritte Abtheilung. Zur Philosophie. Zweiter Band*, Berlin, 207-245.

Snell-Hornby, M., 1995, *Translation studies: an integrated approach*, John Benjamins Publishing Company, 1988.

Steiner, G., 1998, *Après Babel : une poétique du dire et de la traduction,* trans. by Lucienne Lotringer & Pierre-Emmanuel Dauzat, Albin Michel.

______, 1975. *After Babel: aspects of language & translation.* Oxford University Press.

Toury, G., 1995, *Descriptive Translation Studies: and beyond*, John Benjamins.

Venuti, L. (Eds), 2000, *The Translation Studies Reader*, Rouledge.

______, 1998, *The Scandals of Translation : Towards an ethics of difference*, Routledge.

______, 1995, *The Translator's invisibility*, Routledge.

Weissbort, D. & Eysteinsson, A., 2006, *Translation-theory and practice: a historical Reader*, Oxford University Press.

Wittgenstein, L., 2003. *Tractatus Logico-Philosophicus*. Trans. by D. F. Pears & B. F. McGuinness, Routledge.

번역학과 번역철학

초판 인쇄 2013년 12월 10일
초판 발행 2013년 12월 16일

지은이 윤성우 · 이 향
발행인 박 철
발행처 한국외국어대학교 출판부
130-791 서울특별시 동대문구 이문로 107
전화 02)2173-2495~7
FAX 02)2173-3363
홈페이지 http://press.hufs.ac.kr
전자우편 press@hufs.ac.kr
출판등록 제6-6호(1969. 4. 30)
디자인 · 편집 (주)이환디앤비 02)2254-4301
인쇄 · 제본 네오프린텍(주) 02)718-3111

ISBN 978-89-7464-898-5 93100 정가 20,000원

* 잘못된 책은 교환하여 드립니다.

HUEBOOKS는 한국외국어대학교출판부의 인문학도서 Sub Brand이다. 한국외대의 영문명인 HUFS, 사람을 위하는 Humanism, 교육의 Education, 색조의 Hue의 다의적인 뜻으로 해석할 수 있으며, 인문학도서 출판에 대한 의지가 담겨있다.